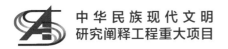

中华民族现代文明
研究阐释工程重大项目

建设中华民族现代文明研究丛书

中华之道
中华文明突出特性的
哲学阐释

中国社会科学院哲学研究所◎著

中国社会科学出版社

图书在版编目（CIP）数据

中华之道：中华文明突出特性的哲学阐释／中国社会科学院哲学研究所著．
—北京：中国社会科学出版社，2024.5
（建设中华民族现代文明研究丛书）
ISBN 978 - 7 - 5227 - 3488 - 0

Ⅰ.①中…　Ⅱ.①中…　Ⅲ.①中华文化—哲学—研究　Ⅳ.①K203②B0

中国国家版本馆 CIP 数据核字（2024）第 083918 号

出 版 人　赵剑英
项目统筹　朱华彬　喻 苗
责任编辑　韩国茹　吴丽平　孙 萍
责任校对　杨 林
责任印制　王 超

出　　版　中国社会科学出版社
社　　址　北京鼓楼西大街甲 158 号
邮　　编　100720
网　　址　http：//www.csspw.cn
发 行 部　010 - 84083685
门 市 部　010 - 84029450
经　　销　新华书店及其他书店

印刷装订　北京君升印刷有限公司
版　　次　2024 年 5 月第 1 版
印　　次　2024 年 5 月第 1 次印刷
开　　本　710 毫米 ×1000 毫米　1/16
印　　张　25.75
字　　数　269 千字
定　　价　80.00 元

总　序

2023 年 6 月 2 日，习近平总书记到中国社会科学院中国历史研究院考察，出席文化传承发展座谈会并发表重要讲话。讲话着眼于强国建设、民族复兴，立足于赓续中华文脉、建设现代文明，对文化传承发展的一系列重大理论和现实问题作了深入系统阐述，提出了一系列新思想新观点新论断，发出了担负起新的文化使命、努力建设中华民族现代文明的时代强音。这在中华文明发展史、马克思主义文化理论发展史上都具有里程碑意义，为新时代中国特色社会主义文化建设指明了前进方向、提供了根本遵循。

（一）

文化关乎国本、国运。党的十八大以来，以习近平同志为核心的党中央将文化建设摆在治国理政的突出位置，坚定文化自信、秉持开放包容、坚持守正创新，不断深化对中华文明发展规律的认识、对中国特色社会主义文化建设规律的认识，丰富和发展了马克思主义文化理论，形成了习近平文化思想。

习近平总书记在文化传承发展座谈会上的重要讲话，贯通历史、现实和未来，融通中国与世界，对中华文明的突出特性进行深刻揭示，对"两个结合"的重大意义进行深刻阐述，对建设中华民族现代文明进行战略部署，蕴含着深厚的思想智慧、丰富的理论内涵和重大的方向指引。讲话标志着我们党对中国特色社会主义文化建设规律的认识达到了新高度，是马克思主义文化理论的重大创新成果，是习近平文化思想的重要内容和习近平文化思想成熟的标志。

"建设中华民族现代文明"，作为习近平文化思想的重大标识性概念和重大原创性论断，是坚持和发展中国特色社会主义的历史必然，是以中国式现代化全面推进中华民族伟大复兴的内在要求，不仅在实践层面确立了当代中国文化发展的战略目标，也必将为我们增强历史自觉、坚定文化自信、开辟中国特色社会主义广阔前景进一步增添新的优势和新的动力。

（二）

中国文化源远流长，中华文明博大精深。我国具有百万年的人类史、一万年的文化史、五千多年的文明史。中华文明是世界上唯一绵延不断并以国家形态发展至今的伟大文明，中华优秀传统文化是中华民族生生不息、长盛不衰的文化基因，也是我们在世界文化激荡中站稳脚跟的根基。习近平总书记以科学缜密的历史思维和宏阔深邃的世界眼光，从中华优秀传统文化的内在机理和重要元素中，全面系统深刻揭示出中华文明具有突出的连续性、突出的创新性、突出的统一性、突出的包容性、突出的和平性。这"五个突出特性"是对中国历史的深刻总结，科学揭示了中华文明深厚的历史底蕴，深刻阐明了中华民族的文化基因所在、精神命脉所系、价值追求所向。

中华文明的突出特性，决定了我们独特的发展道路和历史命运。习近平总书记指出："如果没有中华五千年文明，哪里有什么中国特色？如果不是中国特色，哪有我们今天这么成功的中国特色社会主义道路？"只有全面深入了解中华五千多年文明史，深刻把握中华文明的突出特性，才能真正理解中国道路的历史必然、文化内涵与独特优势，才能更有效地推动中华优秀传统文化创造性转化、创新性发展，更有力地推进中国特色社会主义文化建设，建设中华民族现代文明。

不忘本来，才能开辟未来。我们要全面客观地认识中华优秀传统文化，就要正确认识中国共产党人精神谱系与中华优秀传统文化之间的内在联系，把红色文化与中华优秀传统文化更加有机地结合起来、融合起来，在传承中华优秀传统文化中更好地赓续红色血脉。要坚持以科学态度对待传统文化，不割裂历史、不僵化保守，始终走在时代进步的最前沿。

（三）

旗帜决定方向，道路决定命运。中国特色社会主义是科学社会主义理论逻辑和中国社会发展历史逻辑的辩证统一，植根于中国大地和中华文化沃土、反映中国人民意愿、适应中国和时代发展进步要求。坚持把马克思主义基本原理同中国具体实际相结合、同中华优秀传统文化相结合，这是我们党在探索中国特色社会主义道路中得出的规律性认识，是我们取得成功的最大法宝，揭示了建设中华民族现代文明的源头活水，指明了建设中华民族现代文明的前进方向。

马克思主义是我们党推进理论创新的"魂脉"，中华优秀传统文化是我们党推进理论创新的"根脉"。习近平总书记指出："马克思主义和中华优秀传统文化来源不同，但彼此存在高度的契合性。""结合"的前提是彼此契合，相互契合才能有机结合；"结合"的结果是互相成就，造就了一个有机统一的新的文化生命体，让马克思主义成为中国的，中华优秀传统文化成为现代的，让经由"结合"而形成的新文化成为中国式现代化的文化形态；"结合"筑牢了道路根基，让中国特色社会主义道路有了更加宏阔深远的历史纵深，拓展了中国特色社会主义道路的文化根基，中国式现代化赋予中华文明以现代力量，中华文明赋予中国式现代化以深厚底蕴；"结合"打开了创新空间，让我们掌握了思想和文化主动，并有力地作用于道路、理论和制度，更重要的是，"第二个结合"是又一次的思想解放，让我们能够在更广阔的文化空间中，充分运用中华优秀传统文化的宝贵资源，探索面向未来的理论和制度创新；"结合"巩固了文化主体性，有了文化主体性，就有了文化意义上坚定的自我，文化自信就有了根本依托。创立习近平新时代中国特色社会主义思想就是这一文化主体性的最有力体现。

习近平总书记关于"两个结合"特别是"第二个结合"的重要阐述，表明我们党对中国道路、理论、制度的认识达到了新高度，表明我们党的历史自觉、文化自信达到了新高度，表明我们党在传承中华优秀传统文化中推进文化创新的自觉性达到了新高度。建设中华民族现代文明，最根本、最重要的就是坚持以习近平新时代中国特色社会主义思想为指导，沿着习近平总书记指引的方向推动文化繁荣、建设文化强国。

（四）

文化是一个国家、一个民族的灵魂。中国共产党领导人民一百多年的伟大历史，是不断探索强国复兴道路的奋斗历程，也是不断推进文化发展、文明转型的奋斗历程。党的十八大以来，以习近平同志为核心的党中央深入把握中华民族伟大复兴战略全局和世界百年未有之大变局，把文化发展列入国家"五位一体"总体布局之中，强调文化自信是更基础、更广泛、更深厚的自信，是更基本、更深沉、更持久的力量，就文化建设作出一系列新的战略部署和战略举措，引领中国特色社会主义文化开辟新的境界。

习近平总书记在文化传承发展座谈会上强调："在新的起点上继续推动文化繁荣、建设文化强国、建设中华民族现代文明，是我们在新时代新的文化使命。"我们所建设的中华民族现代文明，是中国共产党领导的社会主义文明，是植根中华优秀传统文化、具有中华文化主体性的文明，是借鉴吸收人类一切优秀文明成果的文明。这种新型文明既遵循人类文明发展的普遍规律，又具有鲜明的民族特色和时代特征，体现科学社会主义先进本质，代表人类文明进步的发展方向。要坚定文化自信，坚守中华文化立场，坚持走自己的路，立足中华民族伟大历史实践和当代实践，提炼展示中华文明的精神标识和文化精髓，增强传承发展中华文明的志气、骨气、底气，巩固文化主体性，实现精神上的独立自主。要秉持开放包容，树立平等、互鉴、对话、包容的文明观，以开放的姿态、包容的胸怀，广泛参与世界文明对话，更加积极主动地学习借鉴人类创造的一切优秀文明成果，融通中外、贯通古今，不断丰富和发展中华文化，不断培育和创造新时代中国特色社会主义文化。要坚持守正创新，以科学的态度对待科学，以真理的精神追求真理，以守正创新的正气和锐气，把坚守马克思主义这个"魂脉"和中华优秀传统文化这个"根脉"，融入中国式现代化的伟大实践之中，在推进中国式现代化的伟大进程中建设中华民族现代文明。

（五）

国家之魂，文以化之，文以铸之。坚持以习近平文化思想为指引，当代中国哲学社会科学必须按照建设中华民族现代文明的使命要求，紧紧围绕中国式现代化这个最大的政治，提炼出有学理性的新理论，概括出有规律性的新实践，不断推动中华优秀传统文化创造性转化、创新性发展，不断推进知识创新、理论创新、方法创新，加快构建具有中国特色、中国风格、中国气派的哲学社会科学，努力建构中国自主的知识体系，积极服务建设中华民族现代文明大局。

作为马克思主义的理论阵地、为党和国家决策服务的思想库、中国哲学社会科学研究的最高学术机构和全国哲学社会科学综合研究中心，中国社会科学院有责任、有义务在深入学习贯彻习近平文化思想、建设中华民族现代文明上走在前、作表率。习近平总书记在文化传承发展座谈会上发表重要讲话以来，中国社会科学院党组以高度的政治责任感和使命感，充分发挥学科门类齐全、人才资源集中的优势，组织实施中华民族现代文明研究阐释工程，围绕习近平总书记关于建设中华民族现代文明的重要论述，设计重大选题，设置重大项目，组建跨学科团队，从多学科视角开展理论性、综合性、基础性研究，探索建立全方位、成系统的中华民族现代文明研究体系，努力推出有思想、有价值、有分量的研究成果，努力为建设中华民族现代文明贡献智慧和力量。

为系统展示关于建设中华民族现代文明研究阐释的原创性成果，推动理论界学术界的深入交流，推进党员干部的学习思考，中国社会科学院策划推出《建设中华民族现代文明研究丛书》，作为中华民族现代文明研究阐释工程的重大项目。丛书编撰工作在中国社会科学院院长、党组书记高翔统筹指导下进行，副院长、党组成员甄占民参与组织，科研局具体实施。丛书坚持以习近平文化思想为指导，坚持政治性与学理性、思想性与知识性相统一，着力推出一批有代表性的精品力作。

习近平文化思想是一个不断展开的、开放式的思想体系，建设中华民族现代文明的伟大实践正持续深入推进，为此，丛书将秉持开放性原则，立足理论与实践的双重探索，陆续推出最新研究成果。我们真诚欢迎社科理论界同仁推荐更多相关主题的优秀成果，共同为创造属于我们这个时代的新文化、建设中华民族现代文明搭建良好平台。

敬请学界同仁和广大读者批评指正。

中国社会科学院中华民族现代文明
研究阐释工程领导小组办公室
2024 年 5 月

目 录

绪　论

习近平总书记在文化传承发展座谈会上的讲话中指出："在五千多年中华文明深厚基础上开辟和发展中国特色社会主义，把马克思主义基本原理同中国具体实际、同中华优秀传统文化相结合是必由之路。这是我们在探索中国特色社会主义道路中得出的规律性认识。"①

"两个结合"，特别是"第二个结合"的提出，是我们党对马克思主义中国化时代化历史经验的深刻总结，是对中华文明发展规律的深刻把握。习近平总书记在讲话中深刻阐述了中华文明"五个突出特性"，由中华文明的重要元素共同塑造出的中华文明突出特性，是中华文明发展规律的核心内容，也是"第二个结合"的重要内容。在新的历史起点上，建设社会主义文化强国、建设中华民族现代文明，就是通过"第二个结合"，把握中华文明发展规律，充分实现中华文明"五个突出

---

① 习近平：《在文化传承发展座谈会上的讲话》，人民出版社 2023 年版，第 5 页。

特性"的现代化，使其成为中华民族现代文明的重要内涵。

中华文明发展规律是中华文明既久且大、可久可大的形成发展之道。中华文明突出的连续性、创新性、统一性、包容性、和平性，是中华文明长期发展中形成的规律性特征，是中华文明发展规律的内涵。我们可以说，中华文明发展规律就是中华之道，"五个突出特性"就是中华之道的具体内涵。中华之道是中华文明的形成发展之道，是中国所以为中国的原理性揭示，是中华民族共同体团结凝聚的道理总结，也是中华民族为人类永续发展贡献的智慧结晶。

中华文明"五个突出特性"作为中华文明发展的规律性特征，既是中华文明历史发展的结果，也是创造和发展中华文明历史的前提。作为中华之道，是在中国创生时创造的原理，是不断创生中国的原理。前提与结果的辩证法，正是源流互质意义上主体性化的生成原理。从历史中把握原理，从原理中理解历史，历史与原理的辩证法，也是从后思索意义上的实践科学或历史科学的知识方式。中国所以为中国的原理，是在探寻中国创生开端中不断自觉形塑中国主体的主体性原理。中国所以为中国的原理，就是让中国不断赢获自身主体性的原理。习近平总书记关于中华文明"五个突出特性"的论断，标志着当代中国共产党人在新的历史起点上对于中华之道的认识达到了新高度，标志着当代中国在中华之道的认识中实现了更高层次的主体性自觉。这种主体性自觉是对中国特色社会主义与中华文明一气贯通关系的深刻把握，是对新时代在中华文明史上地位的清醒定位，是对中国所以为中国的文化主体性的最新确认，是对中国特色社会主义与 5000 多年中华文明内在一体、不断生长的文化生命体意识的高度自觉。中华之道是贯通中华文明历史、现实与未来之道，是导引中华文明永续发展之道，是承载和发扬中华文明和中华民族主体性之道。

全面认识中华文明史的核心任务，就是透彻理解"五个突出特性"是如何为中华文明史所塑造，又如何塑造中华文明史的。深刻把握中华文明核心价值的关键所在，就是系统理解"五个突出特性"的内在关联和原理性关系。建设基于中华文明发展规律的一般文明理论的重要使命，就是要从"五个突出特性"所展现的系统关系中把握中华之道所体现的人类文明共同原理。

为此，首先需要追问的是，何以用五个特性而不是更多或更少的特性来刻画中华文明之道？由此，必须说明"五个突出特性"的提出不是偶然的。中华文明当然具有众多特点，但"五个突出特性"却并非从中随意选取而来，而是因为"五个突出特性"能够准确地刻画中华文明的本质规定性，能够精准地呈现中华之道的内涵。"五个突出特性"中的每一个都充分把握住了中华文明的核心特质，"五个突出特性"总体上的系统关联进一步揭示了中华之道的内在原理，"五个突出特性"彼此之间的关系又从多个方面说明了中华文明不同层次的原理性内涵。

习近平总书记对"五个突出特性"的论述，就是着眼于这种原理性关系。论述"五个突出特性"的顺序本身，就充分说明了习近平总书记对这种原理性关系的认识。同时，"五个突出特性"彼此之间又可以从总体上构成三对关系。连续性与创新性是一对关系，统一性与包容性是一对关系，包容性与和平性是一对关系。让我们通过"五个突出特性"之间不同的组合与排列关系来深入解析这种原理性内涵。

一　连续性对于中华之道的奠基性意义

"五个突出特性"中连续性排在首位，表明连续性对于我们认识和把握中华之道具有奠基性意义。习近平总书记指出："中华文明是世界上唯一绵延不断且以国家形态发展至今的伟大文明。"① 连续发展、绵延不断、代代相续的历史进程，作为历史事实，最为具象地表现在二十五史的历史编纂学中；作为历史记忆，最为生动地存在于"三皇五帝到如今"的中国人精神生活中；作为历史文明价值的追求，最为集中地表达于中国人的经典世界当中。中华文明突出的连续性，在中华文明的经史传统中是用"统纪"的观念来表达的。根据《说文解字》"统，纪也"，统纪的本义就是将丝的线头绾和在一起，引申而言，就是荀子所谓"求其统类"（《荀子·解蔽》）。在时间上求其统类，就是"传统"；在时间上求政治的统类，就是"政

---

① 习近平：《在文化传承发展座谈会上的讲话》，人民出版社 2023 年版，第 2 页。

统"；在时间上求价值的统类，就是"道统"；在时间上寻求政统之正，也就是确定历史时间叙述的主体，就是所谓"正统"。"正统"就是统纪历史时间连续性的轴心，这个轴心就是将不同的历史主体统纪为一个统一的历史时间主体，从而形成了时间之轴。因此，连续性之所以可能，在于能够将不同的时间及其主体，统合为统一时间的连续体，统合为一个由统一主体承载的时间连续体。中华文明的连续性，就是将中华文明作为历史时间的主体而形成的连续性，也只有将中华文明作为统一的时间主体，才有所谓中华文明的连续性。中华文明既是连续的结果，更是连续的前提，更是在连续中不断生成的统一主体。中华之道首先是贯通中华文明历史之道，连续性因而成为中华之道的基础性内涵。也正是基于这种历史时间的统一主体的存在，中华文明才是世界上唯一以国家形态绵延至今的伟大文明，国家形态就是历史连续性的主体。也正是基于此，确认"正统"，就成为维系中华文明历史连续性的关键环节，就成为中华之道的核心内涵。近年来"新元史""新清史"等所谓历史叙述，承接"华夷变态论"的历史观，否认元和清为中国历史的一部分，试图割断中华文明的连续性，这些历史认识的根本错误在于无法深入理解"正统论"对于塑造中华文明连续性的原理性作用，无法理解无论是元朝还是清朝，都把自己能否成为中华之正统作为一切政治、文化创制的核心关切。元朝与清朝毋庸置疑是中华文明历史连续性的一环。中华文明历史的连续性不容割裂。

习近平总书记指出，中华文明突出的连续性"充分证明了中华文明具有自我发展、回应挑战、开创新局的文化主体性与旺盛生命力"①。连续性之所以可能的条件，在于能够将时间统合为一个具有统一历史主体的连续体，这种由连续性所表达的历史时间的统合能力，是中华文明的文化主体性最为突出的表现。中华文明的文化主体性最为集中的表现在于，始终具有将自身的历史持续贯通下去的强烈历史意志，始终具有将过去、现在和未来统合为一个历史时间整体、一个不断成长的文化生命体的历史动力，始终具有从历史和未来的相互导引中，不断激发能够畅达生命体创造生机的文化生命力。中华文明的文化主体性最为集中的表现在于，承载文化生命体成长的每一代人，都时刻具有将文化生命体的生命不断延续下去的历史责任，都时刻具有通过将未来带入历史的同时，将历史不断带进未来的使命。熔旧铸新、温故知新，成为中华文明历久弥新的根本原理。

习近平总书记还进一步宣示，"中华文明的连续性，从根本上决定了中华民族必然走自己的路"②。只有连续才构成为道路，道路连接着过去、现在和未来。中国特色社会主义道路是在前瞻中华民族现代文明伟大图景中、深沉回望文明历史来路

---

① 习近平：《在文化传承发展座谈会上的讲话》，人民出版社 2023 年版，第 2 页。

② 习近平：《在文化传承发展座谈会上的讲话》，人民出版社 2023 年版，第 2 页。

中，形成的一条文明道路，是从中华文明道路走出来的现代道路。中国特色社会主义道路是将中华文明带入现代状态的道路，是运用马克思主义基本原理激活中华文明生命力的道路。中国特色社会主义道路与中华文明道路的连续性，深刻体现了中华文明的连续性，深刻体现了中国共产党和中国人民的文化主体性。

从源远流长的历史连续性中认识中国，就是要把中国共产党领导下的新中国作为中华文明历史时间的主体担纲者，作为中华文明历史连续性的承接者，作为中华文明的正统代表者。通过中国共产党的百年奋斗，古代中国、现代中国和未来中国共同构成了一个统绪相接、连续发展的文化生命连续体。

二　创新性是中华文明连续发展的内在根据

习近平总书记将创新性排在连续性之后，深刻表明了连续性和创新性之间的一体关联性。

习近平总书记指出："连续不是停滞、更不是僵化，而是以创新为支撑的历史进步过程。"① 连续是通过创新实现的连续，同时也只有在连续的前提下才有所谓的创新。连续性和创新性的关系表明的是常与变、一与多的辩证法。连续性是变中

---

① 习近平：《在文化传承发展座谈会上的讲话》，人民出版社 2023 年版，第 3 页。

之不变，不变中的变化。变化使得连续成为可能，而不变则保障了变化不会成为绝对否定自身的变化，成为断裂。正是变化成就了不变的主体，不变保证了变化是主体的变化。连续与创新的内在一体性，表明的正是时间意义上的一多关系。不变是一，变化是多，一是多的前提，多也是一的前提，否则无所谓一与多，一与多互为前提。时间意义上没有多的一，就是僵死无变化，时间就不会成为历史；时间意义上没有一的多，就是绝对自我否定的无限断裂，时间也不会成为历史。因此，连续性恰恰是以创新为前提，连续是创新的结果；创新以连续为前提，创新是连续中的创新。连续性与创新性的内在一体，是时间化为历史的原理，连续性与创新性的互为前提，也正是主体性化的原理。只有主动把握变化、积极进行创制，才会将主体连续生成下去；也只有在积极把握历史主动、不断进行创制的实践中，才会连续生成不断成长的主体。连续性与创新性的关系，深刻说明了历史与主体生成的关系，对这一关系的透彻把握，体现了中华文明最为鲜明的特质。

关于中华文明这一鲜明特质，习近平总书记是这样论述的，"中华文明是革故鼎新、辉光日新的文明，静水深流与波澜壮阔交织"①。"革故鼎新"取自《周易》革、鼎两卦，《杂卦》说："革，去故也；鼎，取新也。"革卦之象是火在水下，

---

① 习近平：《在文化传承发展座谈会上的讲话》，人民出版社 2023 年版，第 3 页。

水性向下，火性向上，二者相就相克发生变革。革就是变革旧事物。鼎卦之象是木下火上，木入于火，顺势燃烧，鼎就是把旧事物改造为新事物。《革·彖传》说："巳日乃孚，革而信之。文明以说，大亨以正，革而当，其悔乃亡。天地革而四时成。汤武革命，顺乎天而应乎人，革之时大矣哉。"天地变化而有四季，天地以四季的变化来成就万物，从而也成就自身。汤武革命，正是人效法天地的道理而进行的主动作为。"革命"是究天人之际而发生的主动变化，"顺天应人"就是主动变化必须依循的道理。"顺天应人"是"革命"的根本条件。这表明"革命"必须随时，必须取信于民，必须取之有道。"革之时大矣哉"是对变革提出的要求，变革要根据时代条件，选择变革的时机。这是变革成功的必然要求。在革卦中，深刻体现了中华文明对于变革的态度。首先，变革是天地之常道，天地由变化而成，因此，中华文明从来不惧变化，而是坦然面对变化，甚至赞美变革。其次，变革必须是人的主动变革，究天道以明人事的目的，就是掌握变革的主动权。这种主动权表现为对变革条件的判断，表现为对变革时机的选择，表现为对民心向背的理解。变革主动权在一定意义上正是自我革命论的根据。这是中华文明最为通达的历史态度。最后，变革是艰难的，但变革是必须发生的，在变革中发挥历史主动性，掌握变革的时机和条件，是中华文明能够从变革中不断成长的道理。在革卦的"去故"之后，鼎卦的"取新"则是无条件的。在变革旧事物之后要不断创造新事物，《鼎·大象传》说："木上有火，鼎。君子以正位凝命。"凝命，就是在创新中巩固主体的意思。革故鼎新，去旧取新，就是要在主动变革中不断创新以巩固主体性的意思。主体通过主动变革实现了自身生机的畅达，主体也通过创新更加巩固了自身的生机。因此，革故与鼎新是主体性化的两个环节，是主体在不断生成中发展壮大的必要过程。

习近平总书记接着论述："中华民族始终以'苟日新、日日新、又日新'的精神不断创造自己的物质文明、精神文明和政治文明，在很长的历史时期内作为最繁荣最强大的文明体屹立于世。"①

创新性是中华文明连续发展的内在道理，连续性与创新性的关系表明中华文明走出了一条不同于西方的发展道路，这条道路不是一条断裂式发展的道路，而是一条连续发展的道路。钱穆曾说，中华文明是栽根者，向下扎根越深，向上伸展的力量越大，根日深而枝日繁、叶日茂；西方文明则是播种者，是在不断更换主体中实现的断裂式发展。② 连续发展的中华文明，在历史困局中不断承敝通变，穷变通久，历久弥新。中华文明创新与连续的辩证法，深刻体现了中华民族守正不守旧、尊古不复古的进取精神，支撑起了中华民族对历史进步性的追求，也成为中华文明连续发展的根本原理。

---

① 习近平：《在文化传承发展座谈会上的讲话》，人民出版社 2023 年版，第 3 页。

② 参见钱穆《政学私言》（新校本），九州出版社 2011 年版，第 256 页。

　　《周易·系辞》说："生生之谓易，成象之谓乾，效法之谓坤，极数知来之谓占，通变之谓事，阴阳不测之谓神。"对天道生生的认识中蕴含着中华文明面对历史变化和危机的智慧。生生本身就意味着变化的恒常性，而变化当中总是蕴藏着不测的危机。因此，中华文明是一种把变化和危机视为常态的文明。中华文明是在面对一次次危机时，通过对天地之道的效法成象，极数知来，而达致穷变通久之历史效应的。这种智慧就是以"通古今"的方式来"究天人"，以"通古今"的历史思维来获得"神以知来"的能力，从而牢牢把握住神妙不测的历史变化的主动权。这是生于危机、长于忧患的中华文明，在艰难困苦的境地中磨炼砥砺出的大智慧。

　　习近平总书记指出："一切伟大成就都是接续奋斗的结果，一切伟大事业都需要在继往开来中推进。"①

　　中国共产党领导中国人民经过百年来的艰苦奋斗和曲折探索所取得的一切伟大成就，是在自我革命中永葆初心、在接续奋斗中继往开来的结果，是对中华文明的连续性和创新性的继承和发扬。应该说，自我革命的创新性精神是接续奋斗的精神保障，也是不忘初心、继往开来的创造机制。中国共产党接续奋斗的伟大事业，是革命、建设和改革的伟大事业，也是180多年来追求中华民族复兴的伟大事业，更是5000多年中华文

---

　　① 《习近平总书记在出席庆祝中华人民共和国成立70周年系列活动时的讲话》，人民出版社2019年版，第3—4页。

明和中华民族永续发展的伟大事业。接续奋斗的事业观来自对中华文明连续性的深刻把握，是立足中华民族伟大复兴的历史观；自我革命的革命观是对中华文明创新性的集中体现，是着眼于中华文明永续发展的文明观。这种历史观和文明观的实质是一种立足当下、面向未来、贯通历史的主体性姿态，一种穷变通久的历史主动性精神，深刻表达了"文化自信"的宗旨：相信过往中华历史和文明的一切成果，都将汇聚于新时代中国特色社会主义的当下实践；相信未来中华文明的所有开展，都将经由新时代中国特色社会主义的当下创造。中华文明在新时代中国特色社会主义中将开辟出新的历史机运。"中华文明的连续性，从根本上决定了中华民族必然走自己的路"①，习近平总书记这一重要论述，向世界宣示了新时代中国的文化主体性。

三　统一性是中华文明永续发展的内在要求

在"五个突出特性"中，连续性和统一性具有核心地位。中华文明以大规模统一国家的形态连续发展，是中华文明最为核心的特质。

习近平总书记指出："'向内凝聚'的统一性追求，是文明连续的前提，也是文明连续的结果。团结统一是福，分裂动荡

---

① 习近平：《在文化传承发展座谈会上的讲话》，人民出版社 2023 年版，第 2 页。

是祸，是中国人用血的代价换来的宝贵经验教训。"①

　　5000 多年连续发展不间断的文明史，广土众民凝聚而成的大规模政治体，多元一体、和而不同的一统秩序，是中国之为中国的根本标志。连续必须是统一体的连续，统一是中华文明史连续不断的核心追求。统一性是连续性可能的前提，统一性构成了连续的主体，没有统一主体作为担纲者，连续性便无所依托。连续性和统一性是中国之为中国的伟大成就，二者构成中华文明的核心特质。

　　习近平总书记开宗明义地指出："中华文明长期的大一统传统，形成了多元一体、团结集中的统一性。"② 大一统的传统是统一性的来源。《春秋公羊传》这样定义"大一统"："元年者何？君之始年也。春者何？岁之始也。王者何谓也，谓文王也。曷为先言王后言正月？王正月也。曷言乎王正月？大一统也。"③

　　"大一统"的本义是用"王"来标志历史的开端，是将时间统合为一个统一的整体。因此，"大一统"是对"统纪"的肯定。"别丝者，一丝必有其首，别之是为纪，众丝皆得其首，

　　① 习近平：《在文化传承发展座谈会上的讲话》，人民出版社 2023 年版，第 3 页。

　　② 习近平：《在文化传承发展座谈会上的讲话》，人民出版社 2023 年版，第 3 页。

　　③ （清）阮元校刻：《十三经注疏》，中华书局 1980 年版，第 2196 页。

是为统。"① 因此，"统纪"就是将众丝拧成一根绳。不仅是将时间统成一个连续体，而且也是将空间里的多元性统合成一个统一体。

所谓一统，就是把不同的力量，或者是多元的族群、不同的地域、多元的政治集团，团结凝聚起来，形成一种合力，构成一种统一的秩序。所谓大一统，就是把团结统一作为价值目标加以肯定。重视团结统一就是"大一统"。"大一统"并不破坏多元力量，团结就是形成一股劲，劲往一处使，集中力量办大事。"大一统"是统纪别丝的"丛结体"，费孝通"中华民族多元一体格局"② 的提法，就是借鉴了其师史禄国"心智丛结"（psycho－mental complex）的概念③，"丛结体"实在是对"大一统"理想的恰当描绘，"多元一体"就是"大一统"的现代表达。

"大一统"之"一体"不是要破坏内部的差别性，差别恰恰是沟通的前提，差别才使得沟通成为必要；同样地，一体是差别之间的和谐与团结，是对差别的一体贯通。这正是儒家所谓的"仁"，将其运用于政治，则是"仁政"。"仁"的价值成为贯穿中华文明之制度、个人生命、历史乃至整个生活世界的

① （汉）许慎撰，（清）段玉裁注：《说文解字注》，凤凰出版社 2007 年版，第 1122 页。

② 参见费孝通《中华民族的多元一体格局》，《北京大学学报》（哲学社会科学版）1989 年第 4 期。

③ 参见于洋《史禄国民俗观及其对满族说部研究的启示》，《满语研究》2014 年第 1 期。

构造性力量。"仁"就是对覆载无私的"天"的价值提炼。仁者境界，就是像天地一样"曲成万物而不遗"，包容万物，一视同仁；所谓"天地万物一体之仁"，并不是取消万物自身的个别性，而是恰当地安排个别性，使得个别性能够彼此和谐共处以形成秩序，即"弥纶天地之道"。"大一统"的价值基础是效法天地之无私的仁，"大一统"表达的是建立在天人一体意义上的"天下一家"的社会政治理想。

　　"天下一家"原理是"天下为公"的价值在天下政治中的落实，也是中华文明对政治正当性的基本理解。"天下为公"成为中华文明最为核心的价值追求。"天下为公"的价值追求实际上表明了中华文明的世界观，是一种"天为主，人为客"的世界观，真正的主体性是达于性天的结果，是在人不断从自身内部发现天性的过程中形成的。通过这个过程，人不断发挥内在之天德而成长为参赞天地之化育的"大人"。这就是"天人合一"的过程，是个人不断突破自身的限制，与更为广大的世界融合为一的过程，是人的德性和智慧共同成长达到与全人类同命运共呼吸境界的过程。这种世界观完全不同于西方文明天人相分、主客对立的世界观。主客对立中所形成的主体性，是一种宰制自然与他者的封闭的主体，体现了一种反客为主地对待自然和他者的主体态度，是一种以区隔、等级和冲突为主题的文明状态。这种文明的核心价值完全不同于以一体之仁包容差别世界的中华文明的中和之道。"天下为公"的价值追求，最终落实于"天下一家"的天下共同体建设，落实为以全体人民为中心的价值追求。中华文明的天下政治理想是超越霸者的人民政治，是克服文明等级、消弭文明冲突的王道政治。这是"大一统"政治原理的内涵，也是中华民族多元一体政治原理的来源。

习近平总书记指出："中华文明的统一性，从根本上决定了中华民族各民族文化融为一体、即使遭遇重大挫折也牢固凝聚，决定了国土不可分、国家不可乱、民族不可散、文明不可断的共同信念，决定了国家统一永远是中国核心利益的核心，决定了一个坚强统一的国家是各族人民的命运所系。"①

中华文明对统一性的追求建基于中华文明的宇宙论和价值观，贯穿于中华文明形成发展的全过程，是经过 5000 多年中华文明历史证明的核心价值。从根本上说，中国就是团结统一应对共同危机而创生的命运共同体，中华民族共同体就是在中国大地上由包含不同地域不同族群不同文化的中国人民团结凝聚而成的人类命运共同体。对统一性的追求是中华文明永续发展的内在要求，是中华民族共同体的命运所系，团结统一也是形成人类命运共同体必然遵循的价值原理。

四 包容性是实现中华文明统一性的必要途径

中华文明具有的包容性，实质上是中华文明统一性的题中

---

① 习近平：《在文化传承发展座谈会上的讲话》，人民出版社 2023 年版，第 3—4 页。

应有之义，包容性是实现中华文明统一性的必要途径。习近平总书记这样论述道："中华文明从来不用单一文化代替多元文化，而是由多元文化汇聚成共同文化，化解冲突，凝聚共识。中华文化认同超越地域乡土、血缘世系、宗教信仰等，把内部差异极大的广土巨族整合成多元一体的中华民族。越包容，就越是得到认同和维护，就越会绵延不断。"①

中华文明的包容性是"天下一家"原理的价值体现。在中华文明中，"天"是最高的原理，"天"实际上就是天覆地载的"这个世界"之整体本身，天覆地载之无私，成就了时行物生、有物有则的"这个世界"整体的内在秩序，也成为人文德性的根据。没有比"天"更高的原理，在这个世界之外没有其他的世界，世界只有"这一个"。"一个世界"意味着没有比让"这个世界"存续更高的原理和价值，没有比让"这个世界"本身存续的秩序更高的秩序。维护"这个世界"的生存发展，是政治的最高德性。

这样一种态度，就是对天的信仰，就是对我们所生息的"这个世界"的信仰，就是对天道生生的信仰。它并非一神教意义上的宗教信仰。一神教的信仰，把世界看成是上帝的造物，以制作代替生生，以一种高于这个世界的主体性来主宰这个世界。作为一神教影子的现代主体，则不过是将这种绝对超

---

① 习近平：《在文化传承发展座谈会上的讲话》，人民出版社2023年版，第4页。

越的神性置于个体之中，演化为一种现代主体而已。现代占有性个人主义就是这种现代主体的社会政治的表现，根据这种个人主义，自然不过是开发的对象，而他人也不过是被利用的工具。天道生生的信仰，则是把"这个世界"的整体、把"这个世界"中的全体人民，包括过去、未来和现在的所有人，都作为目的而非对象，都作为天下的主体而非客体来对待。它以"这个世界"的存续、以全体人民的生存发展作为政治的根本遵循。这是生于危机、长于忧患的中华文明，在历史中不断开阔胸襟而获得的大情怀和大格局。

包容性来自对天的信仰和对天德的效法。包容性的实现途径也正是作为中华文明核心价值的忠恕之道。

习近平总书记指出："中华文明的包容性，从根本上决定了中华民族交往交流交融的历史取向，决定了中国各宗教信仰多元并存的和谐格局，决定了中华文化对世界文明兼收并蓄的开放胸怀。"①

中华文明突出的包容性，最深刻地说明了中华文明确立共同价值的方式和途径。

交往交流交融的目的是寻找和确认共同价值。这意味着价值不是单方面被颁布或宣告的，不是由单方面以所谓"普世价值"的方式强加给对方的。因此，共同价值与普世价值之间，

---

① 习近平：《在文化传承发展座谈会上的讲话》，人民出版社 2023 年版，第 4 页。

不是价值内涵的差异，而是确立价值方式的不同。毋庸置疑，确立价值的方式，从根本上影响着价值实现的方式，从而也在根本上影响着价值内容的真假。"共同价值"与"普世价值"的不同，并不仅仅在于"共同价值"从更为全面的角度克服了"普世价值"缺失的维度，更为根本的不同在于，"共同价值"是一种与"普世价值"不同的确立价值的方式。

共同价值是内在于共同体建设实践中的价值准则。中华文明的包容性就来自这种价值准则。中华文明的核心价值就是中华民族共同体实践的共同价值结晶，也是导引中华民族共同体实践的共同价值理想。在中华文明中，"共同价值"的起点也是个人，不过这种个人，是处于家国天下关系之中的个人，这种个人是所谓"仁者人也"的个人，是具有仁的道德感通能力的个人。仁由个人推扩出去而及于家国天下，就成为大群相处之道的"仁道"，成为"行不忍人之政"的"仁政"，成为"大道之行也，天下为公"的"天下为公"的秩序。"共同价值"的基础是具有道德感通能力的个人。

中华文明中"共同价值"的确立方式，正是仁的两种确立方式，亦即"忠恕之道"，尽己为忠，推己为恕。只有"尽其在我"地对待他人，才能够真正地设身处地做到推己及人；只有真正地设身处地、推己及人地为他人着想，才能够真正地尽其在我地对待他人。恕道不离忠道，如果没有尽己则无所谓推己，成己成物相互关联。因此，"共同价值"是在自我与他者的交往沟通中确立的价值，是使相互理解、彼此感通的交往行为成为可能的道德原则。忠恕之道是形成共同价值的实践原则。

中华文明的包容性充分体现了共同价值的确立方式。包容性来自对价值的相互承认和共同认定，这种相互承认和共同认定是在忠恕之道的运用中完成的。交往交流交融必须以忠恕之道作为内在准则，在交往交流交融中以忠恕之道的方式确立共同价值。通过忠恕之道达成的共同价值，就是包容性最充分的体现。

在中华文明史上，多种宗教多元并存的和谐格局，是中华文明包容性的突出表现，是贯彻忠恕之道的仁政带来的局面。中华文明对于世界文明兼收并蓄的开放胸怀，也正是将天下一家的理想广泛运用于人类命运共同体建设的充分体现。

五　和平性是中华文明包容性的价值表现

中华文明的和平性，是中华文明包容性的价值表现。习近平总书记关于和平性是这样论述的："和平、和睦、和谐是中华文明五千多年来一直传承的理念，主张以道德秩序构造一个群己合一的世界，在人己关系中以他人为重。倡导交通成和，反对隔绝闭塞；倡导共生并进，反对强人从己；倡导保合太和，反对丛林法则。"①

---

① 习近平：《在文化传承发展座谈会上的讲话》，人民出版社 2023 年版，第 4 页。

　　和平是中华文明的核心价值，对和平性的坚定追求构成了中华文明一以贯之的理想。和平性奠基于中华文明看待世界的根本态度和组织生活世界的根本方式，奠基于中国哲学的宇宙论和价值观。和平性与包容性的内在一体性，是由中国哲学的宇宙论和价值观所赋予的。如果说包容性中蕴含着中华文明确立共同价值的方式和实现共同价值的途径，那么和平性是这种共同价值呈现出的共同精神和共同取向。

　　和平性最能体现中华文明对待矛盾对立的态度。《周易·泰·象传》曰："泰，小往而大来，吉亨。则天地交而万物通也，上下交而其志同也。"《象传》曰："天地交泰，后以财成天地之道，辅相天地之宜，以左右民。"泰，指的是天地相交，万物因而发育成长、顺遂和畅的状态。天地阴阳二气相交相通后自然出现的状态就是泰。天地交而泰，泰而和。对立面之间由于相交通，反而会带来泰而和的局面，对立面之间由于交通而和谐地统一在一起。这就是太平境界。

　　因此，和平性建基于中华文明对天地生生、天道至公的信仰。关于天地之道，《中庸》说得极好："辟如天地之无不持载，无不覆帱；辟如四时之错行，如日月之代明。万物并育而不相害，道并行而不相悖，小德川流，大德敦化，此天地之所以为大也。"天地之道即大公之道，是可以和而不同、不齐而齐的大公之道。万物之间、主义主张之间，犹如四时和日月的"错行代明"，是可以并行不悖、并育不害的。所谓天下，就是为天地所覆载的万物整体，是时行物生、有物有则、至大无外的天地共同体。仿效天地无私之德的治天下者，都必须让万物各得其所、各得其生养。因此，"天下为公"就是治天下的根本道理。《礼记·礼运》篇"大道之行也，天下为公"就是在阐明这个基本的政治原理。以天下为天下人的天下，自然会以他者为重；以天地生生为念，自然会以共生的态度对待他人，以交通成和的方式对待矛盾对立。但如果以天下为私产，自然会以自我为中心，以霸权思维来对待他者，用党同伐异的态度来对待矛盾。中华文明史上没有对外扩张、没有殖民掠夺、没有炮舰政策、没有强迫性文化输出，取决于这种建基于中华文明哲学根基的根深蒂固的和平性。这与奉行丛林法则的新老帝国主义有着本质区别。

习近平总书记指出："中华文明的和平性，从根本上决定了中国始终是世界和平的建设者、全球发展的贡献者、国际秩序的维护者，决定了中国不断追求文明交流互鉴而不搞文化霸权，决定了中国不会把自己的价值观念与政治体制强加于人，决定了中国坚持合作、不搞对抗，决不搞'党同伐异'的小圈子。"[1]

中华文明的和平性是被中华文明的历史证明了的和平性，来自中华文明最核心的世界观和价值观，始终不移地坚持和平性，就是对中华文明核心价值的维护和发扬。

---

① 习近平：《在文化传承发展座谈会上的讲话》，人民出版社 2023 年版，第 4 页。

习近平总书记指出："如果没有中华五千年文明，哪里有什么中国特色？如果不是中国特色，哪有我们今天这么成功的中国特色社会主义道路？只有立足波澜壮阔的中华五千多年文明史，才能真正理解中国道路的历史必然、文化内涵与独特优势。"①

马克思主义基本原理同中华优秀传统文化相结合，就是要运用马克思主义基本原理充分发扬中华文明的突出特性，就是要运用马克思主义基本原理深刻揭示中华文明发展规律。在新的历史起点上，建设文化强国、建设中华民族现代文明，就是要在坚持中华文明突出特性的前提下，充分实现中华文明突出特性的现代化，创造出中华文明的现代形态。

正是在此意义上，中华民族现代文明必定是对中华文明突出特性一气贯通中创造转化和创新发展的现代文明。建设中华民族现代文明，不能丢弃中华文明"五个突出特性"中的任何一个，丢弃了任何一个就不是中华文明。这是中华文明连续性和创新性辩证统一的内在要求。

必须坚持中华文明的和平性，不以你死我活的斗争来处理文明间的关系，而是主张在文明的交流互鉴中不断升华出一种更大规模的人类文明共同体，通过共同面对人类世界的危机挑战而团结在一起，组成多元一体的人类命运共同体。文明间的

---

① 习近平：《在文化传承发展座谈会上的讲话》，人民出版社 2023 年版，第 5 页。

交流互鉴最终会产生出一种对于不同文明具有最大包容性的大文明。这种大文明并非以单数的文明取代复数的文明，不是终结于一神教意义上的单一文明霸权，而是创建一种各文明各得其所的更大规模的文明形态。中华文明突出的统一性和包容性表明，中华文明是具有创造人类文明新形态能力的文明，中华民族现代文明建设，必将带来一个人类大团结的大文明共同体，带来一种人类文明新形态。

第一章
亘古亘今：中华文明连续性的
哲学基础

习近平总书记在文化传承发展座谈会上的重要讲话对中华文明"五个突出特性"进行高度概括，对中华文明发展规律进行深刻揭示，不仅体现了深刻的学理性内涵，更具有重大的现实意义。在中华文明"五个突出特性"中居于首位的是连续性。习近平总书记指出：

中华文明是世界上唯一绵延不断且以国家形态发展至今的伟大文明。这充分证明了中华文明具有自我发展、回应挑战、开创新局的文化主体性与旺盛生命力。深厚的家国情怀与深沉的历史意识，为中华民族打下了维护大一统的人心根基，成为中华民族历经千难万险而不断复兴的精神支撑。中华文明的连续性，从根本上决定了中华民族必然走自己的路。如果不从源远流长的历史连续性来认识中国，就不可能理解古代中国，也不可能理解现代中国，更不可能理解未来中国。①

突出的连续性从时间角度将中华文明理解为一个有机的统一整体，揭示出中国历史不同阶段的内在关联，为我们从总体上把握中华文明历史进程提供了一个贯通性的视角。中华文明突出的连续性体现在以国家形态绵延不断的发展历程之中，体现在中华民族 5000 多年自我发展、回应挑战、开创新局的文化主体性之中，体现在捍卫大一统国家、赓续中华文明的历史自觉之中。

第一节　中华文明连续性的哲学原理

中华文明突出的连续性有其内在的逻辑结构，"中华文明的连续性绝不是一些偶然历史现象的简单归纳，更不是文明的停滞，而是文化的一脉相承与承前启后的推陈出新，是文明的整体性与文明的阶段性的高度统一"②。在中华文明"一脉相承"的整体性与"承前启后"的阶段性的辩证统一中蕴含着深刻的思想逻辑。中华文明之所以能够绵延不断，就是因为把握到了变化中的"常道"，把握到了"连续"的关键在于对"常

---

① 习近平：《在文化传承发展座谈会上的讲话》，人民出版社 2023 年版，第 2—3 页。

② 中共中国社会科学院党组：《深刻把握中华文明突出特性的历史意义与时代价值》，《求是》2023 年第 18 期。

道"的坚守，从对"常道"的理解中转化出保持连续性的自觉，最终促成了中华文明的连续发展。中华文明生生变化的宇宙论、在变化之中把握常道的历史主动性，为中华文明突出的连续性的形成与发展奠定了思想基础。

一 生生变化的宇宙论

中国人常以"宇宙"来指称我们存在的这一时空，"天地四方曰宇，往古来今曰宙"（《尸子》），"宇"指的是天地四方这一空间场域，"宙"指的是时间上的古今变化。《论语·子罕》载："子在川上曰：'逝者如斯夫！不舍昼夜。'"个体所经验的时间像流水一样连续不断，但这种连续不断终究只是在某个时间刻度内的经验，从更深远的时间视野来看，在个体所经验的某个时间刻度之外，还有更为漫长的时间进程，这一时间进程"往者过，来者续，无一息之停"①，是一种不断发生、无始无终、最为彻底的连续性时间。在时间这一无限延展的进程中，不同历史阶段的个体所经验的时间显然是不同的。但个体所经验的空间则有可能是相同的，因为能够为人类提供生存机会的空间是有限的，人类是通过反复使用某些空间而保证自己在时间中的连续的。但是空间的结构事实上也在不断发生着变化，显著者如高岸为谷、深谷为陵、沧海桑田等剧烈的变

---

① （宋）朱熹：《四书章句集注》，中华书局1983年版，第113页。

化，隐微者如"故不暂停，忽已涉新，则天地万物无时而不移也"①。同一个空间并不能被原原本本地无限复制到不同时间之中，在不同历史阶段的变化中，构成空间的内容不断发生着变化，同一个空间事实上也难以被不同时间中的个体原原本本地经验。从这一意义上说，变化不息的万物才是宇宙的真正主体，才是时间、空间的内在结构。是万物的持存与流变成为"宇"，即上下四方的空间结构；是万物的持存与流变成为"宙"，即古往今来的时间连续。最漫长、最整全的时间连续性要内含所有存在者的时间，所以必然也关涉了所有存在者所占有的空间，最彻底的时间连续性必然蕴含了最广大的空间。因此中国古代也将宇宙称为"天地大化"，宇宙是最漫长的时间发生过程，也是最广大的空间持存结构。

中国古代哲学家多倾向于认为，运动变化是宇宙的根本特性。张岱年说："中国哲学有一个根本的一致的倾向，即承认变是宇宙中之一根本事实。变易是根本的，一切事物莫不在变易之中，而宇宙是一个变易不息的大流。"② 运动变化的宇宙观最为集中地体现在《周易》之中。比如对复卦的解释，复卦卦象是一阳生于五阴之下，象征阴极而阳生，卦辞"反复其道，七日来复，利有攸往"。程颐说："七日而来复者，天地之运行如是也。消长相因，天之理也。阳刚君子之道长，故利有攸

---

① （晋）郭象注，（唐）成玄英疏：《南华真经注疏》，中华书局1998年版，第143页。

② 张岱年：《中国哲学大纲》，商务印书馆2015年版，第180页。

往。一阳复于下，乃天地生物之心也。先儒皆以静为见天地之心，盖不知动之端乃天地之心也。非知道者，孰能识之?"① 天地之心以动为内涵，动体现为生成万物的创造活动，天地生成万物的创造活动即使在阴气肃杀之际也未曾断绝，一阳来复则新的生机随之而开启，生生不已的动力是难以遏制的，宇宙就是一个生生不息的生命体。

变化意味着大化流行的整体之中生成与衰歇的不断发生，"万物化作，萌区有状；盛衰之杀，变化之流也"(《庄子·天道》)。盛、衰分别体现了生命力的饱满洋溢和衰歇停顿，变化最突出地表现在盛、衰的转化过程之中。但中国哲学更倾向于从生命力的饱满洋溢的角度来理解时间、空间中发生的变化。《周易·系辞》"生生之谓易"，孔颖达疏："生生，不绝之辞。阴阳变转，后生次于前生，是万物恒生，谓之易也。前后之生，变化改易。生必有死，《易》主劝戒，奖人为善，故云生不云死也。"② 变化的过程是后生次于前生的不绝历程，与生相伴随的还有死，但中华文化强调"未知生，焉知死"(《论语·先进》)，出于肯定生命意义的立场，从生这一积极的角度来理解变化对于人的意义，要求人从积极主动的视角去理解变化的发生，也从这一积极主动的视角去应对变化。程子说："天运而不已，日往则月来，寒往则暑来，水流而不息，物生而不

---

① (宋)程颢、程颐：《二程集》，中华书局2004年版，第819页。

② (魏)王弼、(晋)韩康伯注，(唐)孔颖达疏：《宋本周易注疏》，中华书局2018年版，第399页。

穷，皆与道为体，运乎昼夜，未尝已也。是以君子法之，自强不息。及其至也，纯亦不已焉。"① 从天地变化、日月运行、寒暑往来、万物生生的过程中，君子领悟到要效法天地生生之道，天地以生成万物为其存在方式，人对天道的效法则体现在自强不息的创造精神。

基于"天地之大德曰生""生生之谓易"等肯定此世生命的意义与价值的思想底色，中国哲学呈现出"继善—成性"的生成论结构，"流行造化处是善，凝成于我者即是性。继是接续绵绵不息之意；成，是凝成有主之意"②。天地生成万物之德，在个体身上体现为"接续绵绵不息之意"，这是个体具有向善之可能性的根源，这种向善之可能性是一种"凝成有主"的能动性。这意味着"继善—成性"就是要保持为善去恶的高度主动性，这种主动性来源于天道生生不息的主动，是在继承天地生成万物之意的前提下，在具体的历史进程中体现出赓续不绝的历史主动。朱熹认为："天地以生物为心者也，而人物之生，又各得夫天地之心以为心者也。"③ 天地以生成万物作为其存在的方式，人则继承了天地的生物之心，人之心就是"天地生物之心，即物而在"④ 的形式。所以人之心就要有一种像

---

① （宋）朱熹：《四书章句集注》，中华书局 1983 年版，第 113 页。

② （宋）黎靖德编：《朱子语类》，中华书局 1986 年版，第 1897 页。

③ 《朱子全书》第 23 册，上海古籍出版社、安徽教育出版社 2002 年版，第 3279 页。

④ 《朱子全书》第 23 册，上海古籍出版社、安徽教育出版社 2002 年版，第 3280 页。

天地那般"总摄贯通，无所不备"① 的贯通感和整全性。这种贯通感和整全性要求纵向上时间的彻底贯通、横向上空间的整体关联，横向上的空间关联也是在时间中发生的，纵向上的时间贯通则要内含所有存在者的时间，所以"总摄贯通，无所不备"就在时间上指向了连绵不绝，在空间上指向了万物一体。"德配天地，道贯古今"是中华文明对于理想人格的想象，这是在最悠久的时间与最广大的空间中描摹的人格典范，"可久则贤人之德，可大则贤人之业"（《周易·系辞上》），在时空关系中对人的主体性的极致理解，成就了中华文明可久可大、既久且大之道。

人事上应物变化、与时偕行的主动创造，也被称为"易"。《周易·系辞》"易穷则变，变则通，通则久"，韩康伯注："通变则无穷，故可久也。"② 也就是说只有通达于变化，把握变化的规律，在变化中保证自身的连续和发展，才不会穷乏。变通所指向的是人参与其中的改造世界的过程，《系辞》历数黄帝、尧、舜以来先民在生产生活中的创制来说明"变易"之道。比如臼杵的发明改善了粮食生产的方式，"断木为杵，掘地为臼，臼杵之利，万民以济"；舟楫的发明、牛马的驯化促进了交通的便捷，"舟楫之利，以济不通，致远以利天下"，

----

① 《朱子全书》第23册，上海古籍出版社、安徽教育出版社2002年版，第3279页。

② （魏）王弼、（晋）韩康伯注，（唐）孔颖达疏：《宋本周易注疏》，中华书局2018年版，第439页。

"服牛乘马，引重致远，以利天下"；建筑技术的进步改善了居住的环境，"上古穴居而野处，后世圣人易之以宫室，上栋下宇，以待风雨"；弧矢的发明保护了自身的安全，"弦木为弧，剡木为矢，弧矢之利，以威天下"；丧葬方式的制定提高了人的文明程度，"古之葬者，厚衣之以薪，葬之中野，不封不树，丧期无数，后世圣人易之以棺椁"；文字的发明提高了政治治理的效率，"上古结绳而治，后世圣人易之以书契，百官以治，万民以察"。人类生产生活实践中的"变易"之创制，又为文明的进一步发展奠定了基础，《系辞》云："通变之谓事"，孔颖达疏："凡天下之事，穷则须变，万事乃生。"① 变通是"万事"所象征的丰富的可能性得以展开的前提，是充满差异的世界得以展开的基础。"变，谓化而裁之，通，谓推而行之，故能尽物之利也。"② 对于变化的节奏的理解和裁断，以及在此裁断基础上的推行，意味着对于物的极致运用，也就是通过尽物之利来面对变化带来的不测，带领共同体克服具体的时代困难，让大群一体能够长期持存。中华文明的宇宙观，是天道的生生变易与人事的创制变革所交织成的健动不息、生生不已、周流不滞、曲成不遗的文明图景。

---

① （魏）王弼、（晋）韩康伯注，（唐）孔颖达疏：《宋本周易注疏》，中华书局 2018 年版，第 399 页。

② （魏）王弼、（晋）韩康伯注，（唐）孔颖达疏：《宋本周易注疏》，中华书局 2018 年版，第 427 页。

二　变与常的文明原理

在生生变易的宇宙观、自强不息的人事实践中包含着中华文明可久可大、既久且大的根本原理，这一文明原理也是在变化之中探索出的常道。常道指向的是道理、原则、观念，常道是连续性精神的集中体现。因为常道把握住了连续的本质，对于常道的继承和坚守，为中华文明的绵延发展锚定了基本方向。《周易·系辞》所谓"天地之大德曰生"，孔颖达疏："天地之盛德，在乎常生，故言曰生。若不常生，则德之不大。以其常生万物，故云大德也。"① 天地之大德体现在连续不断地生成万物，因为生成是连续不断的，因此才是"常生"，只有在"常生"这种永不停息的生成所构成的广大时间、空间之中，天地才成其为大，"日新之盛德"成就了"天地之大德"。

《老子》讲"道可道，非常道"，道虽蕴含在有形有名的具体事物之中，但不能将有形有名的具体事物直接视为道，"道生之，德畜之。长之育之，亭之毒之，养之覆之。生而不有，为而不恃，长而不宰。是谓玄德"（《老子》五十一章）。常道是一种滋养、成就万物的力量，贯穿于万物生成的过程，体现在万物对自身天性的实现过程中。《韩非子·解老》对老子之常道有进一步申说："物之一存一亡，乍死乍生，初盛而后衰

① （魏）王弼、（晋）韩康伯注，（唐）孔颖达疏：《宋本周易注疏》，中华书局 2018 年版，第 434 页。

者，不可谓常；唯夫与天地之剖判也俱生，至天地之消散也不死不衰者，谓常。"事物在现象层面的变化不可谓之为"常"，常道是一种永续持存之道，是一种在天地的视野中，贯穿于天地，与天地并生并存之道。这种并生并存之道，也是"一阴一阳"之道，在阴阳相互推荡、相互作用生成万物的过程中，体现了道的运作，在生命力的彰显与衰歇的转化过程中体现了不变的"常则"，这一常则是阴阳能够更迭运化的动力，是世界能够保持生生不息的根本。

《老子》说"常无欲以观其妙，常有欲以观其徼"，《庄子·天下》据此把"建之以常无有，主之以太一"作为老子之说的主旨。"常无常有"，指的是常道存在于有无之际，既可以从无观之，又可以从有观之。从无观之，可以看到天地在有无之际的变化之妙；从有观之，则可以看到万物彼此转化之际的界限。常无常有，说明常在有无之间，常在有无之间的相互转化之中，也说明有无之际的变化本身就是常，有无变化的总体构成为"太一"。因此，所谓常道，就是始终把握有无变化之际的主动权之道，这就是"主之以太一"。中华文明生生不息的生命力，就来自这样一种与天地自然一体相贯的生命主动性，一种在无常势无常形的时势变化中始终保持的历史主动性。中华文明重视的常道，就是在面对变化的不测之中探索出的历史原理，就是在掌握历史原理的基础上准确把握历史发展的方向，在运用历史原理解决时代困难、开创新的历史的过程中成为当下历史的主人。

在中国历史上，政统与道统是在恒常的变化之中把握到的政治原理和文化原理，是在历史境遇中把握到的常道，政统与道统是保证中华文明体不断生成、既久且大的根本道理。政统、道统一气贯通于中华文明的发展历程，是中华文明突出的连续性的重要表征。

王夫之说:"统之为言，合而并之之谓也，因而续之之谓也。"①"统"首先是空间上的合一，同时又是时间上的前后相因与相续。所以赓续历史、继承传统，就要在时间、空间两方面继承政统与道统。政统在两方面得以体现:从空间上建立起统一性的政治秩序;从时间上将政权置身于历史的统绪之中，为自身确立起政治的合法性。道统也在两方面得以体现:从空间上确立起天道观念、天下意识，立足全局全域来定位自身;从时间上将自身纳入历史之中，继往圣，开来学，让自身成为文化传统中不可或缺的一环。

由于政统论强调从空间上建立起统一性的政治秩序，所以对于统一的国家形态的追求贯穿于中国历史的不同发展阶段，政治的统一性原理是中华政治传统的"常道"，所以合天下为一是正统的重要依据。中国历史就是在变化之中持守常道、恢复常道的历史，中国历史是以常道为轴心而大开大合的历史，对于常道的坚守让中华文明克服了变化所带来的文明中断的危

---

① （明）王夫之:《读通鉴论》,《船山全书》第 10 册,岳麓书社 1996 年版,第 1174 页。

险，从而能够以大规模政治文明体绵延发展至今。由于政统论强调从时间上将政权置身于历史的统绪之中，为自身寻找到政治的合法性，所以中国历史上的历朝历代必然会选择以继承政治传统、文化传统的方式表明自身的正统性，这种正统性突出体现在对政治的统一性原理这一"常道"的继承上，并借助政治的统一性原理来进行新的秩序构建。由于道统论强调从空间上确立起天道观念、天下意识，立足全局全域来定位自身，所以上符天道、下应民心、四海一家是中国古代政治逻辑的"常道"，体现为敬天爱民、胸怀天下的意识。古代中国是一个有天下视野、以天下为结构的国家，保证大群一体的生生相续是中华文明的崇高追求。由于道统论强调从时间上将自身纳入历史之中，继往圣、开来学，让自身成为文化传统上不可或缺的一环，所以中华文化传统在经学、史学等方面表现出突出的连续性。"寓作于述""述中有作"的经学传统是对中华文化中的价值原理这一"常道"的继承与发展，其中道器不割、体用贯通的文明价值为中华政治传统、文化传统的赓续不绝提供了核心的理据。"极古今之变""通天下之志"的通史精神，让中华文明的历史主动性在连绵不断的通史撰述中充分体现出来，历史的贯通意识基于对历史变化中的"常道"的深刻把握，对于"常道"的把握为中国历史的连续发展提供了历史逻辑与实践逻辑，在这一"总摄贯通，无所不备"的史学传统之中，中华民族以更坚定的历史主动不断开创出新的历史。

第二节　中华政治传统的连续性

一　中华政治传统的奠基与发展

自 20 世纪以来，中国出土了大量百万年以来的旧石器时代遗存。遗传学、古人类学和考古学的最新研究证明，东亚地区的人类进化是连续的，不存在演化链条的中断，未发生过大规模外来人群对本土人群的替代，本土与外界人群的基因交流曾发生过，但基因的混合、交流与本土人群的代代相传相比是次要的。[①] 中国和东亚人类本土演化的"连续进化附带杂交"理论成为中国考古学界的主流认识。[②] 中华文明探源工程等重大工程的研究成果，实证了我国百万年的人类史、一万年的文化史、五千多年的文明史。百万年来，特别是在距今 20 万—5 万年间，人类演化链条体现出前后相继的特征，石器制作技术和人群的生存方式一脉相承。经过现代人的演化和旧石器时代文化的连续发展，在距今 1.1 万年前后，各地的新石器时代文化开始发展。距今 6000 年左右，各地区史前社会普遍发展，形成"古国"，如同"满天星斗"，彼此互动交流，"早期中华

[①] 参见高星等《中国地区现代人起源问题研究进展》，《中国科学：地球科学》2018 年第 1 期。

[②] 参见中国社会科学院课题组《新时代中国文化发展报告：走向全面繁荣的中华民族现代文明》，社会科学文献出版社 2024 年版，第 104 页。

文化圈"逐渐形成，奠定了多元一体的中华文明的基础。①

　　大约从 5800 年前开始，在黄河、长江流域许多地方的村落群中比较普遍地出现了中心聚落。中心聚落是由某些实力超众的领袖把普通村落逐渐整合成一个更大的整体。在聚落群内部和聚落群之间的关系上开始出现前所未有的政治因素。这种政治组织方式很像先秦文献记载的五帝时代的"邦""国"，史前中国从此进入了"天下万国"的古国时代。古国这种社会基层结构自产生以来一直延续到三代，如《战国策》所说："古大禹之时，诸侯万国。……及汤之时，诸侯三千。当今之世，南面称寡者乃二十四。"② 古国这种政治上的联结关系的进一步扩大，就是国家的产生，其中的代表之一是良渚文化。良渚文化修建了大规模都邑、水利系统，表明具有组织开展大规模公共建设能力的王权已经形成。距今 4300—4100 年的陶寺文化，也体现出了较强的政治统合能力。陶寺城址长 1800 米，宽 1500 米左右，总面积近 280 万平方米，是这一时期中原地区已经发现的规模最大、等级最高的都邑遗址。③ 在距今 3800 年前后，河南偃师二里头出现了较大规模的都邑，可能是夏王朝后

---

　　① 参见中国社会科学院课题组《新时代中国文化发展报告：走向全面繁荣的中华民族现代文明》，社会科学文献出版社 2024 年版，第 106—108 页。

　　② 参见王巍、赵辉《"中华文明探源工程"及其主要收获》，《中国史研究》2022 年第 4 期。

　　③ 参见王巍、赵辉《"中华文明探源工程"及其主要收获》，《中国史研究》2022 年第 4 期。

期的都城。①

对中华政治传统的连续性的自觉，是在夏、商、周三代历史更迭中产生的。夏、商、周本来是三个不同的族群、政治集团，它们在不同的空间中交替成为天下共主，最终形成了时间上"一个接一个"的连续关系，这种连续性是在不同时期对政治上的统一性局面的继承中体现出来的。夏朝是一个广域王权国家，大规模王权的出现标志着夏朝具有广阔的统治范围。《左传》载"禹合诸侯于涂山，执玉帛者万国"，作为统一性政治核心的夏朝，对不同族群、政治集团具有强大的号召力和影响力。夏朝的灭亡也因其对统一性政治秩序的维系能力的丧失，《史记·夏本纪》载："帝桀之时，自孔甲以来而诸侯多畔夏，桀不务德而武伤百姓，百姓弗堪。……汤修德，诸侯皆归汤，汤遂率兵以伐夏桀。……汤乃践天子位，代夏朝天下。"政治统合中心的转移，导致了夏、商的易代。所以夏、商的连续性体现在对统一性的政治形态的继承上，正是这一点使得两个朝代得以在统绪上成为一个前后相承的关系。

商原本是夏朝的诸侯，在夏朝逐渐丧失民心、失去对诸侯的统合力量之际，商汤因为得到民众、诸侯的支持而重建起一个新的政治中心，随着新的政治中心的形成，"诸侯毕服，汤乃践天子位，平定海内"（《史记·殷本纪》）。《诗经·商颂》

---

① 参见中国社会科学院课题组《新时代中国文化发展报告：走向全面繁荣的中华民族现代文明》，社会科学文献出版社2024年版，第109页。

"天命玄鸟，降而生商，宅殷土芒芒"，描述的就是商朝的广大疆域。商代对于天命观念的运用，使得"天下一家"的价值秩序和观念萌芽，商王允许异姓方国的首领参加宗庙祭祀，将祖先神打造为异姓方国共同的祖先，由此形成了一种精神权威，借助天命观念构筑起了一种统一性的政治秩序。此外，文字在商代的大量使用，使得思想观念的传递获得了共通的形式和载体。这种成熟的文字系统，为历史经验的保存、思想文化的发展提供了条件，也为中华文明的传承提供了重要的载体。

周人认为，夏、商、周三代是在对政治统一的实践中，体现出了时间上的连续性，《尚书·多士》："惟殷先人有册有典，殷革夏命。今尔又曰：'夏迪简在王庭，有服在百僚。'予一人惟听用德，肆予敢求于天邑商，予惟率肆矜尔。非予罪，时惟天命。"殷革了夏命，就像周革了殷命，在政治的变革之中夏、商、周相继成为天下之主。在周朝的政治理解中，天命是贯穿于三代的连续历史的轴心，《尚书·召诰》：

> 我不可不监于有夏，亦不可不监于有殷。我不敢知曰，有夏服天命，惟有历年。我不敢知曰，不其延。惟不敬厥德，乃早坠厥命。我不敢知曰，有殷受天命，惟有历年。我不敢知曰，不其延。惟不敬厥德，乃早坠厥命。今王嗣受厥命，我亦惟兹二国命，嗣若功。

夏、殷因为接受天命而能够实现长期的统治，又因为不敬重德行而丧失了天命的眷顾。所以周人要慎重地考虑夏、商兴亡的缘由，吸取不敬德保民的教训，以德配天，保证周朝的长期统治。周人对天命观进行了转化，将处于不同历史阶段的夏、商统一在连续的历史叙事之中。基于天命观，夏、商、周之际发生的变革就不是历史的断裂，而是在面对天道变化之时，通过因革损益而实现的连续发展，是在敬德保民的传统之中开创出新的一统局面。

夏、商、周三代的连续性还体现在礼乐制度的前后因承关系中，孔子说："殷因于夏礼，所损益，可知也；周因于殷礼，所损益，可知也。"（《论语·为政》）商朝在对夏礼的继承的基础上又有创新发展，周朝在对殷礼的继承的基础上又有创新发展，因借鉴夏、商之礼，所以周礼至为完备，"礼把三代连接为一个历史文化整体"[1]。礼涉及政治制度、社会风俗、心灵秩序，是三代制度的主干，经过三代的充分实践，礼乐文明成为导引中华政治传统的制度形式、价值理想，三代的历史也为中华政治传统锚定了基本方向。从这一意义上说，中华政治传统是在三代历史的典范意义的引领下，对三代文明的进一步发展。

在三代与后世历史的衔接中，春秋战国是一个急剧变动的时代，也是中华政治传统进行自我调整、自我更新的时代。春

---

[1] 刘丰：《制造"三代"——儒家"三代"历史观的形成及近代命运》，《现代哲学》2020 年第 3 期。

秋霸局是以新的共主的确立，让周代的分封体系得以勉强维持，所以春秋时期是对西周统一性政治的变相的延续。孔子说："管仲相桓公，霸诸侯，一匡天下，民到于今受其赐。微管仲，吾其被发左衽矣。"（《论语·宪问》）春秋五霸对于分封体系的维持，为民生、文化的保存和延续提供了载体。"东周以降，种殖、制造之技盖日精，通工易事之风亦益盛，则斯民之生计渐舒，户口日增，垦拓日广，道途日辟，风尚日同，则可以兴大师，则可以造利兵。"① 生产力的发展、技术的进步、人口的增加、交通的便利、文化风俗的交融，为国家的统一奠定了基础，为天下观的落实提供了可能。较之春秋时期较为松散、约束力较弱、难以长期维持的政治同盟，战国后期中央集权体制逐渐代替了贵族世袭的采邑，这种更为直接的统治方式，为强有力的权力核心的形成提供了条件，也为战国后期天下一统趋势的出现奠定了基础。春秋战国在三代的历史背景中，为中华政治传统寻找到新的发展道路。

实现天下一统的秦朝，事实上是对五帝三王的政治传统的继承和深化。秦朝是从政治统一的视角来理解自身在历史上的位置的，琅邪台刻石中称："六合之内，皇帝之土，西涉流沙，南尽北户，东有东海，北过大夏。人迹所至，无不臣者。功盖五帝，泽及牛马。"（《史记·秦始皇本纪》）基于这一史无前例的广阔疆域，李斯等说：

---

① 吕思勉：《隋唐五代史》，上海古籍出版社 2005 年版，第 3 页。

　　昔者五帝地方千里，其外侯服夷服，诸侯或朝或否，天子不能制。今陛下兴义兵，诛残贼，平定天下，海内为郡县，法令由一统，自上古以来未尝有，五帝所不及。（《史记·秦始皇本纪》）

认为秦朝以更强劲的统合能力将天下抟成一个整体，这一国家形态远超五帝时代松散的部落联盟。秦朝以上古、五帝为典范，"兴义兵，诛残贼，平定天下"，李斯等认为其统一战争具有道义性，是以大一统的方式对天下秩序的再造。可见秦朝也是在中国政治传统的脉络中理解其大一统的实践的，试图在延续中国政治传统的基础上开创出新的局面。在大一统秩序中，秦朝进行了更为深入的制度革新，"分天下以为三十六郡，郡置守、尉、监"（《史记·秦始皇本纪》）。秦朝不再进行分封，而是推行郡县制，其目的在于塑造一个和平安定的局面，这是汲取了周代分封制的历史经验而进行的创制，如李斯所说：

　　周文武所封子弟同姓甚众，然后属疏远，相攻击如仇雠，诸侯更相诛伐，周天子弗能禁止。今海内赖陛下神灵一统，皆为郡县，诸子功臣以公赋税重赏赐之，甚足易制。天下无异意，则安宁之术也。置诸侯不便。（《史记·秦始皇本纪》）

秦始皇也认为："天下共苦战斗不休，以有侯王。赖宗庙，天下初定，又复立国，是树兵也。"（《史记·秦始皇本纪》）柳宗元认为，郡县制较之分封制更能体现出公天下的意义：

> 盖以诸侯归殷者三千焉，资以黜夏，汤不得而废；归周者八百焉，资以胜殷，武王不得而易。徇之以为安，仍之以为俗，汤、武之所不得已也。夫不得已，非公之大者也，私其力于己也，私其卫于子孙也。秦之所以革之者，其为制，公之大者也；其情，私也，私其一己之威也，私其尽臣畜于我也。然而公天下之端自秦始。[①]

采用郡县制，则可以通过任用流官，"使贤者居上，不肖者居下，而后可以理安"，分封制下的世卿世禄只是"继世而理"，"上果贤乎，下果不肖乎？则生人之理乱未可知也"。[②] 在郡县体制中，通过对官员的选拔和任用，可以实现对地方的有效控制，国家的治理能力得到充分发挥。秦朝开创的郡县制进一步巩固和发展了大一统的国家形态。郡县制、道州县制、行省制等地方行政制度的制定和实施，为巩固大一统的国家、保证文明的连续起到了重要作用。

另外，郡县制大一统与三代形成的服事制、天下观也具有深刻的历史关联。在夏、商基础上形成的周朝的服事制和天下

---

① 《柳宗元集》，中华书局 1979 年版，第 74 页。
② 《柳宗元集》，中华书局 1979 年版，第 74—75 页。

观是"大一统"观念的重要表现。商、周作为天下共主，以分封的方式建立起与诸侯的联盟。分封制作为一种制度，是从小的地域共同体逐步扩大至天下所代表的大群一体："里胥而后有县大夫，有县大夫而后有诸侯，有诸侯而后有方伯、连帅，有方伯、连帅而后有天子。"其目的在于"以安其人，然后天下会于一"①，从协调小的群体渐至大的群体，其中蕴含了大一统之义，也包含着"溥天之下，莫非王土"（《诗经·北山》）的天下观。由此而产生了"天无二日，土无二主，百王不易之道也"（《汉书·王莽传》）的一元政治观，强调围绕一个核心组建政治秩序。由于历史条件的限制，三代的服事制、天下观所代表的统一性政治秩序是较为松散的，"侯服夷服诸侯或朝或否，天子不能制"（《史记·秦始皇本纪》），只有秦朝通过郡县制、中央集权等实现了有力而紧密的统一。

秦朝大一统局面的出现，是周代旧体制走向破裂、战国时期的新体制有效运行的必然结果，就像夏、商、周易代的本质是新的政治中心的形成一样，秦朝的建立也意味着新的统一性政治秩序的凝成，是在夏、商、周的政治传统中的新发展。所以秦朝必然要选择在夏、商、周的政治传统中来定位自身，具体而言，是通过五德终始说将自身定位在出自三代而又超越三代的统绪之中："始皇推终始五德之传，以为周得火德，秦代周德，从所不胜。方今水德之始，改年始，朝贺皆自十月朔。

---

① 《柳宗元集》，中华书局 1979 年版，第 70 页。

衣服旄旌节旗皆上黑。"（《史记·秦始皇本纪》）"从所不胜"指的是五行相克说，周为火德，秦将自己确定为水德，以水克火，意味着秦代对周代的超克，但这种超克也是在历史的链条上实现的，是在旧的德运衰微之际以替代、超克的方式开启了新的德运。

秦朝的出现，还为中国的政治文化带来了正统论这一重要的议题。合天下为一、得天下之正，是正统论的两个基点。夏、商、周是以得天下之正而合天下为一的王朝。合天下为一是正统的体现，所以在同一时空中的正统就只会有一个，正统的唯一性决定了历史的更迭是"得统之正"的王朝的单线发展。因为是单线发展，所以只有"合天下为一"的王朝才可能被视为正统。由此，不同时空中多个合天下为一、得天下之正的王朝就呈现为前后相继的序列。历史上的统一王朝，都依据正统论为自身在历史上进行定位，通过正统论来确立政治的合法性，也借助正统论来强调自身继承了中华政治传统。秦汉以降正统论的兴起，使得中国历史表现出对政治传统的连续的突出追求。在未能实现国家统一的时期，对于正统的重视尤为突出。对于处在分裂时期的统治者而言，正统观念是激励其实现天下一统的精神动力。对于后世修史者而言，正统观念则要求确立起历史叙述的主体，要求在杂多的头绪之中寻绎出承前启后的线索，将最具政治合法性的政权置于历史叙事链条的核心，将其确立为历史的主体。历史上曾将很多不能合天下为一的王朝视为正统，如蜀汉、曹魏、东晋、宋、齐、梁、陈、后梁、后唐、后晋、后汉、后周、南宋，等等。当一个王朝运用正统论为过去的历史赋予秩序之时，也意味着为自身寻找到一个法统的来源，修撰正史是最高的政治合法性的显示，所以修撰正史之权力始终只能由国家掌握。

论史多以"秦汉"并称，说明两朝具有一种继承关系，汉代以大一统王朝的重建实现了对秦代大一统的继承，政治传统的延续，在时间上体现出一种连续性。同时，这一时期"汉承秦制"的制度连续性，也是中国政治传统的连续性的重要表现。"中华文明很早就形成了自己独特的治理理念与制度实践，这种理念与实践世代传承、连绵不绝。由此我们看到一种独特的历史现象，中国历史上有许多王朝前后更替或相互并存，但治理体系既没有因此中断断裂，也没有各行其是，而是表现出高度的同质性、内生性与延续性。"[①] 汉代充分继承了秦朝的政治制度，克服了秦政暴虐无度的缺点，让大一统的政治秩序长期维持，对中国政治史、中华文明史产生了深远影响。具体来说，秦朝中央集权制度、郡县制、监察制、官吏选任制度、法律制度等均为汉代所继承。《汉书·叙传上》："周之废兴与汉异。昔周立爵五等，诸侯从政，本根既微，枝叶强大，故其末流有从横之事，其势然也。汉家承秦之制，并立郡县，主有专己之威，臣无百年之柄。"汉代吸取了周代封建诸侯而导致分

---

① 中共中国社会科学院党组：《深刻把握中华文明突出特性的历史意义与时代价值》，《求是》2023 年第 18 期。

裂割据的教训，继承了秦代的郡县制度。《汉书·百官公卿表》："秦兼天下，建皇帝之号，立百官之职。汉因循而不革，明简易，随时宜也。"汉代的皇帝制度、三公九卿制度均承袭自秦代。三公中丞相、太尉、御史大夫，都是秦朝所设之官，"前后左右将军，皆周末官，秦因之"，奉常、仆射、卫尉、太仆、廷尉、典客等均为秦官。《后汉书·舆服志上》："秦并天下，阅三代之礼，或曰殷瑞山车，金根之色。汉承秦制，御为乘舆，所谓孔子乘殷之路者也。"《后汉书·舆服志下》："秦乃以采组连结于璲，光明章表，转相结受，故谓之绶。汉承秦制，用而弗改，故加之以双印佩刀之饰。"汉代的礼仪制度也有对于秦代的继承。《史记·萧相国世家》："及高祖起为沛公，何常为丞督事。沛公至咸阳，诸将皆争走金帛财物之府分之，何独先入收秦丞相御史律令图书藏之。沛公为汉王，以何为丞相。"在刘邦攻入咸阳后，萧何首先收取了秦丞相御史律令图书，其中的律令应是秦朝的法令文件。《汉书·刑法志》："相国萧何捃摭秦法，取其宜于时者，作律九章。"后世法律多以《汉律》为本，如曹魏"删约旧科，傍采汉律"（《晋书·刑法志》）而成《新律》十八篇，西晋时在《九章律》基础上制定出《泰始律》，秦汉法律制度对后世律法产生了重要影响，也可以从中看到一种连续性。

综上所述，在中华文明的起源、形成、发展的历史进程中，不同政治集团、王朝所实现的政治一统秩序，呈现为时间上"一个接一个"的连续关系。对中华政治传统的连续性的自觉，为中国历史的发展锚定了方向，中华文明因之成为以大规模政治文明体绵延不断的伟大文明。

二 中华政治传统的巩固与深化

经过夏、商、周、秦、汉时期的实践，政治的统一性观念虽然已经深入人心，中华政治传统的连续性已经成为共识，但历史的发展又呈现出分合治乱的循环，我们应该如何理解特殊阶段的历史连续性问题？本节主要从统一王朝的分裂时期、周边族群入主中原时期展开讨论。

首先，历史上的分裂局面往往最先由王朝内部矛盾所引发，加之游牧族群乘机侵扰，彼时新的政治力量尚未生成，新的统一局面难以重塑，社会在一定时期内就会处于分裂动荡。但在中华政治传统的统一性、连续性观念的影响下，一旦有新的强有力的政治核心形成，国家往往就重新走向一统的局面。

秦汉、隋唐大一统王朝的分裂，其根源多是中央与地方矛盾无法协调而导致政治统合能力丧失。东汉政权是借助豪强势力建立起来的，立国之后又保留了豪强势力，最终为汉末地方割据埋下了隐患。唐代借助藩镇平定安史之乱，武夫战卒被任命为节度使，藩镇的坐大，为唐朝的灭亡埋下伏笔，五代十国局面的出现，本质上是唐代藩镇割据局面的进一步发展。吕思勉说："以吾国疆域之广，水陆程途之修阻，风同道一，固非一蹴可几，地方豪右及政府所命官吏之桀骜者，盖罔不乘隙思逞，一旦中枢失驭，则纷然并起而图割据矣，此州郡藩镇之祸所由来也。"① 由于"中枢失驭",国家无法有效控制地方、团结民众、抵御外扰,最终往往导致统一王朝的分裂。钱穆在分析魏晋南北朝为何走向分崩割据的衰运时认为,东汉政权传绪既久,与民众隔离,外戚、宦官寄生而腐化,政权必然将趋于毁灭,而新的政治核心又不能依靠民众而稳固存在,所以社会出现了一段时期的分裂。② 但在大一统观念的影响下,分裂时期也是塑造政治核心、团结民众、重建统治基础的时期,一旦有能够团结民众的强有力的政治核心的出现,大一统局面就会重新到来。三国时期,魏蜀吴都有统一天下之志向,如曹植上书:"方今天下一统,九州晏如,而顾西有违命之蜀,东有不臣之吴,使边境未得脱甲,谋士未得高枕者,诚欲混同宇内以致太和也。"(《三国志·曹植传》)曹魏虽然实现了北方的小一统,但蜀国、吴国的存在,依然不能使国家免于兵患,所以要以大一统为追求,来混同宇内而达致太和。孙权也有类似的观念:"朕以不德,肇受元命,夙夜兢兢,不遑假寝。思平世难,救济黎庶,上答神祇,下慰民望。是以眷眷,勤求俊杰,将与戮力,共定海内。苟在同心,与之偕老。……普天一统,于是定矣。"(《三国志·吴书二》)在西晋平陈以后,"群臣以天下一统,屡请封禅"(《晋书·武帝纪》),封禅的政治意义,除了向天报告实现了政治秩序的一统,帝王借此彰显承受天

---

① 吕思勉:《隋唐五代史》,上海古籍出版社 2005 年版,第 3 页。
② 钱穆:《国史大纲》(修订本),商务印书馆 1996 年版,第 212—213 页。

命、代天理物的政治合法性，同时封禅也是继承中华政治传统的体现，历史上秦始皇、汉武帝、光武帝都在一统秩序确立之后进行过封禅。群臣建议晋武帝封禅，是要昭告天下，西晋完成了历史使命，真正成为中华政治传统的继承者。

如何理解周边族群入主中原时期中华文明的连续性？周边族群入主中原，可分为两种情况：一种是与中原政权并立，如东晋十六国、南北朝、辽宋夏金时期；一种是中原政权被彻底消灭，如元朝、清朝统治时期。考诸历史，周边族群入主中原，不仅没有否定中国的政治传统和文化传统，反而体现了一种强烈的继承中华文明正统的意识，周边族群入主中原，为中华文明注入了新的活力。

十六国时期，第一个称帝的周边族群政权是匈奴人建立的汉国，其建立者刘渊熟习《毛诗》《京氏易》《马氏尚书》《春秋左氏传》《孙子兵法》《史记》《汉书》等中原文献，刘渊认为自己是汉代后裔，故祭祀汉高祖、光武帝、蜀汉后主，体现了接续汉代政治传统的意识。汉国还采用了官僚君主制、郡县制、编户齐民等中原政治制度。入主中原的周边游牧族群多采用中原政治制度，这直接得益于战国秦汉以来中原王朝的创制，经过中原王朝长期的实践，在中央与地方关系的协调、国家吸纳社会精英、政治决策、行政机构的组织、监察、礼仪、税收、社会治理、军事动员、立法、司法等方面都为游牧族群提供了重要的制度参考。鲜卑人建立的北魏，也是在中华政治传统、文化传统中定位自身的。史载拓跋珪组织群臣议定国号，群臣曰："昔周秦以前，世居所生之土，有国有家，及王天下，即承为号。自汉以来，罢侯置守，时无世继，其应运而起者，皆不由尺土之资。今国家万世相承，启基云代。臣等以为若取长远，应以代为号。"（《魏书·太祖纪》）这是以周秦汉等正统王朝为参照来考虑拓跋氏的象征符号，群臣认为要继承原本的"代"这一国号，来体现继承传统、万世相承的意图。拓跋珪诏曰：

> 昔朕远祖，总御幽都，控制遐国，虽践王位，未定九州。逮于朕躬，处百代之季，天下分裂，诸华乏主。民俗虽殊，抚之在德，故躬率六军，扫平中土，凶逆荡除，遐迩率服。宜仍先号，以为魏焉。（《魏书·太祖纪》）

认为自己是在"百代之季""诸华乏主"的历史境遇中"扫平中土""定鼎九州"，拓跋珪承认"民俗虽殊"，但"抚之在德"，他主动运用"德"这一出自中原地区的政治文化，来建立起一种超越族群、风俗的政治合法性。将自身的历史纳入中华政治传统、中华文化传统的自觉意识，让北魏对中原文化的理解更为深入，最终促成了孝文帝的改革，仿汉制改革官制、推行均田制、采用三长制、迁都洛阳、禁胡服、摒胡语、改汉姓、定族姓、通婚姻、改籍贯、崇儒学等一系列措施，是游牧族群融入中华民族的典型例证。史载："魏主下诏，以为北人谓土为拓，后为跋，魏之先出于黄帝，以土德王，故为拓跋氏，夫土者，黄中之色，万物之元也，宜改姓元氏。"（《资治通鉴》卷140）拓跋魏一方面将自身的世系追溯到黄帝，在中华文化中进行身份定位，另一方面又通过五行观念对"拓跋"之名进行解释，将"拓跋"转化为具有中华文化内涵的"元"姓，这是在对中华文化的深刻理解基础上，将自身纳入中华文明发展的历史潮流之中。

前秦皇帝苻坚之所以发动淝水之战，就是以统一天下为目标的，"吾统承大业，垂二十载，芟夷逋秽，四方略定，惟东南一隅未宾王化。吾每思天下不一，未尝不临食辍餔，今欲起天下兵以讨之"（《晋书·苻坚载记下》）。经过魏晋南北朝时期民族的交流交往，出现了"胡、越一家，自古未之有也"（《旧唐书·高祖本纪》）的民族交融的局面。而在唐代统治者身上，也可以看到以中华正统自居的强烈意识，唐太宗李世民认为："夷狄亦人耳，其情与中夏不殊。人主患德泽不加，不必猜忌异类。盖德泽洽，则四夷可使如一家；猜忌多，则骨肉不免为雠敌。"（《资治通鉴》卷197）这里唐太宗是站在中华文化的角度来思考如何处理与夷狄的关系的，强调四海为一家的大一统观念，而这种观念是在中华文化的主体意识基础上产生的。唐太宗又说："自古皆贵中华，贱夷狄，朕独爱之如一，故其种落皆依朕如父母。"（《资治通鉴》卷198）认为种落皆归依中华，说明唐太宗是以中华政治传统的继承人自居，隋唐时期胡越一家、华夷一体的观念，让民族的交流交融得以充分实现，中华民族不断壮大。

辽、金、西夏的崛起是汉唐时期中原文化与周边族群文化交流交融的结果。以辽为例，先秦、秦汉时期中原文化就对东北产生了影响。"东北汉族文化根基已深，故渤海建国十余世，乃有五京、十五府、六十二州之规模。可证其国全是城郭耕稼，用其部族的武力，与汉人的经济、文化相结合，而凝成一个较进步的国家。"① 辽的崛起，是契丹在对中原汉人的吸纳基础上实现的，《新五代史·四夷附录》载：

> 是时，刘守光暴虐，幽、涿之人多亡入契丹。阿保机乘间入塞，攻陷城邑，俘其人民，依唐州县置城以居之。汉人教阿保机曰："中国之王无代立者。"由是阿保机益以威制诸部而不肯代。其立九年，诸部以其久不代，共责诮之。阿保机不得已，传其旗鼓，而谓诸部曰："吾立九年，所得汉人多矣，吾欲自为一部以治汉城，可乎？"诸部许之。汉城在炭山东南滦河上，有盐铁之利，乃后魏滑盐县也。其地可植五谷，阿保机率汉人耕种，为治城郭邑屋廛市如幽州制度，汉人安之，不复思归。

耶律阿保机通过安抚流亡的汉人，采用中原的农耕方式、经济贸易制度，获得了汉人的支持。耶律阿保机还改易契丹原本文化，学习隶书"作文字数千……又制婚嫁，置官号。乃僭称皇

---

① 钱穆：《国史大纲》（修订本），商务印书馆1996年版，第512页。

帝，自号天皇王"（《新五代史·四夷附录》）。此后，辽朝又采用公田制、私田制，发展冶铁、煮盐、金银矿业等，使国富民强。使用蕃汉分治的行政制度，"兼制中国，官分南、北，以国制治契丹，以汉制待汉人。国制简朴，汉制则沿名之风固存也。辽国官制，分北、南院。北面治宫帐、部族、属国之政，南面治汉人州县、租赋、军马之事。因俗而治，得其宜矣"（《辽史·百官志》）。通过行政方式恰当地处理了游牧族群和农耕族群的关系，使得辽朝能够较好地维持国家的安定和团结。对于中原文化的深刻继承，使得辽与匈奴、突厥等游牧族群有了根本差异，史载韩琦上疏称：

> 契丹宅大漠，跨辽东，据全燕数十郡之雄，东服高丽，西臣元昊，自五代迄今，垂百余年，与中原抗衡，日益昌炽。至于典章文物、饮食服玩之盛，尽习汉风，故敌气愈骄，自以为昔时元魏之不若也。（《续资治通鉴长编》卷142）

辽朝不仅政治版图较大，同时还深刻继承了中原文化，充分汉化的契丹与匈奴、突厥等游牧族群已经全然不同，充分具备了与宋朝抗衡的实力。辽道宗时有汉人讲《论语》到"夷狄之有君"时，"疾读不敢讲"，道宗说："上世獯鬻、猃狁荡无礼法，故谓之夷，吾修文物，彬彬不异中华，何嫌之有？"（《契丹国志》卷9）这是在超越族群的基础上，以中原礼法、文物作为划分华夷的标准，以文化建立起自身的主体性。

  辽、西夏、金等通过不断学习中原的政治、文化，从游牧部族体制转向中原王朝体制，使得辽、宋、西夏、金等并立的政权在政治制度、经济贸易、文化思想等方面都逐渐趋同。辽、西夏、金在中央借鉴唐宋三省六部、枢密院、台谏为核心的政治架构，在地方仿行宋制，设置路、府、州、县等行政区划。中原王朝体制成为辽、西夏、金统治者摆脱旧有部族体制，构建君主集权王朝体制的理想模式。[①] 官僚体制体现的是文治的思路，《金史·文艺传上》："金用武得国，无以异于辽，而一代制作能自树立唐、宋之间，有非辽世所及，以文而不以武也。"金世宗"专行仁政，中原之人呼他为'小尧舜'"。朱熹说："他能尊行尧舜之道，要做大尧舜也由他。"[②] 对于中原文化的深入学习，使北方族群具有了达到理想的治理状态的可能性。金人也对合天下为一的正统观念有所自觉，海陵王说："自古帝王混一天下，然后可为正统"（《金史·耨盌温敦思忠传》）；"天下一家，然后可为正统"（《金史·李通传》）。统一天下的意识，也被落实在控制游牧区与农耕区的深谋远虑之中，定都北京是具有深远历史影响的政治举措。顾祖禹《读史方舆纪要》载：

---

① 参见黄纯艳《从有宋一代政权格局透视文明统一性》，《历史研究》2023年第 4 期。

② （宋）黎靖德编：《朱子语类》，中华书局 1986 年版，第 3196 页。

  辽起于临潢，南有燕云，常虑中原之复取之也，故举
国以争之，置南京于燕，西京于大同，以为久假不归之
计。女真自会宁而西，擅有中原，仍辽之旧，建为都邑，
内顾根本，外临河济，亦其所也。蒙古自和林而南，混一
区宇，其创起之地，僻在西北，而仍都燕京者，盖以开平
近在漠南，而幽燕与开平形援相属，居表里之间，为维系
之势，由西北而临东南，燕京其都会矣。[1]

辽南京的设立，是为了防备中原王朝夺回燕云十六州。金中都
的设立，一方面继承了辽代对燕云地区的控制，另一方面更重
要的原因在于"内顾根本，外临河济"——能够同时控制金中
都北部地区和中原腹地。元大都的设立，则体现了控制从漠北
到燕云、从西北到东南的广大地区的深谋远虑。从辽、金、元
定都于燕的历史可以看到，南北之间交往、交流、交融的趋势
不断增强，意味着胡汉一家、华夷同风的理想逐渐变为现实，
中华民族不断壮大。

  元朝、清朝实现了对中国的再次统一，元、清建立的王
朝，并非中华政治传统的中断，而是对中华政治传统的延续。
可以通过元朝、清朝统治者的政治认同、文化认同看到这
一点。

  1271 年，忽必烈接受刘秉忠的建议据《周易·乾·象传》

---

[1] （清）顾祖禹：《读史方舆纪要》，中华书局 2005 年版，第 404 页。

"大哉乾元"，改国号为"大元"。《建国号诏》说：

> 诞膺景命，奄四海以宅尊；必有美名，绍百王而纪统。肇从隆古，匪独我家。且唐之为言荡也，尧以之而著称；虞之为言乐也，舜因之而作号。驯至禹兴而汤造，互名夏大以殷中。世降以还，事殊非古。虽乘时而有国，不以（利）〔义〕而制称。为秦为汉者，著从初起之地名；曰隋曰唐者，因即所封之爵邑。是皆徇百姓见闻之狃习，要一时经制之权宜，概以至公，不无少贬。
>
> 我太祖圣武皇帝，握乾符而起朔土，以神武而膺帝图，四震天声，大恢土宇，舆图之广，历古所无。顷者，耆宿诣庭，奏章申请，谓既成于大业，宜早定于鸿名。在古制以当然，于朕心乎何有。可建国号曰大元，盖取《易经》"乾元"之义。兹大冶流形于庶品，孰名资始之功；予一人底宁于万邦，尤切体仁之要。事从因革，道协天人。於戏！称义而名，固匪为之溢美；孚休惟永，尚不负于投艰。嘉与敷天，共隆大号。（《元史·世祖本纪》）

诏令中"诞膺景命""绍百王而纪统""肇从隆古"，都体现了忽必烈要继承中华文明的强烈意愿，以中华文明继承人自居的明确自觉。忽必烈陈列唐尧、虞舜、夏、殷、秦、汉、隋、唐诸朝，来强调元朝也在历史的统绪之中，从而将自身的历史纳入了中华文明的历史进程。同时忽必烈还认为中原王朝的国号都是基于某些具体的原因，或是初起之地，或是所封之爵邑，没有一种普遍含纳天下的格局，而基于元朝"历古所无"的疆域，认为只有"大元"能够体现广大无限的天下寓意。忽必烈对中华政治传统、文化传统的继承，是在统治集团内部的质疑中进行的："本朝旧俗与汉法异，今留汉地，建都邑城郭，仪文制度，遵用汉法，其故何如？"（《元史·高智耀传》）正是这种质疑，让我们看到忽必烈继承中华正统的决心。元朝的正统意识，包含着合天下为一的政治观，灭南宋就是以天下一统观念为动力的，《元史·刘整传》记载，刘整向忽必烈进言："宋主弱臣悖，立国一隅，今天启混一之机。臣愿效犬马劳，先攻襄阳，撤其扞蔽。"又说："自古帝王，非四海一家，不为正统，圣朝有天下十七八，何置一隅不问，而自弃正统邪！"四海一家的天下意识是促成忽必烈统一实践的文化动因。著名的宋遗民谢枋得，曾率兵抗元，南宋灭亡后，屡次拒绝元朝征辟，后被强行送往大都，绝食而死，但谢枋得不得不称赞元朝："大元制世，民物一新。"① 可以看到元朝一统秩序的建立，在很大程度上得到了中原人士的认可。姚大力认为："明朝推翻元朝而统治中国，这件事在明初的人看来，它的意义不过是实现了一次改朝换代而已。这一点给钱穆以极大的刺激。在他的长篇论文《读明初开国诸臣诗文集》里，钱穆非常敏锐地发现，当时人们大都'仅言开国，不及攘夷'，'心中笔下无华夷

① （清）毕沅编著：《续资治通鉴》，中华书局1957年版，第5113页。

之别'。"① 可见农耕文明与游牧文明经过长期的交流，实现了深入交融，让元朝入主中原、统一中国得以顺利进行。许衡说："光景百年都是我，华夷千载亦皆人。"② 充分肯定了农耕部族与游牧部族具有平等的人性，基于这种平等的人性，任何族群都可能成为平治天下的领袖。在元人看来，判断政权的合法性的根据在于能否恢复中国的合理秩序："今日能用士，而能行中国之道，则中国之主也"③，继承中国正统者，就是能够符合中国实际进行政治治理的人。这种观念极大地促进了中华民族的交流交往交融。

建州女真的崛起，是中华民族共同体进一步发展的产物，是东北族群与中原地区不断交流交融的结果。对此，清朝统治者也有清晰的自觉，《满洲源流考》称："凡在古为肃慎，在汉为三韩，在魏晋为挹娄，在元魏为勿吉，在隋唐为靺鞨、新罗、渤海、百济诸国，在金初为完颜部，及明代所设建州诸卫。"④ 东北族群由于与中原王朝长期交流交融，最终成功地融入了中华民族共同体。随着后金政权的建立和在东北的用兵，大量农耕人口成为后金治下的百姓，农业经济逐渐取代了原有的渔猎经济而成为主要经济形态，在清兵入关之前，后金政权

---

① 姚大力：《追寻"我们"的根源：中国历史上的民族与国家意识》，生活·读书·新知三联书店 2018 年版，第 6 页。

② 《许衡集》，中华书局 2019 年版，第 375 页。

③ 田同旭校注：《郝经集校勘笺注》，山西出版传媒集团、三晋出版社 2018 年版，第 3050 页。

④ （清）阿桂等：《满洲源流考》，辽宁民族出版社 1988 年版，第 31 页。

已经开始使用计口授田、编户齐民等管理方式，充分接受了农耕文明。

入关之后，清朝对中国政治传统、文化传统进行了深刻继承、充分运用，其广度和深度都是史无前例的，清朝以继承者、守护者的姿态，保证了中华政治传统、文化传统的连续性。入关之后，清朝统治者即首先声明，清朝取代明朝是"历数转移，如四时递禅"（《清世祖实录》卷5），即是在天道的变化中接受了天命，是代替明朝来继承中华文明的统绪。清朝重新整理了历代帝王庙的祭祀秩序、保持了对明代诸帝的祭祀、礼葬崇祯帝等一系列举措，也是对继承中华政治传统的宣示。清朝统治者认为明清鼎革的根本原因在于人心的向背："明季骄淫坏法，人心瓦解，以致流寇乘机肆虐。我朝深用悯恻，爰兴仁义之师，灭尔仇雠，出尔水火，绥安都城，兆姓归心。"（《清世祖实录》卷5）以此强调自己代替明朝治理中国的合理性。同时，清朝还通过一系列措施，体现对中华文化的认同和归属，如对炎黄二帝进行祭祀，认为："自古帝王，受天显命，继道统而新治统，圣贤代起，先后一揆，成功盛德，炳如日星。"[1] 强调清朝的统治是在继承中华文明的道统的基础上开创新的治统，清朝通过借助中华文化的符号象征，实现了凝聚多民族统一国家的目的。《清史稿》载顺治元年"冬十月

---

[1]　万里、刘范弟、周小喜辑校：《炎帝历史文献选编》，湖南大学出版社2012年版，第563页。

乙卯朔，上亲诣南郊告祭天地，即皇帝位，遣官告祭太庙、社
稷。初颁时宪历。丙辰，以孔子六十五代孙允植袭封衍圣公，
其五经博士等官袭封如故"（《清史稿·世祖本纪》）。顺治在
即位之初，与祭天地、太庙、社稷几乎同时进行的是册封衍圣
公、五经博士，说明对以儒学为代表的中华文化的高度重视，
这也是继承中华道统的体现。清朝帝王对于儒学十分喜好，康
熙曾下令编纂《朱子全书》《性理精义》，以程朱理学作为科举
考试的标准，在保存、继承中华文化的同时，也促进了游牧部
族对于中原文化的学习。雍正大力表彰儒家学说对于政治秩序
的维持的重要意义：

　　非孔子立教垂训，则上下何以辨？礼制何以达？孔子
所以治万世之天下，而为生民以来所未有也。使为君者不
知尊崇，孔子亦何以建极于上，而表正万邦乎？人第知孔
之教，在明伦纪、辨明分、正人心、端风俗，亦知伦纪既
明，名分既辨，人心既正，风俗既端，而受其益者之尤在
君上也哉！朕故表而出之，以见孔子之道之大，而孔子之
功之隆也。①

　　雍正高度肯定了儒学对于政教、风俗的重要意义。乾隆曾
讨论治统与道统的关系：

---

　　①　赵之恒等主编：《大清十朝圣训》，北京燕山出版社 1998 年版，第 800 页。

夫治统原于道统，学不正则道不明。有宋周、程、张、朱子，于天人性命大本大原之所在，与夫用功节目之详，得孔、孟之心传，而于理欲、公私、义利之界，辨之至明。循之则为君子，悖之则为小人。为国家者，由之则治，失之则乱。实有裨于化民成俗、修己治人之要，所谓入圣之阶梯，求道之涂辙也。①

乾隆认识到道统对于治统的根源意义，文化传统对于政教风俗的重要塑造作用，以及坚守中华道统对于化民成俗、修己治人的意义。

综合上述，在统一王朝的分裂时期、周边族群入主中原时期，中华政治传统不仅保持了连续性，同时政治一统的局面还不断被巩固、获得新的发展，这为中华民族的发展壮大奠定了深厚的历史基础。

第三节　中华文化传统的连续性

中华文化传统具有突出的连续性特征。汉字是中华文化绵延不断的重要标志。殷墟甲骨文距今已有 3300 多年的历史。在漫长的历史发展过程中，汉字结构没有变，甲骨文、金文、篆书等依然能够被识读，当代人依然能感受到古代诗文的优美

---

① 赵之恒等主编：《大清十朝圣训》，北京燕山出版社 1998 年版，第 1322 页。

韵律，这在世界文化史上也属罕见。在中华文明突出的连续性中蕴含着深刻的文明原理，中华文化传统的内在机制是以经史合一、经史互动推动文化生命体不断演进。"经"是对历史文化进行的系统整理而形成的价值原理，"史"则是实践主体所扎根的不断变化的实际。价值原理必须植根于历史中的真切经验，且以导正历史发展的方向为目的，新的历史实际会推动价值原理的创造转化，以推动历史发展为目标。"经""史"不仅相互作用，同时也在各自体系内前后相承，构建起在理想性与现实性之间相互质询的实践逻辑。中国的经学在"六经皆史"的意义上注重对历史理性的提炼，并将历史理性运用于导引未来的历史；中国的历史学在"史即新经"的意义上不断自觉历史的目标意义，并充分发挥了价值引领的作用。经学、史学构成了中华文化传统的两个核心，经史之学不仅是对中华文明历史进程的理论化、体系性总结，也是推动中华文明绵延发展、延续至今的历史主动性的根源。中华文明之所以有突出的连续性，就在于中华文明具有发达的经史学传统。

一　经学传统的连续性

冯友兰在《中国哲学史》中将中国哲学分为上下二篇：

> 上篇谓自孔子至淮南王为子学时代，自董仲舒至康有为为经学时代。在经学时代中，诸哲学家无论有无新见，皆须依傍古代即子学时代哲学家之名，大部分依傍经学之

名，以发布其所见。其所见亦多以古代即子学时代之哲学中之术语表出之。此时诸哲学家所酿之酒，无论新旧，皆装于古代哲学，大部分为经学，之旧瓶内。①

如果我们把子学传统向前追溯，就会看到诸子百家的学术争鸣事实上也是由中华文明的长期发展所促成的。诸子百家共享了一个统一的精神谱系，如《韩非子·显学》说"孔子、墨子俱道尧、舜，而取舍不同"，作为显学的儒墨两家都是在继承三代以来的文明传统中建立新的学说。吕思勉说："先秦诸子之学，当以前此之宗教及哲学思想为其因，东周以后之社会情势为其缘。"② 我们需要将诸子之前的阶段纳入考察范围，在更为整全的连续性视野中理解中国文化的源流。礼乐是诸子百家争论的一个焦点，但礼乐在更久远的历史阶段就已经出现，且一直发挥着整合社会的作用，根据考古学研究，"二里头的一些特征产品如牙璋、玉刀、绿松石镶嵌青铜牌饰、陶封口盉等对外有广泛传播。这些并非普通生活用器，而是礼仪制度用器。所以，它们传播至四极八荒，实为中原社会的政治礼仪、制度、思想的播散。二里头文化立足中原，却辐射四方，不仅再一次改变了中国文明进程的格局，还开启了中原为主导的、整

---

① 冯友兰：《中国哲学史》，华东师范大学出版社 2011 年版，第 4—5 页。
② 吕思勉：《先秦学术概论》，上海书店 1992 年版，第 2 页。

合其他地方文明的政治和历史进程"①。三代及之前的礼乐实践，事实上是诸子百家得以发生的文明根源，也是中华文化连续发展的根源。基于长时段视野，在更久远的时代中，可以对中华文化的连续性进行更深入的把握。

《汉书·艺文志》认为儒、道、阴阳、法、名、墨、纵横、杂、农、小说诸家都出自王官：

> 儒家者流，盖出于司徒之官，助人君顺阴阳明教化者也。游文于六经之中，留意于仁义之际，祖述尧舜，宪章文武，宗师仲尼，以重其言，于道最为高。……道家者流，盖出于史官，历记成败存亡祸福古今之道。……阴阳家者流，盖出于羲和之官，敬顺昊天，历象日月星辰，敬授民时，此其所长也。……法家者流，盖出于理官，信赏必罚，以辅礼制。……名家者流，盖出于礼官。……墨家者流，盖出于清庙之守。……从横家者流，盖出于行人之官。……杂家者流，盖出于议官。……农家者流，盖出于农稷之官。……小说家者流，盖出于稗官。

诸子之学原本为王官所执掌，而在春秋战国的分裂动荡之局中，王官之学的散落和分化，引发了学术繁盛的局面。章太炎

---

① 王巍、赵辉：《"中华文明探源工程"及其主要收获》，《中国史研究》2022 年第 4 期。

认为:"古来学问都在官,民间除了六艺,就没有别的学问。到周朝衰了,在官的学问,渐渐散入民间,或者把学问传子孙,或者聚徒讲授,所以叫做家。"① 子学的兴起是三代官学下移至民间所形成的学术繁盛景象,从这一意义上说,诸子之学是统一性的政教文化分化的表现,是三代王官之学的一种衍生形态。所以诸子之学并不是春秋战国时代思想的突然创生,而是中华文化长期的连续发展所取得的突破。

在诸子百家中,儒家较为忠实地继承了三代文化,孔子所开辟的儒家依据于三代历史的大传统,得古人道体之全。让夏商周三代之礼得以传承的载体是"文献",孔子说:"夏礼吾能言之,杞不足征也;殷礼吾能言之,宋不足征也。文献不足故也,足则吾能征之矣。"(《论语·八佾》)三代之时,能够兴灭国、继绝世,杞为夏之后,宋为殷之后。杞、宋的典籍、贤人是保存夏商之礼的载体,也是孔子验证三代之道的根据,当然也是思想创造的根据。孔子说:"周监于二代,郁郁乎文哉!吾从周。"(《论语·八佾》)周代蔚为盛大的礼乐文明,是在对夏商二代典章文献的借鉴吸收、损益因革的基础上,通过周公的制作而成的。《史记·孔子世家》载,经过孔子的整理,"礼乐自此可得而述,以备王道,成六艺"。而孔子则主张"述而不作,信而好古"(《论语·述而》),朱熹说:

---

① 《章太炎全集·演讲集(上)》,上海人民出版社2015年版,第123页。

述，传旧而已。作，则创始也。故作非圣人不能，而述则贤者可及。……孔子删《诗》《书》，定礼乐，赞《周易》，修《春秋》，皆传先王之旧，而未尝有所作也，故其自言如此。盖不惟不敢当作者之圣，而亦不敢显然自附于古之贤人；盖其德愈盛而心愈下，不自知其辞之谦也。然当是时，作者略备，夫子盖集群圣之大成而折衷之。其事虽述，而功则倍于作矣，此又不可不知也。①

也就是说，孔子是以"述"的方式，实现了"作"的目的，由孔子开创的"寓作于述""述中有作"的传统，让中华之道在继承中发展，在发展中继承，"寓作于述""述中有作"是两千多年来中华文化发展的基本轨途。

《四库全书总目提要·经部总叙》对汉代以降经学传统的发展演变进行了梳理，认为其中经过了六次显著的变化：

自汉京以后，垂二千年，儒者沿波，学凡六变：其初专门授受，递禀师承，非惟诂训相传，莫敢同异，即篇章字句，亦恪守所闻，其学笃实谨严，及其弊也拘。王弼、王肃稍持异议，流风所扇，或信或疑，越孔、贾、啖、赵以及北宋孙复、刘敞等，各自论说，不相统摄，及其弊也杂。洛、闽继起，道学大昌，摆落汉、唐，独研义理，凡

---

① （宋）朱熹：《四书章句集注》，中华书局1983年版，第93页。

经师旧说，俱排斥以为不足信，其学务别是非，及其弊也
悍。学脉旁分，攀缘日众，驱除异己，务定一尊，自宋末
以逮明初，其学见异不迁，及其弊也党。主持太过，势有
所偏，才辨聪明，激而横决，自明正德、嘉靖以后，其学
各抒心得，及其弊也肆。空谈臆断，考证必疏，于是博雅
之儒引古义以抵其隙，国初诸家，其学征实不诬，及其弊
也琐。要其归宿，则不过汉学、宋学两家，互为胜负。夫
汉学具有根柢，讲学者以浅陋轻之，不足服汉儒也。宋学
具有精微，读书者以空疏薄之，亦不足服宋儒也。①

这里历数章句训诂之学、玄学、道学、宋元理学、心学、考据学
等不同的经学分派，最终认为经学的六变主要是汉学、宋学两种
学术范式在不同历史时期的更迭变化。以下对此稍作分疏。

《韩非子·显学》载孔子去世之后，儒家分为子张之儒、
子思之儒、颜氏之儒、孟氏之儒、漆雕氏之儒等八派。孔子集
三代文化之大成，孔门后学则进一步继承和发展了孔子的学
说。《礼记》《易传》《孝经》《大学》《中庸》等对后世产生
重要影响的文献，应该源于孔门后学，子思、孟子、荀子对于
孔子思想有更为深入的发扬，这些新思想的展开，在很大程度
上丰富和发展了中华文化。经过秦朝焚书坑儒，儒家经典被大

———————

① （清）纪昀等：《钦定四库全书总目》（整理本），中华书局 1997 年版，第
1 页。

量毁坏，但传经不绝的坚定信念始终没有丧失，典籍或被记诵，或藏于山岩屋壁之中而得以保存。同时汉王朝也从国家层面重视儒家学说，通过设置五经博士，收集散落民间的典籍，让文化典籍得以保存，《汉书·艺文志》载：

> 汉兴，改秦之败，大收篇籍，广开献书之路。迄孝武世，书缺简脱，礼坏乐崩，圣上喟然而称曰："朕甚闵焉！"于是建藏书之策，置写书之官，下及诸子传说，皆充秘府。至成帝时，以书颇散亡，使谒者陈农求遗书于天下。诏光禄大夫刘向校经传诸子诗赋，步兵校尉任宏校兵书，太史令尹咸校数术，侍医李柱国校方技。每一书已，向辄条其篇目，撮其指意，录而奏之。

经过汉代的努力，儒家经典的体系得到了恢复，由此也带来了对儒家经典更为深入的研习。十三经的注、传，就是在汉唐之间完成的，东汉有郑玄《毛诗笺》《周礼注》《仪礼注》《礼记注》、何休《春秋公羊传解诂》、赵岐《孟子注》，曹魏有王弼《周易注》、何晏《论语集解》，西晋有杜预《春秋左传集解》、范宁《春秋穀梁集解》、郭璞《尔雅注》，东晋有《尚书》伪孔传，唐代有唐玄宗《孝经注》。随着汉唐时期对于经典的深入研究，以儒学为主干的中华文化的自觉意识逐渐凸显，汉唐大一统政权借助儒家经典实现了政教理想。

汉唐时期，佛教在中国产生了很大影响，但统治者往往崇奉儒学，强调儒学对于政治伦理的积极意义，积极引导佛教实现中国化。唐高祖曾下诏："老教、孔教，此土先宗，释教后兴，宜崇客礼，令老先、次孔、末后释宗。"① 通过排列三教先后次序，让儒释道三家在治理体系中发挥各自的作用。《贞观政要·论礼乐》："贞观五年，太宗谓侍臣曰：'佛道设教，本行善事，岂遣僧尼道士等妄自尊崇，坐受父母之拜，损害风俗，悖乱礼经？宜即禁断，仍令致拜于父母。'"② 太宗肯定了佛道教的意义，但认为僧尼道士坐受父母之拜"损害风俗，悖乱礼经"，这是基于儒家的立场来对佛道礼节进行批评，以儒家之礼节来规范佛、道教徒，积极引导佛教与中国政教传统相适应。同时，佛教也在制度上进行自我改造，遵从中国的政教体系，建立起僧团制度以适应中国传统社会。著名的"百丈清规"是寺院的僧职、制度、仪式的基本规定，其中"一日不作，一日不食"的要求，促使佛教徒从事农业生产，减轻了社会的负担。佛教的中国化也为儒学的深化发展、理学的发生提供了重要的助缘。

理学的兴起，是唐宋之际中华文化实现哲学突破的分水岭。理学一方面是汉唐经学进一步发展的产物，是对儒家经典深入研习的结果；另一方面也是借鉴吸收佛教的思维方法的结果。汉唐时期士大夫出现了修身与治国平天下不一、言行不

---

① （清）董诰等编：《全唐文》，中华书局1983年版，第10373页。
② （唐）吴兢：《贞观政要集校》，中华书局2003年版，第395页。

一、内外不一的状况，"治其心而外天下国家，灭其天常，子焉而不父其父，臣焉而不君其君，民焉而不事其事"①。这些状况的根源在于哲学上的体用不一、道器不一。理学家以理气一本、万物一体为价值引领，重新肯定世界的真实无妄，肯定政治秩序合于天理，以"四书"这一新的经典体系的建立，为中国价值奠定了新的哲学根基，激活了中华文明的生机，打开了中华民族的新局面。

理学家对于中华文明主体性的捍卫，体现在其对中华文化传承脉络的清晰自觉，道统论为这种自觉的标志。韩愈撰写《原道》，揭扬道统，"在韩愈看来，儒家有一个核心传统，而这个传统所代表的精神、价值（道）是通过圣贤之间的传承过程（传）而得以成其为一个传统（统）的。因而精神传统的延续及其作用在相当程度上依赖于一个授受者之间口授亲传的接递过程和系统"②。道统论主要包含"正"的维度，即文化精神、价值原理的纯正，同时包含"传"的历时性维度，即在历史连续性中形成一个统绪。韩愈认为道统是"尧以是传之舜，舜以是传之禹，禹以是传之汤，汤以是传之文、武、周公，文、武、周公传之孔子，孔子传之孟轲，轲之死，不得其传焉"③。道统意识被很多理学家继承，程颐在《明道先生墓表》中说：

---

① 《韩愈文集汇校笺注》，中华书局 2010 年版，第 3 页。
② 陈来：《宋明理学》，北京大学出版社 2020 年版，第 24 页。
③ 《韩愈文集汇校笺注》，中华书局 2010 年版，第 4 页。

周公没，圣人之道不行；孟轲死，圣人之学不传。道不行，百世无善治；学不传，千载无真儒。无善治，士犹得以明夫善治之道，以淑诸人，以传诸后；无真儒，则贸贸焉莫知所之，人欲肆而天理灭矣。先生生于千四百年之后，得不传之学于遗经，以兴起斯文为己任，辨异端，辟邪说，使圣人之道焕然复明于世。盖自孟子之后，一人而已。然学者于道不知所向，则孰知斯人之为功；不知所至，则孰知斯名之称情也哉？（《宋史·程颢传》）

程颐强调孟子之后直至北宋道统传承谱系的断裂，其用意在于激发出继承道统的强烈意识，基于高度的文化主体性，"自立吾理"，以天下为己任、为万世开太平。

道统论在朱熹那里得到深入发展，朱熹的《中庸章句序》《伊洛渊源录》《近思录》《六先生画像赞》《沧州精舍告先圣文》中都充分体现了道统思想。《中庸章句序》：

夫尧、舜、禹，天下之大圣也。以天下相传，天下之大事也。以天下之大圣，行天下之大事，而其授受之际，丁宁告戒，不过如此。则天下之理，岂有以加于此哉？自是以来，圣圣相承：若成汤、文、武之为君，皋陶、伊、傅、周、召之为臣，既皆以此而接夫道统之传，若吾夫子，则虽不得其位，而所以继往圣、开来学，其功反有贤于尧舜者。然当是时，见而知之者，惟颜氏、曾氏之传得其宗。及曾氏之再传，而复得夫子之孙子思，则去圣远而异端起矣。子思惧夫愈久而愈失其真也，于是推本尧舜以来相传之意，质以平日所闻父师之言，更互演绎，作为此书，以诏后之学者。①

朱熹认为道统的内容包括尧、舜、禹等圣人以天下相传之时告诫之词："人心惟危，道心惟微，惟精惟一，允执厥中。"②结合朱熹的其他论述，可将道统之传承分为三个阶段：第一阶段的道统人物是"君师合一"的上古帝王，尧、舜、禹、汤等，他们开创了"教治合一"的道统。第二阶段的道统人物是春秋战国时期的孔子及其弟子颜回、曾子、子思、孟子，他们将先王之法传于后世。第三阶段则是二程、朱熹。③ 第三阶段的道统的内涵指向的是一种"天理民彝不可泯灭"④ 的文化主体性。朱熹认为这种"传之有在"的主体意识与"俟后圣于无穷"的历史期待，"百世之下，必将有神会而心得之者耳"⑤，往圣先贤揭示的"道"，将在不同历史阶段体现出恒久的意义。另外，朱熹的道统论是在与正统论的参照中形成的，他认为"中国"所以为"中国"的原理中包含道统和正统两条线索，"贯通天

---

① （宋）朱熹：《四书章句集注》，中华书局 1983 年版，第 14—15 页。
② （宋）朱熹：《四书章句集注》，中华书局 1983 年版，第 14 页。
③ 参见王戈非《论司马光于朱熹道统谱系中"反复"的原因》，《黑龙江社会科学》2020 年第 6 期。
④ （宋）朱熹：《四书章句集注》，中华书局 1983 年版，第 377 页。
⑤ （宋）朱熹：《四书章句集注》，中华书局 1983 年版，第 377 页。

下及其历史的'道'变成了'道统'和'正统'双线,二者理一而分殊"。这是一套以道统、正统双线整合天下、整合中华文明的思想体系。① 道统论以强调思想文化的连续性、纯粹性的方式不断塑造着中华文明的主体性。道统与正统的分野,在后世中国产生了深远影响,上引清朝统治者祭祀炎黄二帝时说:"继道统而新治统,圣贤代起,先后一揆。"乾隆皇帝说:"夫治统原于道统,学不正则道不明。"都体现了清人对于道统的重视,道统所指向的文化主体性、连续性对于政治治理的重要意义,文化主体性所确立的文化连续性,是中华民族刚健不息、独立不倚的精神支撑。

二 史学传统的连续性

中华学术传统是对中华文明连续发展历程及其原理的体系性反映。对中华民族的历史实践的反映,是一种能动的反映,所以学术书写本身就是历史意志的一种表达方式。历史意志就是面对复杂变化的主体意志,在哲学层面,历史意志体现为在"变"之中把握"常",是一种在生生变易之中寻求永续持存之道的历史主动性;在学术层面,历史意志体现为在"史"之中理解"经",是对历史的创造者的历史主动原理的揭示。古圣先贤克服时代困境的过程,就是克服天道变化所带来的不测的过程,就是"究天人之际"的过程。记载、通晓古人"究天人

---

① 江湄:《正统论:中国文明的一个关键概念》,《开放时代》2021年第1期。

之际"的过程，也就是一个"通古今之变"的过程。中国的历史学展示的是在时代变迁中上符天道、下应民心、实现秩序的稳定的机制，中国的历史学是高度理性化的实践理论，是如实呈现天道、民心运作逻辑的认识论，也是从"天人之际"的角度提示历史主体去把握历史主动的学术传统，因此中国的历史学就体现出一种与天地相始终的贯通意志。

编年体史书最能体现历史的贯通意识，中国的第一部编年体史书《春秋》，记载了从鲁隐公元年到鲁哀公十四年的二百四十多年的历史，从其体制和规模上首先就体现了贯通意识。但《春秋》也不仅仅是鲁国的一部编年体通史，而是对三代的文明原理的反映，《史记·太史公自序》："夫《春秋》，上明三王之道，下辨人事之纪，别嫌疑，明是非，定犹豫，善善恶恶，贤贤贱不肖，存亡国，继绝世，补敝起废，王道之大者也。"《春秋》事实上是将夏商周三代与孔子的时代相贯通，以通史的体裁和"补敝起废"的意识，让王道理想得以显豁出来。在司马迁看来，"《春秋》文成数万，其指数千。万物之散聚皆在《春秋》。《春秋》之中，弑君三十六，亡国五十二，诸侯奔走不得保其社稷者不可胜数。察其所以，皆失其本已。……故《春秋》者，礼义之大宗也"。孔子作《春秋》就是以拨乱反正的方式来体现历史的良知、体现天道的。《春秋》刻画了天道的显现方式，所谓"万物之散聚皆在《春秋》"，物与物相互关联、相互分离所形成的变化不息的"事"的世界，就是历史的世界，也就是说《春秋》是通过对于"万物聚散"

的历史性叙事来呈现时代的变化,同时也呈现了历史主体对时代变化的反应,其中合理的反应是"礼义之大宗"的提出,也就是构建起了一个政教系统,这个政教系统的核心是周孔之教,《春秋》通过历史书写的方式实现了政治的目的。因此孟子说:"孔子成《春秋》而乱臣贼子惧……我亦欲正人心,息邪说,距诐行,放淫辞,以承三圣者。"(《孟子·滕文公下》)孔子通过作《春秋》的方式继承了夏商周平治天下的理想,孟子的著书立说是在"天下之言,不归杨,则归墨"(《孟子·滕文公下》)的历史背景下继承和坚守周孔之教,周公、孔子、孟子都是以各自的方式来实现平治天下的共同理想,在这一意义上,为儒家所重的六经,都具有会通历史、指向当下的意义。因此在郑樵看来,不唯《春秋》,孔子所删述的六经,都为一种会通历史的精神所灌注:"会通之义大矣哉!自书契以来,立言者虽多,惟仲尼以天纵之圣,故总《诗》《书》《礼》《乐》而会于一手,然后能同天下之文,贯二帝三王而通为一家,然后能极古今之变。"① 通过孔子的删定整理,六经会通为一个整体,而对六经原理的整全的把握,是理解古今之变的前提,理解古今之变,又是把握历史主动的前提。

司马迁也是以继承周孔之道作为修史之志的,他说:

先人有言:"自周公卒五百岁而有孔子。孔子卒后至

————————

① (宋)郑樵:《通志二十略》,中华书局1995年版,第1页。

于今五百岁，有能绍明世，正《易传》，继《春秋》，本《诗》《书》《礼》《乐》之际?"意在斯乎! 意在斯乎! 小子何敢让焉。(《史记·太史公自序》)

司马迁认为，孔子删述六经，是导引历史回到以周公为代表的三代的大传统之中，让过去的历史与未来的历史连成一个统绪。所以孔子是用历史学的方式体现周公之道，与周公制礼作乐一样，他们都是"随时撰述以究大道"[1]，以不同的方式达到平治天下的目的。

司马迁以"究天人之际，通古今之变，成一家之言"为撰写《史记》的目标，"通古今之变"主要体现在两方面："首先是要有客观历史过程的通，其次是历史学家对于这一通体过程如实的认知和理解，也就是说历史学家对于这一通体历史过程的通体了解。"[2] 从传说中的五帝时代直至汉武帝时代这一客观历史过程本身就没有中断，本身就是"通"的，这为司马迁的通史撰述提供了历史素材，同时司马迁又通过历史撰述，表现了对这一历史时期的人物、事件、政权的转移、典章制度、经济社会、文化思想等的通达理解，对"承敝通变"的历史过程进行了生动反映。对历史进程的如实反映，就是对天道变化的真实把握，对天道变化的真实把握，又是人充分发挥主体性

---

① (清)章学诚:《文史通义校注》，中华书局1985年版，第139页。

② 刘家和:《论司马迁史学思想中的变与常》，《北京师范大学学报》(人文社会科学版) 2000年第2期。

为后世立法的过程，《史记》以"通古今之变"的方式达到了"究天人之际"的目的。

司马迁的通史精神为后世所继承。除了撰述同条共贯的通史，中国古代还有以典章制度为主体的另一类型的通史著作，贯穿其中的也是通史精神。杜佑的《通典》、郑樵的《通志》、马端临的《文献通考》合称"三通"，与《续通典》《续通志》《续文献通考》《清朝通典》《清朝通志》《清朝文献通考》《清朝续文献通考》合称为"十通"，这类著作体现了对于古今人物、制度等的贯通性理解。《通典》专叙历代典章制度的沿革变迁，《通志》是以人物为中心的纪传体通史，《文献通考》则为典章制度、政治经济的贯通性记载。马端临认为政治史的发展是一种显性的进展，是易于被把握和察觉的，但典章制度的变化难以被直观地把握，所以必须在通史的视野中来考察：

> 窃尝以为理乱兴衰，不相因者也，晋之得国异乎汉，隋之丧邦殊乎唐，代各有史，自足以该一代之始终，无以参稽互察为也。典章经制，实相因者也。殷因夏，周因殷，继周者之损益，百世可知，圣人盖已预言之矣。爰自秦汉以至唐宋，礼乐兵刑之制，赋敛选举之规，以至官名之更张，地理之沿革，虽其终不能以尽同，而其初亦不能以遽异。如汉之朝仪、官制，本秦规也；唐之府卫、租庸，本周制也。其变通张弛之故，非融会错综，原始要终

而推寻之，固未易言也。①

在改朝换代这种显见的政治变动之外，典章制度往往具有稳定性、连续性，所以我们可以通过典章制度的相因相续，看到政治治理方式的变迁。之所以要对典章制度的变迁进行深入把握，是因为典章制度具有更加直接的经世致用的作用：

> 君子致用，在乎经邦，经邦在乎立事，立事在乎师古，师古在乎随时。必参今古之宜，穷始终之要，始可以度其古，终可以行于今，问而辨之，端如贯珠，举而行之，审如中鹄。夫然，故施于文学，可为通儒，施于政事，可建皇极。②

通史不仅指向了"文学"所代表的文化传统，更重要的是指向了"政事"所代表的政治传统，对历史的通贯把握，能够在继承文化传统和政治传统的前提下，赋予文化传统、政治传统新的生命。

在通史的撰述之外，以断代体例为前代修史也体现了贯通历史的意识。单纯从断代史的叙事中，也能看到一种接续历史、面对未来的主体意识，唐高祖下令《命萧瑀等修六代史诏》：

---

① （宋）马端临：《文献通考》，中华书局2011年版，第1页。
② （唐）杜佑：《通典》，中华书局1988年版，第1—2页。

自有晋南徙，魏乘机运，周隋禅代，历世相仍。梁氏称邦，跨据淮海。齐迁龟鼎，陈建宗祊，莫不自命正朔。绵历岁祀，各殊徽号，删定礼仪。至于发迹开基，受终告代，嘉谋善政，名臣奇士，立言著绩，无乏于时。然而简牍未修，纪传咸阙，炎凉已积，谣俗迁讹。余烈遗风，泯焉将坠。朕握图御宇，长世字民，方立典谟，永垂宪则。顾彼湮落，用深轸悼，有怀撰录，实资良直。①

唐代为北魏、北齐、北周、梁、陈、隋、晋撰写了断代史，魏晋南北朝时期并立的朝代"莫不自命正朔"，也就是以正统自居。历史编年叙事的本纪是以天子来确立系年的时间主轴，由此构建一个核心的历史链条，将同一时空中的历史现象都统摄在这一链条上，由此确立正统。所以修史也是梳理政治统绪的一种重要方式，是将多线的时间进程纳入统一的政治史叙事，将时间统摄在历史的主轴之中，为历史赋予政治主体的位置。对于政治统绪的梳理有极强的现实指向，修史的主导者借此确立起当下政统、道统的来源。历史上，元代为宋辽金修史、明代为元代修史、清代为明代修史等，都是通过对前代历史进行叙述和总结，来体现对中华政治传统、文化传统的继承，以历史主人的态度，确立当下的秩序，为新的统绪的展开奠立历史的根基。

----

① （宋）宋敏求编：《唐大诏令集》，中华书局2008年版，第466—467页。

　　在断代的历史编纂中，中国古代也会通过志、书、表等形式，在短期的政治变动之外讨论长时段的经济社会发展大势、历史文化的沉积、天文地理、典章制度，也具有一种连续性的精神。如刘家和对于《汉书》的通史精神的分析，他认为《汉书》在体例上是西汉一代的断代史，但其中有不少内在矛盾：十二帝纪为断代史，而八表、十志的叙事起点往往早于汉代，或综述由封建而郡县的发展大势，或叙述古代官制通史，或品鉴古今人物，或陈说学术通史。班固建立了"一套完整的通史体系。这就又是司马迁所主张的'通古今之变'的修订新版！""一个王朝，有头有尾，而作为其存在载体的文明，则是绵延不断的。《汉书》要呈现的是西汉时期文明的有机构成，所以才有通史精神，政治史只是其划段标志而已。"①

　　历史编纂的可信度，由执笔人的心术所决定，心术则要基于对天道的理解，所以只有在天人关系中才能对历史进行准确的把握。刘知幾曾认为修史的必要条件在史才、史学、史识，但章学诚认为史识的内涵有待辨析："古人史取成家，退处士而进奸雄，排死节而饰主阙，亦曰一家之道然也。此犹文士之识，非史识也。"② 史识不仅仅指向文章形式上的条理性，更重要的是"史德"：

---

　　① 刘家和：《论断代史〈汉书〉中的通史精神》，《北京师范大学学报》（社会科学版）2012 年第 3 期。

　　② （清）章学诚：《文史通义校注》，中华书局 1985 年版，第 219 页。

能具史识者，必知史德。德者何？谓著书者之心术也。……盖欲为良史者，当慎辨于天人之际，尽其天而不益以人也。尽其天而不益以人，虽未能至，苟允知之，亦足以称著述者之心术矣。而文史之儒，竞言才、学、识，而不知辨心术以议史德，乌乎可哉？①

也就是说，有好的心术，史著才不会被文辞遮蔽了本义，才会把自身定位在对"天人之际"的理解上，才能将人在天地之间的作为如实地呈现，才能不以人之文遮蔽天之文。因为人是在天地之间进行创造实践的，天人之际指向的就是对变化、不测的认识和应对，面对不测的理性就是历史理性，"通古今之变"就是一种"究天人之际"的历史理性。章学诚的理解中包含着司马迁"究天人之际，通古今之变"的思想，那就是在古今之变的背景中，对人在天地之间的作为进行记录、定位、判断，以对历史经验的通晓，来理解人的意义和价值，让历史经验为未来提供鉴戒，让通史精神成为延续文明的生生不息的动力。

综合上述，中华文化传统的连续性体现为传经不绝的坚定信念、穷变通久的通史精神。经史之学是对中华文明能够既久且大、既深且远的原理的总结和提炼，经史之学也是中华文明能够绵延不绝的思想支撑，经学、史学的连续性，是中华文明

---

① （清）章学诚：《文史通义校注》，中华书局1985年版，第219—220页。

突出的连续性的重要表现。

第四节　连续性的文化内涵和政治品格

习近平总书记特别强调："中华文明是世界上唯一绵延不断且以国家形态发展至今的伟大文明。这充分证明了中华文明具有自我发展、回应挑战、开创新局的文化主体性与旺盛生命力。"① 中华文明突出的连续性可以概括为以下几个方面。

一　中华文明是源远流长的原生文明

中华文明拥有 5000 多年的璀璨文明史，与古代埃及文明、古代两河文明、古代印度河文明一道开创了人类文明史。中华文明是人类历史上最古老的文明形态之一。源远流长不仅意味着中华文明是最早的文明形态之一，更表现为中华文明是人类历史上少数几个原生文明之一。

荷兰考古学家法兰克福在 20 世纪 50 年代初就指出，全世界范围内独立发展的文明可能只有三个：古代近东文明（古埃及文明、古两河流域文明）、中华文明、古代美洲文明（玛雅文明、印加文明）。英国剑桥大学教授丹尼尔于 1968 年则认为，全世界最古老且独立发展的文明主要有六个，分别是古代

---

① 习近平：《在文化传承发展座谈会上的讲话》，人民出版社 2023 年版，第 2 页。

埃及文明、古代两河流域文明、古代印度文明、古代中华文明、玛雅文明和印加文明。考古学证实，古埃及和古两河文明存在相互影响的关系，印度河文明与两河文明也存在相互影响的关系。但古代中华文明与美洲玛雅文明、印加文明则是独立起源的。① 除此之外，丹尼尔又说："新大陆的考古证据值得旧大陆史前学家们细细玩味。以新大陆的情况来重新观察旧大陆的史前学，看来可以证实这样一个问题：旧大陆的原史时期诸文明是平行发展的，并非是一个文明中心向四周传播的结果。中国和印度的文明尤其是这样。"②

学界曾根据西方学者的研究，提出判断文明的标准为三要素：城市、文字、冶金。③ 玛雅文明尚未掌握冶金技术，印加文明尚未发现文字，然而，绝不能因为没有文字或冶金技术就否认两者的文明地位。同理，目前中国已知的最早文字是距今 3300 多年前的甲骨文，但绝不能说中国直到 3300 多年前才进入文明状态。中华文明的起源要远远早于 3300 多年前。

对此，中国考古学界和古史学界提出了另外一套认定文明的标准，即"坚持恩格斯关于'国家是文明社会的概括'的观

---

① 参见夏鼐《中国文明的起源》，中华书局 2009 年版，第 81 页。

② ［英］格林·丹尼尔：《考古学一百五十年》，黄其煦译，安志敏校，文物出版社 1987 年版，第 277 页。

③ 参见中国历史研究院主编《（新编）中国通史纲要》，中国社会科学出版社 2024 年版，第 45 页。

点，以国家形成为文明社会的最重要标志和最本质特征"①。依据这条原则，中国考古学界提出了判断文明起源的八条标准：第一，"农业显著发展，人口不断繁衍"。第二，"手工业技术显著进步，专业化进一步发展，被权贵阶层所掌控"。第三，"人口显著集中，形成都邑"。第四，"社会分化程度高，形成贵族阶层及以礼器体现尊贵身份的初期礼制"。第五，"形成金字塔式的社会结构，出现集军事指挥权、社会管理权和宗教祭祀权于一体的王权"。第六，"血缘关系仍然保留并与地缘关系相结合，维系社会发展"。第七，"暴力现象和战争频繁发生"。第八，"形成了王权管理的区域性政体和服从于王的管理机构"。②

根据这八条标准，距今 5000 多年以前的良渚文化就已经具备了文明的形态。应当说，良渚文化是中华文明的重要源头之一，除此之外，辽宁建平牛河梁、安徽含山凌家滩、山西襄汾陶寺等遗址也具备了明显的阶级分化和大规模的都邑城市。它们的存在不仅证明了中华文明起源得很早，更证明了上古中华文明是多区域、多中心汇聚而成的原生文明，有力地反驳了历史上一度时髦的"中国文明西来说"。

---

① 《历史研究》编辑部：《百年考古与中华文明之源——访中国历史研究院考古研究所王巍研究员》，《历史研究》2021 年第 6 期。

② 《历史研究》编辑部：《百年考古与中华文明之源——访中国历史研究院考古研究所王巍研究员》，《历史研究》2021 年第 6 期。

二　中华文明是独立起源、独立发展的文明

19 世纪以来，关于中华文明的起源，一度出现过多种"西来说"，欧美的东方学家有主张中国人种来自埃及的、有主张来自印度的、有主张来自小亚细亚的，例如英国伦敦布道会传教士理雅各曾根据《圣经》断言，中国文明来自古埃及尼罗河流域。这些"西来说"传播最广的是"巴比伦说"。1894 年法国人拉克伯里刊行《中国远古文明的西方起源》一书，多方附会，声称古中华文明乃是衍生自西亚的"派生文明"。1899年，日本人白河次郎、国府种德合撰《中国文明史》，更援引其说，大肆宣扬。一时间，竟然引得章太炎、刘师培、胡汉民、蒋智由等清末文化名流争相附会，由此形成了两派观点：一派观点认为，汉族来自巴比伦，他们战胜了中华大地上的原住民三苗，成为中国的主人；另一派观点认为，中华大地上本没有原住民，无论是汉族还是三苗，都是从巴比伦迁徙过来的。

毫无疑问，彼时中国人会相信拉克伯里的荒谬观点，是近代中国落后挨打的产物，是文化自卑的体现，仿佛中国人来自西亚，与西方白种人"同源同种"，就可以证明中国人并不比白种人低劣。值得警惕的是，"中国文明西来说"一度被日本军国主义史学加以利用。比如宫崎市定曾鼓吹，上古西亚人为了找寻盐产地，一路向东直到解州（位于今山西省运城市盐湖区），才建立了中原文明。并且，"青铜器和铁都是西亚人发现

的，然后再从这里向四处传播，使各地相继进入了青铜器时代和铁器时代"①。尽管宫崎市定不忘强调，"拉氏的假设，根本就是非常牵强的"，自己则是要"从另一个角度来重新思考中国文化起源于西方这一观点"②，但他与拉克伯里的学说并没有本质的差别。

良渚文化、龙山文化等一系列考古发掘有力地驳斥了拉克伯里、宫崎市定等人的无端臆想，扫除了"中国文明西来说"的荒谬假设，更证明了中华文明是独立起源、独立发展的。正如夏鼐所说："我们根据考古学上的证据，中国虽然并不是完全同外界隔离，但是中国文明还是在中国土地上土生土长的。中国文明有它的个性，它的特殊风格和特征。"③

三 中华文明的文化内涵一以贯之

中华文明的独立起源、独立发展，造就了中华文明的鲜明个性。尽管中华文明从不拒斥一切外来文化的有益成果，但中华民族自身的优秀传统文化始终占据主体地位。

不应忽视，总有一些学者试图否认中华文明突出的连续性，他们甚至将突出的连续性比作"一道符咒"，声称在我国

---

① ［日］宫崎市定：《中国古代史概论》，《宫崎市定亚洲史论考》上卷，张学锋、马云超等译，上海古籍出版社 2017 年版，第 137 页。

② ［日］宫崎市定：《中国古代史概论》，《宫崎市定亚洲史论考》上卷，张学锋、马云超等译，上海古籍出版社 2017 年版，第 140 页。

③ 夏鼐：《中国文明的起源》，中华书局 2009 年版，第 100 页。

学界和民众的认知中，中华文明是世界上唯一延续不断的古老文明，只能使人们获得一种虚假的文化优越感。按照这些学者的说法，古希腊文明、希伯来文明都是"本原文明"，正是"两希文明融合"造就了现代性思想与现代性社会，使人类社会的道德水平和秩序原则提高到了新的普遍性水平上，让全人类迈向了自我解放从而迈进了平权的全球化时代，使人类以从未有过的规模与程度分享到从未有过的繁荣与自由。显然，这些学者眼里的"两希文明融合"就是狭义上的西方文明。这些学者将现代等同于西方，将现代化等同于全盘西方化，认定只有西方的所谓"普世价值"才是唯一的现代价值。在他们看来，只要认为中华文明是唯一延续至今的古老文明，就是在鼓吹复古主义，就是在鼓吹唯我独尊，然而没有人会愿意接受复古，因为没有人会愿意退回去当人下人，没有人愿意倒回去被奴役，但凡有这样想法的人不是骗子，就是疯子。

持有类似观点的人为数不少，但其荒谬之处显而易见。

首先，学术界和大多数民众从来都没有否认过还有其他文明延续至今，学术界仅仅实事求是地认为：中华文明是唯一以国家形态延续至今的古老文明。

其次，学术界根本没有"本原文明"的概念，"本原文明"是一个杜撰的概念。学术界只有"原生文明"的概念，但古希腊文明和希伯来文明都是次生文明，而不是原生文明。所谓的近世的现代性思想与现代性社会也不是什么"两希文明融合"的产物。"两希文明融合"的产物倒毋宁是改宗基督教以后的罗马帝国，然而改宗基督教以后的罗马帝国恰恰是西方近代启蒙运动严厉批判的对象。并且，古代日耳曼文化融合"两希文明"的直接产物则是西方的中世纪文化。欧洲的近代化恰恰建立在殖民主义掠夺的基础之上，而不是"两希文明融合"的直接产物。

最后，中华文明突出的连续性从来都不意味着中华民族要排斥其他人类文明的优秀成果，强调中华文明突出的连续性更不意味着退回古代，这只意味着中国式现代化道路必须走自己的路，必须坚持自身的文化主体性。也就是说，中华民族吸收外来文化的有益成果不以排斥本国文化的主体地位为前提，外来文化是发展本国文化的助力，而不是外来文化喧宾夺主、鸠占鹊巢。

诚然，任何人类文明都不可能孤立地发展，中华文明自然也不例外。但历史同样一再雄辩地证明，任何人类文明想要持续发展，都必须依据本民族的具体情况和文化传统。只有立足于本民族的具体情况和文化传统，人们才能正确区分什么外来文化是他们需要的，什么外来文化是他们不需要的，才能准确辨别外来文化的精华与糟粕，才能避免错把外来糟粕当作精华来学习。

中华民族想要始终走在正确的现代化道路上，就必须依据中国的具体国情，就必须坚持以自身的优秀传统文化为主体。任何全盘西方化或自由化的方案，都不可能真正使得中国人民走上现代化的康庄大道。中华文明具有突出的连续性，一个重要的表现就在于中华优秀传统文化始终占据本民族的主体地位，在其主体地位的前提之下，吸收一切外来文化的有益成果，来充实自身、发展自身。

四　中华文明始终是多元一体的连续统一体

习近平总书记指出："深厚的家国情怀与深沉的历史意识，为中华民族打下了维护大一统的人心根基，成为中华民族历经千难万险而不断复兴的精神支撑。"① 中华文明突出的连续性与中华文明突出的统一性、包容性密不可分。

中华民族 5000 多年的文明史既是一部绵延不断的历史，也是一部不断吸收外来文化成果，以发展自身的历史。古老的中华文明之所以能够绵延至今，并长期处于世界领先地位，既是因为她始终坚持自身的文化内涵，也是因为她海纳百川，有容乃大。

如果说统一性与包容性构成了一体与多元的辩证关系，那么连续性就表现为多元一体在时间上的持续不断。没有突出的统一性，中华文明的连续性就要被分裂所打断。没有突出的包容性，中华文明就不可能吸收外来文化的有益成果以发展自身，就会因为跟不上时代潮流而落后挨打。连续性既是统一性与包容性的前提，也是统一性与包容性的结果。

---

① 习近平：《在文化传承发展座谈会上的讲话》，人民出版社 2023 年版，第 2 页。

五 中华文明以国家形态发展至今

不可否认，除了中华文明以外，人类社会还有其他古老文明延续至今，比如前面提到的古希腊文明、希伯来文明就不是原生文明，且没有始终保持国家形态。例如古希腊文明的优秀成果一直留存至今，但古希腊文明的国家载体却早已消失在历史长河之中，它只以学术思想的形式对当今世界产生间接的影响。又如希伯来文明较为完整地延续至今，但它在两千多年的绝大多数时间里，都不是以国家形态来延续和发展的。

在这些绵延至今的人类古老文明当中，只有中华文明既是原生文明，又始终保持着国家形态。国家形态的连续性意味着中华文明不仅在文化上一以贯之，更在政治上始终具有独立自主的特性。诚然，近代中国一度落后挨打，一度沦为西方列强的半殖民地，但中国人民始终没有屈从于外来的统治，而是发起了一场场可歌可泣的反抗斗争，就像毛泽东同志指出的那样，"中国人民，百年以来，不屈不挠、再接再厉的英勇斗争，使得帝国主义至今不能灭亡中国，也永远不能灭亡中国"[1]。

习近平总书记强调："中华文明的连续性，从根本上决定了中华民族必然走自己的路。如果不从源远流长的历史连续性来认识中国，就不可能理解古代中国，也不可能理解现代中

---

[1] 《毛泽东选集》第二卷，人民出版社1991年版，第632页。

国,更不可能理解未来中国。"① 中华文明独立起源、独立发展,并独立自主地走上现代化道路。这决定了中华民族过去走自己的路,现在走自己的路,将来仍将坚定不移地走自己的路。

"走自己的路,是党的全部理论和实践立足点,更是党百年奋斗得出的历史结论。中国特色社会主义是党和人民历经千辛万苦、付出巨大代价取得的根本成就,是实现中华民族伟大复兴的正确道路。"② 走自己的路,既是中华文明具有突出的连续性的必然结果,也是中国共产党百年奋斗得出的历史结论,是中国共产党人把马克思主义基本原理同中国具体实际相结合、同中华优秀传统文化相结合最集中、最鲜明的体现。

中华文明具有突出的连续性,决定了中华民族具有不畏任何外来强权,始终坚持独立自主道路的坚强品格。习近平总书记在庆祝中国共产党成立 100 周年大会上掷地有声地宣布:

中华民族拥有在 5000 多年历史演进中形成的灿烂文明,中国共产党拥有百年奋斗实践和 70 多年执政兴国经验,我们积极学习借鉴人类文明的一切有益成果,欢迎一切有益的建议和善意的批评,但我们绝不接受"教师爷"

---

① 习近平:《在文化传承发展座谈会上的讲话》,人民出版社 2023 年版,第 2—3 页。

② 习近平:《在庆祝中国共产党成立 100 周年大会上的讲话》,人民出版社 2021 年版,第 13 页。

般颐指气使的说教！中国共产党和中国人民将在自己选择的道路上昂首阔步走下去，把中国发展进步的命运牢牢掌握在自己手中！①

习近平总书记的讲话既是对中华民族 5000 多年悠久文明史的精辟总结，也是对中国共产党百年奋斗历程的精辟总结，更是对中国人民决心始终坚持独立自主道路的精辟总结。

中华文明具有突出的连续性，决定了中国共产党和中国人民将始终坚持走自己的路，走独立自主的现代化道路。中华文明具有突出的包容性，决定了中国共产党和中国人民善于借鉴人类文明的一切有益成果。连续性是包容性的前提，决定了中国共产党和中国人民对于外来有益成果的吸收借鉴以独立自主为基本前提，吸收借鉴外来有益成果是为了走自己的路，也只有坚持走自己的路，才能够真正融会吸收一切有益的外来成果。

---

① 习近平：《在庆祝中国共产党成立 100 周年大会上的讲话》，人民出版社 2021 年版，第 14—15 页。

第二章
熔故铸新：中华文明创新性的历史内涵

习近平总书记在文化传承发展座谈会上的讲话中，精辟凝练地定义了中华文明突出的创新性：

中华文明是革故鼎新、辉光日新的文明，静水深流与波澜壮阔交织。连续不是停滞、更不是僵化，而是以创新为支撑的历史进步过程。中华民族始终以"苟日新，日日新，又日新"的精神不断创造自己的物质文明、精神文明和政治文明，在很长的历史时期内作为最繁荣最强大的文明体屹立于世。中华文明的创新性，从根本上决定了中华民族守正不守旧、尊古不复古的进取精神，决定了中华民族不惧新挑战、勇于接受新事物的无畏品格。①

---

① 习近平：《在文化传承发展座谈会上的讲话》，人民出版社 2023 年版，第 3 页。

习近平总书记这一重要论述逻辑连贯、前后呼应、条理清晰、层次分明，形成了关于中华文明创新性的准确表达，完整地阐发了中华文明突出的创新性。

第一节　创新性在"五个突出特性"中的作用

习近平总书记提纲挈领地强调，"中华文明是革故鼎新、辉光日新的文明，静水深流与波澜壮阔交织"[①]。"静水深流"指的是中华文明具有突出的连续性，中华文明绵延数千年，始终能以国家形态发展至今。"波澜壮阔"指的是中华文明具有突出的创新性，中华文明数千年的历史经历了多次波澜壮阔的变革才走到今天。"静水深流与波澜壮阔交织"指的是中华文明连续性与创新性辩证统一的发展过程，两者须臾不离、不可分割。

孟子有云："观水有术，必观其澜。"（《孟子·尽心上》）蒙文通曾打过一个比方："浩浩长江，波涛万里，须能把握住它的几个大转折处，就能把长江说个大概；读史也须能把握历史的变化处，才能把历史发展说个大概。"[②] 中华文明史就像奔腾不息的黄河长江，时而静水深流，时而波澜壮阔。诠释中华

---

① 习近平：《在文化传承发展座谈会上的讲话》，人民出版社 2023 年版，第 3 页。

② 蒙文通：《治学杂语》，蒙默编《蒙文通学记》（增补本），生活·读书·新知三联书店 2006 年版，第 1 页。

文明突出的连续性，需要讲清楚她的源远流长；诠释创新性，则需要讲清楚她的九曲十八弯。黄河长江既不乏激流险滩的惊心动魄，也不乏万马奔腾的气势磅礴，但无论她怎么七拐八弯，都势不可当地奔向东方，这正如中华民族无论遭受过怎样的艰难险阻，都不可逆转地走向中华民族现代文明。

习近平总书记的话提醒我们：创新性从来不是孤立存在的突出特性，理解创新性必须结合连续性，中华民族的创新性是连续性基础之上的创新性。创新性不仅与连续性密不可分，也与其他突出特性密不可分。

一 "五个突出特性"呈现两对辩证关系

中华文明的突出特性不是分散孤立的五个方面，中华文明不是"五个突出特性"的简单之和，而是缜密的有机整体。中华文明的整体特征大于"五个突出特性"的简单相加。从内部关系来看，"五个突出特性"包含了两对辩证关系。

第一，连续性与创新性构成时间维度上的辩证关系。

中国历史上的战争与动荡不计其数，但中华民族非但没有因此分崩离析，反而一次又一次浴火重生。例如近代中华民族遭受严重的内忧外患，但统一的多民族国家形态能够始终维持。对此，有学者提出的"连续性的创制"这一命题，值得重视。毫无疑问，清帝逊位与民国建立并不只是对于传统的革命，也是对于传统的继承，是继承中的革命，并通过革命进一步继承，是"以重建、更新这一连续性而不是否定或抛弃这一连续性为中轴"。①

　　所谓"以重建、更新这一连续性为中轴"，主要是指中华民族的国家形态。辛亥革命推翻清朝，建立中华民国。此后，中国经历护国战争、护法战争、军阀混战、国民革命、土地革命战争、抗日战争、解放战争等一系列社会变动，但统一多民族国家基本结构没有改变。从这个意义上来讲，近代中国的革命不是打断连续性的革命，而是在连续性基础之上的革命，不是断裂性的创制，而是连续性的创制。

　　不仅近代革命如此，放眼中国历史上的每一次大规模变革，亦复如是。习近平总书记指出："中华文明是世界上唯一绵延不断且以国家形态发展至今的伟大文明。"② 犹太文明、印度文明等许多古老文明同样延续至今，并在今天的国际舞台上发挥着重要作用，但只有中华文明始终以国家形态发展至今，只有中华文明从古至今始终拥有多民族统一国家的坚实载体。"连续性的创制"的命题不仅可以适用于辛亥革命，更可以适用于整部中华文明史。

　　连续性与创新性的辩证关系实质上就是"连续性的创制"。中华民族的革故鼎新、自我变革并非简单的是片面否定过去的变革，而是扬弃过去的变革。辩证法所强调的扬弃，就是中华

　　① 汪晖：《革命、妥协与连续性的创制》，载章永乐《旧邦新造：1911—1917》（第二版），北京大学出版社 2016 年版，"代序"第 7 页。
　　② 习近平：《在文化传承发展座谈会上的讲话》，人民出版社 2023 年版，第 2 页。

文明突出的创新性的本质所在。扬弃是对旧事物的既肯定又否定，既抛弃又保留，既克服又继承，既批判又吸收，是继承旧事物积极的一面，否定旧事物消极的一面。何为积极的一面，何为消极的一面？每个时代变革的具体表现不同，但有一点是相同的，即中国历史上每一次变革都在继承发展以往统一多民族的国家结构。正因如此，中国历史上无论经历多少次变革，中华民族的统一多民族国家形态都能坚强地延续下来。

第二，统一性与包容性构成空间维度上的辩证关系。

如果说连续性与创新性构成中华文明在时间维度上的"连续性的创制"，那么统一性与包容性则构成中华文明在空间维度上的多元一体。统一性与包容性的辩证关系实质上就是一体与多元的辩证关系。关于中华民族的多元一体，费孝通认为：

> 中华民族作为一个自觉的民族实体，是近百年来中国和西方列强对抗中出现的，但作为一个自在的民族实体则是几千年的历史过程所形成的。……它的主流是由许许多多分散孤立存在的民族单位，经过接触、混杂、联结和融合，同时也有分裂和消亡，形成一个你来我去、我来你去，我中有你、你中有我，而又各具个性的多元统一体。[①]

① 费孝通主编：《中华民族多元一体格局》（修订本），中央民族大学出版社1999 年版，第3—4 页。

中华文明的历史连续性体现在她始终具备统一的多民族国家结构，统一性与包容性的辩证关系就体现为中国各个民族在空间分布上我中有你、你中有我。各个民族既保留其个性，又遵循其共性，在遵循共性的基础上，呈现为中华民族亲密无间的大家庭，在保留个性的基础上，呈现为中华民族大家庭内部的丰富多彩。

需要强调，上述两对辩证关系的不同方面绝不是完全相等或完全平衡的。毛泽东同志在《矛盾论》中指出，矛盾的特点是不平衡性，正是由于矛盾的不平衡性，事物才会变化发展，"无论什么矛盾，矛盾的诸方面，其发展是不平衡的"。毛泽东同志继续指出："矛盾着的两方面中，必有一方面是主要的，他方面是次要的。其主要的方面，即所谓矛盾起主导作用的方面。事物的性质，主要地是由取得支配地位的矛盾的主要方面所规定的。"[1]

连续性与创新性的辩证关系、统一性与包容性的辩证关系就是如此。进一步讲，连续性、统一性构成辩证关系的基础和前提，创新性、包容性则构成辩证关系的保障和表现。

首先，连续性是创新性的基础。中华文明是人类最古老的原生文明之一。与中华文明同为最古老原生文明的还有古埃及、古苏美尔、玛雅文明、印加文明，但只有中华文明延续下来。如果中华文明没有突出的连续性这个前提，就不可能在人

---

[1] 《毛泽东选集》第一卷，人民出版社1991年版，第322页。

类古代史上长期引领世界创新潮流，并迄今屹立不倒。

因此，创新性是连续性基础之上的创新，是为了连续而进行的创新。同时，创新性是连续性的保障。没有创新性，连续性是不长久的。历史雄辩地证明，一个民族如果失去了创新性，就会落后挨打，就会被内部危机和外部入侵所吞噬，其连续性就没有办法得到保障。

其次，统一性是包容性的前提。中华文明能够以国家形态发展至今，其根本是因为中华民族具有大一统的文明格局。中华民族的发展史是中华民族内部各个不同民族交融的历史，唯其如此，中华民族才能始终以大一统的国家形态屹立于世。不论中华民族大家庭内部再怎么各具特点，其最终都要走上相互交融的统一道路。

因此，包容性是统一性前提之下的包容性。没有统一性，就无所谓包容性，就无所谓多元并包。同时，包容性是统一性的表现。须知中华民族逐步壮大的历史是内部多元性水乳交融的互动过程。没有包容性的统一是机械的统一，而不是有机的统一没有包容性，内部各个部分只是简单拼盘，而不是有机的整体，是注定不会牢固的。

总之，连续性和统一性决定了中华文明在道路上是独立自主的，在结构上是坚如磐石的。创新性和包容性决定了中华文明在精神上是开拓进取的，在态度上是海纳百川的。

和平性是中华文明时间、空间双重维度的精神关怀和价值理念。连续性和统一性使得中华民族具有独立和稳固的坚强特点，两者使得中华民族有能力走和平道路，有实力走和平道路，是中华文明具有突出的和平性的必要条件。创新性和包容性使得中华民族具有进取和开放的积极态度，使得中华民族有理由走和平道路，有意愿走和平道路，是中华文明具有突出的和平性的充分条件。

独立、稳固、进取、开放，中华文明的精神品格决定了中华民族是一个爱好和平的民族，决定了中华民族善于同其他民族和平共处、和平交流、取长补短、共同发展。和平性在中国政府的外交原则上表现为和平共处五项原则；在外交政策上，体现为反对霸权主义和强权政治，致力于推动构建人类命运共同体。

二　创新性构成中华文明的前进动力

除了与连续性形成辩证关系外，创新性跟统一性和包容性关系密切。

中华文明从孕育的那天起就不是单一中心线性发展，而是多地域多中心齐头并进、相互交融。位于浙江余杭的良渚文化，距今约5300—4300年前，是中华大地上新石器时代晚期的代表性遗迹之一。考古资料证实，良渚先民已经学会大面积开垦水田，比较普遍地使用犁耕，并发明了多种农业生产工具。在手工业生产方面，良渚先民也取得了重大成就，他们制作的黑陶制品和磨光玉器品质精良、种类多样、用途广泛、细节丰富，代表了良渚时代手工业技术已达到一定的高度。

更为重要的是，良渚时代已经形成了社会阶级分化，出现了不事生产的社会管理和宗教祭祀阶层。从考古出土的礼器来看，良渚先民已经分化出特定的贵族阶层，出现了集军事指挥权、社会管理权和宗教祭祀权于一体的王权。良渚文化中甚至出现了面积数十万乃至上百万平方米的中心都邑。所有这些都有力地证明了，良渚文化是一个高度发达的史前文明，已经具备了国家的雏形。①

须知良渚地处东南，还不是传统意义上的黄河流域中原地区。良渚文化的考古发掘进一步证明了中华文明在孕育阶段远不止一个中心。更有典型意义的是距今约 4500—4300 年前的龙山文化。龙山文化不是某个中心向外的辐射状文化遗址群，而是广泛分布于黄河中下游地区的上古文化遗址统称。正如学者所说：“龙山时代的中国各地，呈现出古史记载中五帝时代‘万邦林立’的政治图景。”②

考古发现证明中华文明的诞生是多地区文化相互交融碰撞的结果。正是相互碰撞，才会刺激创新。中华文明就是在交融碰撞中孕育而生，并走上创新发展的道路。

中华文明的上古三代时期以中原地区和关中地区为两大中心，后来又在东南西北四个方向，分别融合了东夷文化、楚文

---

① 参见中国历史研究院主编《（新编）中国通史纲要》上册，中国社会科学出版社 2024 年版，第 38—42 页。

② 中国历史研究院主编：《（新编）中国通史纲要》上册，中国社会科学出版社 2024 年版，第 52 页。

化、羌文化、狄文化，最终形成了秦汉大一统王朝。在魏晋时期，中华文明又进一步融合了匈奴、鲜卑、羯、氐、羌等北方族群。在宋元时期，契丹、女真、蒙古等族群融入中华文明。至清代，中华文明形成了满族、汉族、回族、蒙古族、藏族等多元共存的统一体，为现代统一多民族国家奠定了基础。对此，费孝通指出：

> 中华民族这个多元一体格局的形成还有它的特色：在相当早的时期，距今 3000 年前，在黄河中游出现了一个由若干民族集团汇集和逐步融合的核心，被称为华夏，像滚雪球一般地越滚越大，把周围的异族吸收进入了这个核心。它在拥有黄河和长江中下游的东亚平原之后，被其他民族称为汉族。汉族继续不断吸收其他民族的成分而日益壮大，而且渗入其他民族的聚居区，构成起着凝聚和联系作用的网络，奠定了以这个疆域内许多民族联合成的不可分割的统一体的基础，成为一个自在的民族实体，经过民族自觉而称为中华民族。①

事实证明，中华文明的创新道路始终与中华民族多元一体的结构密不可分。多元产生竞争，竞争产生创新，创新推动统一，

---

① 费孝通主编：《中华民族多元一体格局》（修订本），中央民族大学出版社1999 年版，第 4 页。

统一又容纳多元。创新性与统一性、包容性的关系大体上处于这样一种螺旋形上升的运动过程。

中华民族多元一体在现代化的过程中，从自发走向自觉。中华文明突出的创新性与中华民族多元一体的互动过程，在现代化道路上同样进入了新的阶段。中国式现代化是中华民族创新性的集中体现，而在中国式现代化道路上，中华民族多元一体也必将更巩固、更有机，用费孝通的话说，"在现代化过程中，通过发挥各民族团结互助的精神达到共同繁荣的目的，继续在多元一体的格局中发展到更高的层次。在这层次里，用个比喻来说，中华民族将是一个百花争艳的大园圃"①。

第二节　中华文明不是停滞、僵化的文明

习近平总书记极富洞见地指出："连续不是停滞、更不是僵化，而是以创新为支撑的历史进步过程。"② 中华文明史是连续性与创新性的辩证统一过程，连续性意味着中华文明历史悠久且传承至今，创新性则意味着中华文明不是停滞的、僵化的文明，中华文明的连续性建立在变革的、进步的基础之上。

长期以来，中国社会停滞论、僵化论在国内外学界很有

① 费孝通主编：《中华民族多元一体格局》（修订本），中央民族大学出版社1999 年版，第 38 页。

② 习近平：《在文化传承发展座谈会上的讲话》，人民出版社 2023 年版，第 3 页。

市场。中国社会停滞论的理论基础是东方专制论或亚洲专制论，它的产生可以上溯到古希腊时代，经过西方近代启蒙运动的发酵，至 20 世纪成为美西方冷战意识形态的重要组成部分。

一　东方专制论在古希腊的起源

与古代中华文明不一样，古希腊文明从来就没有形成过大一统王朝，它是一群城邦的松散集合。各个城邦之间语言有别、风俗有异、神庙祭祀的主神也各不相同，政治制度也有差异。但相对于东方文明而言，它们又有显著的共同点，使人们能够把希腊诸城邦划进一个文明形态。

古希腊史学家修昔底德曾指出，在希波战争以前，希腊人"还没有一个独特的名称，以和世界上其他民族区别开来"①。公元前 5 世纪的希波战争唤醒了希腊人的民族意识，让分散在各个城邦中的希腊人意识到，相对于波斯而言，他们是一个民族，共享着同一个文明。

在近代西方人看来，这场战争对于自身文明意识的觉醒起到了不小的激励作用，比如 20 世纪英国著名军事学家约翰·富顿就把公元前 490 年的马拉松战役称为"欧洲出生时的啼哭"。简单而言，在西方的历史叙述中，希波战争树立了东西

① ［古希腊］修昔底德：《伯罗奔尼撒战争史》，I.3，徐松岩、黄贤全译，广西师范大学出版社 2004 年版。

方文明的界线。

正是在与波斯帝国的比较中，古希腊人提出了所谓的"亚洲专制论"。亚里士多德最早用"专制"（autocracy）一词来形容以波斯为代表的东方文明。如他所说："因为野蛮民族比希腊民族为富于奴性；亚洲蛮族又比欧洲蛮族为富于奴性，所以他们常常忍受专制统治而不起来叛乱。"①

毫无疑问，古希腊哲学家亚里士多德之所以这么描述亚洲人，一是出于对亚洲的无知，那个时代的古希腊人对于亚洲的理解仅限于今天的小亚细亚，他们甚至不了解波斯帝国的核心区域，甚至不知道波斯帝国的文明程度和社会发展水平更高于脱胎氏族公社未久的古希腊城邦世界，更不用说远在欧亚大陆另一端的中华文明了；二是出于对波斯帝国的意识形态偏见，波斯帝国是古希腊城邦世界的敌国，古希腊人诋毁污蔑波斯人自然不足为奇。社会发展水平相对落后的古希腊人之前没有见过波斯这样的大帝国，他们理解不了城邦以外的其他政治组织形式，更理解不了波斯这样的大帝国是怎么统治的。因此亚里士多德才会狭隘地认定只有古希腊城邦政治才是理性自由的统治，而像波斯那样的帝国政治是专制奴役的统治。

讽刺的是，正是亚里士多德的学生亚历山大大帝把古希腊人带离了狭小的城邦世界，建立了一个比波斯更加庞大的帝

① ［古希腊］亚里士多德：《政治学》，1285a19—21，吴寿彭译，商务印书馆1965年版。

国。亚历山大攻入波斯腹地以后，才意识到波斯比古希腊城邦世界更加繁荣灿烂，因此他改变了看法，不仅本人与波斯皇帝大流士三世的女儿结婚，还鼓励马其顿人与波斯人通婚，主动接受波斯文化，在一定程度上推动了欧亚大陆不同文明之间的交流。就其实质而言，亚历山大对波斯的征服实际上仍属于古代史上常见的野蛮民族征服文明民族，却反过来被文明化的案例。

亚里士多德等古希腊哲学家对于亚细亚的无知见解和刻意诋毁在消停了两千多年以后，却在 18 世纪的欧洲启蒙运动中死灰复燃了。

二 东方专制论在近代欧洲的复活

17—18 世纪，法兰西王室贵族纷纷以东方文化为时髦。轿子、瓷器、丝绸、爆竹、名片之类中国的器物是各种高档沙龙场所必备的奢侈品。不仅饮茶成为时尚，法国领主贵族甚至模仿中国式的风格修建园林。雕版艺术品影响了法国艺术，伏尔泰《中国孤儿》等戏剧作品更以中国的历史故事为原型。① 在法兰西王室和贵族的渲染下，遥远东方的中国被当作"开明专制"的典范，受到了许多欧洲王室和思想家的吹捧，他们视中国与罗马帝国一样强盛。

---

① 参见［英］刘易斯·A. 马弗里克《英译本绪论》，［法］弗朗斯瓦·魁奈《中华帝国的专制制度》，谈敏译，商务印书馆 1992 年版，"序言"第 11 页。

法国宫廷文化与"开明专制"当然不可避免地遭到其他人的反对，这些人热衷于发掘罗马共和国和古代日耳曼社会传统，以抨击罗马帝国和中国的"专制制度"。孟德斯鸠就是典型例子，他在《罗马盛衰原因论》中盛赞罗马共和国时期人人都有公民自由精神，都把公共的事务当作自己的事务，在公民自由精神的指引下，罗马共和国总是处在均衡节制的状态，执政官、元老院、公民大会三个部分构成和谐的有机体，保证了罗马的强大。

为什么团结一致、生机勃勃的罗马，会最终走向衰落呢？在孟德斯鸠看来，当罗马还是一个欧洲的城市国家时，它是强大的、自由的，每个罗马人都参与公共事务，都把国家的事情看作自己的事情；等到罗马在扩张过程中不可避免地沾染亚洲专制主义习气以后，它就开始走向堕落。在他看来，亚洲专制主义败坏了罗马人的公民生活，使罗马人对于公共事务漠不关心，这为罗马的分裂和灭亡埋下了种子。正如孟德斯鸠所说：

　　在亚细亚的专制制度中，这就是说，在一切并非温和的政府的和谐中，却总是有一种真正的纠纷。农民、士兵、商人、官吏、贵族等人所以结合到一起，不外是由于一些人压迫另一些人而没有遇到另一些人的反抗罢了。如果人们在那里也看到有联盟存在的话，那末它并不是团结一致的公民，它只不过是一些挨着另一些埋葬下去的尸体而已。①

不难看出，孟德斯鸠是在近代启蒙主义的条件下，搬出了两千多年前亚里士多德的陈腐公式——欧洲城邦政治等于理性和自由，亚洲帝国统治等于纵欲和专制。更过分的是，孟德斯鸠把当年亚里士多德对于小亚细亚的描述泛化到一切亚洲民族头上，正如他在《论法的精神》中强调的那样，"奴役精神主宰着亚洲，亚洲从来不曾摆脱奴役精神。在这块土地的全部历史上，找不出任何一个能表明自由精神的标记，除了敢于奴役的气概而外，再也不可能看到别的精神"②。

显然，在孟德斯鸠眼里，中国就是亚洲专制主义典型代表，专制主义造成了中国极其败坏的文化和风俗。毫无疑问，孟德斯鸠同样完全不了解遥远的中国，他在批判本国宫廷文化纸醉金迷时，以中国为靶子，这决定了孟德斯鸠不可能公正地评价中国。然而问题是，他的观点在德意志地区有为数众多的追随者，而正是这些德意志追随者把东方专制论进一步发展为东方停滞论。

---

① ［法］孟德斯鸠：《罗马盛衰原因论》，婉玲译，商务印书馆 1962 年版，第 51 页。

② ［法］孟德斯鸠：《论法的精神》上册，许明龙译，商务印书馆 2017 年版，第 327 页。

三 从东方专制论到东方停滞论的发展

在 18 世纪,法国宫廷远比普鲁士宫廷发达,法国文化远比德国文化强势。换句话说,法国文化精英在德国文化精英面前具有一种"文明人"的优越地位。18 世纪后期的德国文化民族主义往往以优势的法国文化为对手,以强化自身的民族认同,而中国不幸因此成为他们疯狂诋毁的对象和论战的工具。

比如德国文化民族主义之父赫尔德,一方面在强势的法国文化面前,鼓吹每个民族、每种文化都平等地分有了上帝的神性;另一方面却丧心病狂地诋毁中国人,"他们用伪劣商品换取在他们看来最为可靠的东西:他们从商人那儿获得白银,而交给商人成千上万磅使人疲软无力的茶叶,从而使欧洲衰败"①。

值得注意的是,德国人在污蔑中国"专制主义"的同时,还发明了一种历史哲学,宣称古老专制的亚洲是停滞的,是自外于人类历史的,这就是"东方停滞论"的由来。赫尔德这样描述中国:

> 拿欧洲人的标准来衡量,这个民族在科学上建树甚微。几千年来,他们始终停滞不前。我们能不对此感到惊

① 〔德〕赫尔德:《中国》,载〔德〕夏瑞春编《德国思想家论中国》,陈爱政等译,江苏人民出版社 1995 年版,第 92 页。

讹吗？就连他们那些谈论道德和法令的书本也总是变着法儿，反反复复、详详细细地在同一个话题上兜圈子，千篇一律地吹捧那种孩童的义务。①

在赫尔德的笔下，中国几千年来没有任何变化，虽然中国的历史很悠久，但它没有真正意义上的历史，因为中国从来都没有发展过；与之不同，欧洲民族，尤其是日耳曼民族，虽然历史并不悠久，却是真正拥有历史的民族，因为它总在不断前进，并代表了人类社会未来的发展方向。

与赫尔德类似，哲学家谢林也认定："从内在来看，这个国家到今天都还完全具有和四千年前一样的面貌，持久地立足于它在起源时就以之为基础的同一个原则上面。"正因如此，中国不在世界历史的进程之内，因为世界历史总在向前发展，而中国却孤立地停留在人类发展进程之外。谢林说道："中国是从历史的本原和开始就已孤立出来的一部分人类，正因如此，它自古以来就占据着它现在的领地，几乎摆脱了任何震荡和推动其他人类的那个进程。"②

东方停滞论最有名的代表人物当属大哲学家黑格尔，他在

---

① ［德］赫尔德：《中国》，载［德］夏瑞春编《德国思想家论中国》，陈爱政等译，江苏人民出版社1995年版，第89页。

② ［德］谢林：《谢林全集》（Schelling, *Sämtliche Werke*. Hrsg. von K. F. A. Schelling. Stuttgart und Augsburg, 1856～1861），XII, 529；XII, 556，转引自先刚《黑格尔和谢林论中国在"普遍历史"中的地位》，《云南大学学报》（社会科学版）2011年第4期。

《历史哲学》中露骨地把中国、印度等亚洲文明视为人类历史的婴幼儿时期，尤其是中国，只能代表人类社会还没有完全脱离自然界的最初级阶段。黑格尔宣称中国没有历史，因为中国始终是停滞的，"在任何情况下，它都把自己的特性一直保持下来，因为它始终是独立的帝国。这样，它就是一个没有历史的帝国，只是自身平静地发展着，从来没有从外部被摧毁"①。

黑格尔在嘲笑中国"没有历史"的同时，同样像孟德斯鸠那样污蔑中国人的伦理风俗和道德水平。在他看来，中国只有皇帝一个人是自由的，因而是具有理性的，除皇帝以外的其他所有人都是奴隶，都被欲望所支配，也都缺乏基本人类理性。黑格尔说道："中国人是作为一个不成熟的民族被统治的，其伦理习俗也具有不独立自主的特性。……在中国，人是己外存在的，而不是己内存在的。……中国人像印度人一样滑头、喜欢偷窃和欺骗。（他们的四肢十分灵活，身体柔软，手艺高明。）他们尤其喜欢欺骗欧洲人，因为他们内心缺乏正义感。"②

甚至连中国的文字和语法都遭到了黑格尔的无端诋毁，"关于中国的书面语言，它是中国人所特有的，是某种令人十分惊奇的东西。它有两个方面。和他们有关的方面是必须把这种书面语言看作培育学术的一个很大的障碍，或者可以更确切

---

① ［德］黑格尔：《世界史哲学讲演录：1822—1823》，刘立群等译，张慎等校，商务印书馆2015年版，第114页。

② ［德］黑格尔：《世界史哲学讲演录：1822—1823》，刘立群等译，张慎等校，商务印书馆2015年版，第135页。

地说，由于真正的科学并不存在，所以它的工具也欠佳"①。

毫无疑问，这些对于中国的解读除了反映黑格尔等人极端的偏见和无知以外，并不能说明其他任何问题。然而就是这些极端的偏见和无知观念，却在 20 世纪后半叶一度成为冷战意识形态的宠儿。

四　东方停滞论在冷战思维中的表现

上述东方停滞论影响到 20 世纪，直接成为美国冷战意识形态的重要组成部分。例如魏特夫就把除日本以外的一切亚洲社会都称为"治水专制国家"，在他看来，无论亚洲社会的内部形态再怎么千差万别，都有一个共通之处，即亚洲没有自发的市民社会，包括水利灌溉在内的一切社会工程都必须依赖专制权力。治水专制造成了亚洲几千年来没有任何变化，"东方人民在什么影响下和以怎样的方式才摆脱他们维持几千年的治水社会的情况呢？……看来，没有外界的援助，治水社会在任何地方都未能取得类似的进展"②。因此，他狂妄地鼓吹，亚洲想要走上现代化的道路必须完全放弃本民族的文化传统，全盘接受西方的领导。

魏特夫在鼓吹殖民主义进步性的同时，甚至绝望地认定，

---

① ［德］黑格尔：《世界史哲学讲演录：1822—1823》，刘立群等译，张慎等校，商务印书馆 2015 年版，第 136—137 页。

② ［美］卡尔·A. 魏特夫：《东方专制主义：对于极权力量的比较研究》，徐式谷等译，中国社会科学出版社 1989 年版，第 20 页。

即便西方殖民主义如此"优越"，仍没能迫使亚洲放弃延续几千年的顽固治水专制传统。他自问自答道："亚洲往何处去？在回答这一问题时，我们必须记住：资本主义的殖民在其300年的统治期间并没有能使东方产生出以强大的中产阶级、有组织的劳工和独立的农民为基础的多中心社会。"① 这种荒谬的论调就是曾经长期流行的"殖民现代化论"。

在以魏特夫为代表的美国冷战意识形态专家看来，中国之所以接受共产主义，恰恰是因为共产主义非常符合中国几千年来僵化落后的治水专制社会传统，即便是那些非共产党领导的亚洲国家，"都受到了一种半共产主义的或隐蔽的共产主义的意识形态的影响"②。这其实是为美国在亚洲的失败找理由。

这种思维方式一度影响了某些中国学者，他们宣称中国社会是停滞僵化的"超稳定结构"，"社会结构的停滞性是中国封建社会的最基本的特点"③。因此在他们看来，中国历史只有王朝更替，没有时代变革，只有循环往复，没有发展进步。

事实胜于雄辩，中国现代化建设取得一个又一个伟大成就，已经彻底粉碎了上述浅薄无知的观点。即便在今天的西方理论界，东方停滞论也已经逐渐失去市场。英国新马克思主义

① ［美］卡尔·A. 魏特夫：《东方专制主义：对于极权力量的比较研究》，徐式谷等译，中国社会科学出版社1989年版，第470页。

② ［美］卡尔·A. 魏特夫：《东方专制主义：对于极权力量的比较研究》，徐式谷等译，中国社会科学出版社1989年版，第473页。

③ 金观涛、刘青峰：《兴盛与危机：论中国社会超稳定结构》，法律出版社2011年版，第12页。

历史学家佩里·安德森曾准确指出，历史的发展并不只是西方影响东方，没有东方的影响，西方不可能走上资本主义现代化道路，"中华帝国文明产生了比中世纪欧洲多得多的技术发明……在很长时间里，中国更多的是向西方输出，而不是输入"。安德森挖苦东方停滞论，"对于非欧广大地区的历史在多数情况下仅仅是走马观花，隔靴搔痒……只有在无知的黑夜，一切不熟悉的形象才会具有相同的颜色"。[①]

历史学家弗兰克更加尖锐地斥责东方停滞论，"这种说法也是纯粹的意识形态虚构，根本没有事实依据或科学依据"。他通过细致的文献考据和丰富的数据资料证明，在 19 世纪以前，"整个世界经济秩序当时名副其实地是以中国为中心的。哥伦布以及在他之后直到亚当·斯密等许多欧洲人都清楚这一点。只是到了 19 世纪，欧洲人才根据新的欧洲中心论观念，名副其实地'改写'了这段历史"。[②]

弗兰克是正确的，中华文明是人类历史上最古老的文明之一，如果中华民族不能始终保持充沛的创新精神，就不可能始终以国家形态绵延至今。历史的事实恰恰与上述孟德斯鸠、黑格尔等人说的相反，尽管中国的皇帝制度长达两千多年，但中国社会绝不是只有皇帝一个人自由，而其他人都是奴隶，

---

① ［英］佩里·安德森：《绝对主义国家的系谱》，刘北成、龚晓庄译，上海人民出版社 2001 年版，第 566—567 页。

② ［德］贡德·弗兰克：《白银资本：重视经济全球化中的东方》，刘北成译，四川人民出版社 2017 年版，第 328、117 页。

也绝不是只有皇帝一个人需要理性，而其他人都被欲望支配。中国人民是具有高度理性的人民，也是具有无穷创造力的人民，中华文明突出的创新性根源于中国人民旺盛的创造力！正是由于中国古代劳动人民的旺盛创造力，中国才能长期保持世界创新潮流的领先位置。这种领先状态几乎伴随了整部世界古代史。

第三节　中华民族长期处于世界创新潮流的前列

习近平总书记发人深省地指出："中华民族始终以'苟日新，日日新，又日新'的精神不断创造自己的物质文明、精神文明和政治文明，在很长的历史时期内作为最繁荣最强大的文明体屹立于世。"[①]

世界文明史存在了数千年时间，在这数千年里各个民族、各个文明相继登场，但只有具备旺盛创新能力的民族或文明，才能在世界历史的大舞台上脱颖而出，赢得竞争。正如习近平总书记所强调的那样，中华民族"在很长的历史时期内作为最繁荣最强大的文明体屹立于世"。中华民族长期领先的基本事实，雄辩地证明了中国人民的创新能力。

---

① 习近平：《在文化传承发展座谈会上的讲话》，人民出版社2023年版，第3页。

一　中华民族是人类最古老的创新引领者之一

第一批领跑世界文明史的民族从西向东，分别出现在尼罗河流域、两河流域、印度河流域、黄河流域。因此古代中国与古埃及、古巴比伦、古印度并称"四大文明古国"。这些古老民族是人类历史上第一批引领创新潮流的民族，他们率先摆脱了蒙昧时代和野蛮时代，迈过文明时代的门槛；率先走出氏族公社阶段，建立起国家组织。

上古中华文明的诞生较之尼罗河文明、两河文明稍晚一些，但繁荣程度丝毫不亚于尼罗河文明、两河文明。前文已经述及，距今5300—4300年，中华大地上出现了良渚文化，已经具备了国家的雏形。距今4300—3800年的龙山文化时期，黄河流域的中华文明便已孕育而生。中原地区的龙山社会，融合四方先进经验，创立了夏王朝，标志中华文明发展进入有核心文化引领的王朝时代。大多数学者认为，河南偃师的二里头遗址属于夏王朝。根据历史文献和二里头考古发掘可知，当时中原文明已经开始使用青铜器，种植黍、粟、稷、稻等农作物，并掌握了酿酒技术。[①]

总而言之，古代中原地区与古代尼罗河流域、古代美索不达米亚平原、古代印度河流域，诞生了人类历史上最早一批迈

---

① 参见中国历史研究院主编《中华文明史简明读本》上册，中国社会科学出版社2024年版，第71—72页。

入文明时代的民族。中华民族的祖先在世界文明史的开端处，就站在了人类创新潮流的前列。

二 中华民族是古典繁荣时期的创新引领者之一

中华文明与波斯帝国、古希腊城邦、亚历山大帝国、古代罗马，共同造就了世界文明史上的古典繁荣。相比较前一阶段，这一阶段站在世界创新潮流前列的主要是庞大帝国。

例如波斯帝国文明十分繁荣，尤其是国教琐罗亚斯德教对于后来的世界性宗教影响深远。又如古希腊时期哲学思想繁荣，古罗马时期法律学说兴旺，古希腊罗马思想学术刺激了近代欧洲的文艺复兴和启蒙运动，对于后来欧洲学科体系的形成起到了奠基作用。再如古希腊罗马的政治学说和法律体制，直到今天仍然对西方国家有着重大影响。

与从波斯帝国到罗马帝国的这段时期几乎同步，东方的中华文明也进入了高度繁荣的时期。相较于上一个时期，这一时期的中华文明更彰显出了她引领世界创新潮流的风采。

公元前11世纪，兴起于关中的周人起兵讨伐位于中原的殷商，并最终灭亡了殷商王朝，周王朝的建立使中华文明政治理性走向成熟。与古希腊思想繁荣几乎同时，中国也出现了百家争鸣的思想繁荣景象。德国思想家雅斯贝尔斯在名著《历史的起源与目标》中，把中国的孔子、老子、墨子、庄子与古希腊的苏格拉底、柏拉图、亚里士多德，古代以色列的犹太教先知，印度的释迦牟尼，并称为人类文明的"轴心时代"。雅斯贝尔斯说道：

> 哲学家首次出现了。人们敢于作为个体依靠自身。中国的隐者和云游思想家，印度的苦行僧，希腊的哲学家，以色列的先知们，他们尽管在信仰、思想内容、内在状况上截然不同，但全都属于哲学家之列。人们有能力将自身与整个世界进行内在的对比。他们在自身之中发现了根源，并由此超越了其自身以及世界。
>
> ……
>
> 个别人所能达到的境界，是绝不可能传达给所有人的。人的潜力的巅峰与普通民众之间的差距在那时尤其巨大。然而个别人的变化，却间接地改变了所有的人。"人之存在"在整体上实现了一次飞跃。[①]

在上一个历史阶段，人类文明的创新还只停留在物质生活上，创新成果主要在物质生产层面，例如青铜器或铁器的使用，又如建筑、采矿、纺织、造船、酿酒等的丰富，再如水利灌溉的发达。精神层面的创新，或是主要来自宗教信仰，诸如绘画、雕塑、占卜，或是主要出于实用，诸如天文、历法、算数。

在这一时期，人类文明的创新则延伸到了更具有思想性的

---

① ［德］卡尔·雅斯贝尔斯：《论历史的起源与目标》，李雪涛译，华东师范大学出版社 2018 年版，第 10—11 页。

层面,诸如哲学、政治学、逻辑学、伦理学、法学等领域。上一时期的创新成果似乎与今天已经很遥远了,技术的发展早已扬弃那些古老的成就。但这一时期则截然不同,无论是苏格拉底、柏拉图、亚里士多德,还是老子、孔子、墨子,无论是罗马共和国的政治制度,还是周公制礼作乐的文化内涵,都深刻影响到今天。

在这一时期,中华文明表现得尤为突出。在古罗马人东征西讨的时候,中华大地上出现了秦汉大一统王朝。波斯帝国、亚历山大帝国、罗马帝国只是在建立与其他民族的征服与被征服关系,被征服民族只需要向帝国进贡纳税,而不曾与其帝国熔铸为一。但秦汉王朝不同,统一文字、统一度量衡、统一政教礼俗、郡县制、编户齐民,因此,亚历山大帝国解体了,其统治下的波斯人还是波斯人,希腊人还是希腊人;罗马帝国覆亡了,其统治下的埃及人还是埃及人,色雷斯人还是色雷斯人,然而即便秦汉王朝垮台,中华民族仍然是一个整体。

秦汉大一统王朝站在世界创新潮流前列的最突出表现,就是它们将中华民族进一步牢牢凝结成一个整体。

三 中华民族是中古时期最主要的创新引领者

公元 317 年,西晋灭亡,中国历史进入大动乱时期;476年,西罗马帝国灭亡,欧洲开始了漫长的中世纪。相较于上一时期,这一时期的世界文明史略显沉闷。尽管欧洲中世纪并非没有可取之处,但相对古罗马的辉煌,中世纪欧洲显得较为黑暗。尽管萨珊波斯和拜占庭帝国也创造过各自的繁荣，但远不及波斯帝国和罗马帝国那样光彩夺目。

除了中华文明以外，这一时期站在世界创新潮流前列的是阿拉伯帝国（包括倭马亚王朝和阿拔斯王朝两个阶段）。彼时的伊斯兰教文明远比基督教文明开放包容，阿拉伯商人活跃于亚非欧三大洲，东至中国的广州、泉州、扬州，西至直布罗陀海峡，南至苏门答腊、马来亚和印度，北至斯堪的纳维亚半岛，都有他们的足迹。阿拉伯帝国起到了沟通欧亚大陆东西两端文化交流的桥梁作用。

例如中国的造纸术在公元 8 世纪由中亚传入阿拉伯帝国，逐渐普及推广，经由西亚传至北非，再由北非传至西班牙，并通过西班牙进入欧洲。几乎与此同时，中国的火药也传入阿拉伯，阿拉伯人称之为"中国雪"，波斯人称之为"中国盐"。火药最初用于治病和冶金。毋庸置疑，没有来自中国的造纸术和火药传到欧洲，欧洲近代的变革是无法想象的。

比照欧洲的沉闷，欧亚大陆另一端的中华文明可谓"风景这边独好"。在经历了魏晋时期大动乱的痛苦之后，中华文明又迎来了第二个大一统时期——隋唐王朝。此时中华文明的外延扩大了，北方游牧族群的许多文化元素融入中华文化当中，为中华文化注入了新鲜血液，激发了中华文化的新活力。儒释道三教交相辉映，此外还有景教、摩尼教等其他宗教，为中华文明带来了新的思想繁荣。

隋代修建的京杭大运河是迄今为止世界上最长的运河。唐代长安城高峰时期常住人口将近 50 万，是当时世界上最大的城市之一。公元 780 年，唐朝宰相杨炎开始推行两税法改革。自此以后，财产税逐渐代替人头税成为主要税种，金属货币代替实物成为主要缴税方式，封建人身依附关系由此逐渐放松，商业文明由此逐步发达。至北宋时期，中国已经成为当时世界上商业最繁华的国度。张择端的《清明上河图》显示，北宋都城汴梁的街市高度繁华、店铺林立、车水马龙、行人络绎不绝。

这一时期的中国是世界上最发达的国度，中华文明遥遥领先于其他文明。直到欧洲开辟新航路以后，欧洲文明才逐步缩小了与中华文明的差距。

四 近代的落后不能抹杀中华民族的创新潜能

通过开辟新航路、宗教改革、资产阶级革命、工业革命等一系列事件，欧洲开始了人类历史上前所未有的高速发展，人类文明由此进入了全新的阶段。迅速强大起来的欧洲资产阶级开始了他们在全世界范围内的殖民主义扩张，将原本相对孤立的各个文明连接成为一个整体，成为一个亚非拉各大洲从属于欧洲、依附于欧洲的世界资本主义体系。《共产党宣言》指出：

> 资产阶级，由于一切生产工具的迅速改进，由于交通的极其便利，把一切民族甚至最野蛮的民族都卷到文明中来了。它的商品的低廉价格，是它用来摧毁一切万里长

城、征服野蛮人最顽强的仇外心理的重炮。它迫使一切民族——如果它们不想灭亡的话——采用资产阶级的生产方式；它迫使它们在自己那里推行所谓的文明，即变成资产者。一句话，它按照自己的面貌为自己创造出一个世界。

……

资产阶级在它的不到一百年的阶级统治中所创造的生产力，比过去一切世代创造的全部生产力还要多，还要大。①

直到此时，中华文明才从世界创新潮流前列的位置上跌落下来。强盛起来的西方资本主义势力，向中华大地发起了罪恶的侵略战争，两次鸦片战争就是典型代表。殖民主义强盗迫使腐败无能的清政府签订了一份又一份丧权辱国的不平等条约。它们从中国手里割走了大片领土，掠取了大量战争赔款，获得了领事裁判权、关税协定权、片面最惠国待遇等殖民主义特权，严重破坏了中国的领土完整，破坏了中国的政治、经济和司法主权，令中国人民陷入了深重的灾难，使中国开始沦为半殖民地半封建社会。

至 19 世纪 60 年代后期，西方资本主义国家又开始第二次工业革命。从 19 世纪 70 年代开始，西方主要国家迅速完成从

---

① ［德］马克思、恩格斯：《共产党宣言》，中共中央马克思恩格斯列宁斯大林著作编译局译，人民出版社 2014 年版，第 31—32 页。

自由资本主义向垄断资本主义的过渡,纷纷转型成为帝国主义国家,并掀起了瓜分世界的狂潮。中国因此更加成为西方帝国主义巧取豪夺的对象。1884 年中法战争、1894 年甲午中日战争、1900 年八国联军侵华战争等,西方帝国主义势力在中国领土上开矿山、建铁路,对中国的经济掠夺从商品输出升级为资本输出。至此,中国彻底陷入了半殖民地半封建社会的深渊。

然而,中华民族并没有因为近代暂时的落后而颓丧认输。面对深重的民族危机,中国人民抛头颅、洒热血,掀起了一次又一次可歌可泣的斗争。西方殖民主义、帝国主义把半殖民地半封建社会强加到了中国人民头上,中国人民则以实际行动使得反帝反封建成为中国近代史的主题。正如毛泽东同志所指出的那样:

> 帝国主义和中华民族的矛盾,封建主义和人民大众的矛盾,这些就是近代中国社会的主要的矛盾。当然还有别的矛盾,例如资产阶级和无产阶级的矛盾,反动统治阶级内部的矛盾。而帝国主义和中华民族的矛盾,乃是各种矛盾中的最主要的矛盾。这些矛盾的斗争及其尖锐化,就不能不造成日益发展的革命运动。伟大的近代和现代的中国革命,是在这些基本矛盾的基础之上发生和发展起来的。[①]

中国人民在近代史上的百年斗争历程,既是反抗外来帝国主义

---

① 《毛泽东选集》第二卷,人民出版社 1991 年版,第 631 页。

侵略的历程，更是中华民族自我革命、扫除内部封建势力的历程。在反帝反封建的过程中，中国人民把创新上升为更加自觉的高度，创新自此不仅意味着创造物质文明、精神文明和政治文明，更意味着创新中国自身的文明传统，使之能够适应现代化浪潮的需要，使中国能够摆脱积贫积弱、落后挨打的局面，使中华文明能够走上现代化的道路。

1921 年 7 月，中国共产党成立。1922 年 7 月，中国共产党第二次全国代表大会举行，二大的《宣言》正式提出了民主革命纲领："消除内乱，打倒军阀，建设国内和平"，"推翻国际帝国主义的压迫，达到中华民族完全独立"，使中国成为"真正民主共和国"。[①] 从此以后，中国共产党人就自觉地肩负起了领导中国人民进行反帝反封建斗争的历史重任。面对国内外反动势力的联合围剿，中国共产党逐渐走向成熟，这使得中国人民的反帝反封建斗争有了科学的理论指导，有了明确的斗争方向，有了灵活的斗争策略，更有了坚强的领导力量。

因此，近代中国虽然没能继续走在世界创新潮流的前列，但这并不意味着中华文明失去了其突出的创新性。相反，在中国共产党的带领下，中华文明对自身传统的创新变革取得了巨大成功——中国人民主要凭借自己的力量实现了"民族独立，人民解放"的历史重任，并独立自主地走上了社会主义现代化道路。

---

① 《建党以来重要文献选编（1921—1949）》第一册，中央文献出版社 2011 年版，第 133 页。

中国式现代化道路不以殖民扩张或侵略他国为前提，不以损人利己为条件，中国人民强调和而不同，主张"各美其美，美人之美，美美与共，天下大同"。因此中国一贯鼓励和帮助他国开辟适合自身发展需要的现代化道路，并希望走上独立自主现代化道路的发展中国家也越来越多。

通过上述分析，不难看出，中华文明突出的创新性包含两个方面：一方面，中华民族创造了繁荣的物质文明、精神文明和政治文明，长期处于世界创新潮流的领先位置；另一方面，中华民族善于自我变革，善于迎接新挑战、接受新事物。

第四节　中华民族是善于自我变革的民族

习近平总书记掷地有声地强调："中华文明的创新性，从根本上决定了中华民族守正不守旧、尊古不复古的进取精神，决定了中华民族不惧新挑战、勇于接受新事物的无畏品格。"[1]

历史已经一再证明，中华民族绝不是保守封闭的民族，相反，中华民族始终是开放包容、富有变革气息的民族。变革本身就是中华民族优秀传统的重要组成部分，融入我们民族的基因和血液中。殷周之变、周秦之变、魏晋之变等，中华民族不

---

[1]　习近平：《在文化传承发展座谈会上的讲话》，人民出版社 2023 年版，第 3 页。

是一开始就是如此，她是通过一次又一次的变革才发展成为今天的模样。在这一系列变革当中，殷周之变、周秦之变、近代之变尤为引人注目。殷周之变为中华民族扩大了礼乐制度的规模，使中华文明的政治理性走向成熟。周秦之变为中华民族创造了中央集权的统一政治组织结构，夯实了中华文明大一统的制度基础。近代百年奋斗则使中华民族走上了独立发展的现代化道路，使中华文明成为既古老又现代的文明。

中华民族向来是极具创新精神的民族，创新精神既是中华文明诞生的起点，又一步一步推动中华文明发展壮大，并走上现代化的道路。

一　上古先民的创新精神孕育了中华文明

民国时期，即现代古史研究奠定之初，中国学者就已经意识到，中华文明的形成绝不是一系相承的线性发展过程，而是多中心多地域齐头并进、最终融合的过程。

1933 年，蒙文通整理出版《古史甄微》一书，把中华文明分为东方海岱文明、北方河洛文明与南方江汉文明三大源头。他在"自序"中提及其师廖平对自己的要求："古言五帝疆域，四至各殊；祖孙父子之间，数十百年之内，日辟日蹙，不应悬殊若是。盖纬说帝各为代，各传十数世，各数百千年。五行之运，以子承母，土则生金，故少昊为黄帝之子。详考论之，可破旧说一系相承之谬，以见华夏立国开化之远，迥非东西各民族所能及。凡我国人，皆足以自荣而自勉也。"①

诚然，蒙文通对于中华文明三个源头的概括未必没有争议，但他引述"可破旧说一系相承之谬，以见华夏立国开化之远，迥非东西各民族所能及"，却代表了广大中华古史研究者的心声。除了蒙文通以外，徐旭生、傅斯年、杨宽等学者都对中华文明多中心起源论做出了不同的研究。尽管他们的观点各不相同，但都为当代中华文明起源研究奠定了良好的基础。

20 世纪 80 年代以来，随着浙江余杭良渚、辽宁建平牛河梁、安徽含山凌家滩、山西襄汾陶寺、陕西神木石峁城等遗址的大规模发掘，引发了学术界研究中华文明起源的新热潮。这些研究大大深化发展了民国时期的多中心起源论，使中华民族先民的创新成就更加清晰地呈现在世人眼前。苏秉琦指出，中华文明起源于"满天星斗"的"古国"，最终逐步汇聚成统一的中华文明，"所有这一过程，都不是由中原向四周辐射的形势，而是各大文化区系在大致同步发展的前提下，不断组合与重组"。借用苏秉琦的比喻，古中华文明"从星星之火成为燎原之势，从涓涓细流汇成长江大河"②。

有学者把满天星斗般的"古国"概括为"文化上的早期中

---

① 蒙文通：《古史甄微》"自序"，蒙默编《蒙文通全集》第 3 册，巴蜀书社 2015 年版，第 3 页。
② 苏秉琦：《中国文明起源新探》，生活·读书·新知三联书店 2019 年版，第 88 页。

国"或是"文化上早期中国的雏形"①。大约从距今 5800 年前的新石器时代晚期开始，中华大地上的古国相继出现了较为明显的阶级分化，进入了文明起源的加速阶段。因此，人们把距今 5800 年至距今 3800 年的史前文明时期称为"古国时代"。②

这些满天星斗的古城、古国证明了中华文明历史悠久，足以媲美古代埃及和古代两河流域。正是满天星斗的古国之间相互竞争交融，激发了中国先民的创造实践与创新精神，从而孕育了中华文明的诞生。距今 4300—3800 年，中华民族的先民从新石器时代逐步迈入青铜器时代。

龙山时代是孕育中华文明第一个王朝的重要时期，充分反映出古书记载尧舜时代"九族既睦，平章百姓，百姓昭明，协和万邦"（《尚书·尧典》）的上古社会景象。张光直指出："若夏朝始于公元前 2000 年左右，则传说中的那些英雄和圣人所处的时代可被推断为龙山文化时代。我们已见到了龙山文化的城堡，其社会等级分化明显，祀与戎成为大事。这些城堡，或许是三代时期许多邦国的前身。到了三代时期开始时，我们注意到有关该时期的中国历史文献与考古资料达到了相互结合的境界。"③ 东西南北各方势力在上古中原大地生根发芽，相互

① 参见《历史研究》编辑部《百年考古与中华文明之源——访中国历史研究院考古研究所王巍研究员》，《历史研究》2021 年第 6 期。

② 王珏：《中华文明探源工程最新成果发布：可将从距今 5800 年至距今 3800 年划分为古国时代》，《人民日报》2023 年 12 月 21 日第 15 版。

③ ［美］张光直：《古代中国考古学》，印群译，辽宁教育出版社 2002 年版，第 323 页。

碰撞，它们共同激发出中国先民的创新潜能，推动中华文明呱呱坠地。

中华文明之所以首先出现在中原大地，其中一个重要原因是各方势力相互竞争，互相交融，竞争交融孕育了华夏大地的创新精神，而创新精神的首要成果就是创造了中华文明。或者说，中华文明本身就是中国上古先民创新精神的产物，她的诞生又进一步发扬了上古先民的创新精神。正如学者所说："环嵩山地区，位于中原之核心，是东西南北各方势力激荡整合的熔炉，严峻的政治环境，迫使龙山社会领导者们实践更有效的社会组织方式，激发出更具雄心的政治理想，成为以二里头文化为代表的夏王朝的孕育之地。"①

从二里头遗址发掘成果来看，夏王朝已经具备"众星拱月的高等级王都"，并已经铸造、使用青铜器。不仅如此，二里头遗址出土的绿松石龙形器反映出夏代具备龙的观念，这是中华民族的主要图腾之一。二里头的陶器上具有丰富的刻划符号，其形体已与某些早期汉字十分接近，这是否为目前已知中国最早的文字？② 目前学界仍然争论不已，有待进一步研究。

---

① 中国历史研究院主编：《（新编）中国通史纲要》上册，中国社会科学出版社 2024 年版，第 59 页。
② 参见中国历史研究院主编《中华文明史简明读本》上册，中国社会科学出版社 2024 年版，第 69—73 页。

张光直认为:"二里头文化为夏文化,而不是商朝早期文化。"① 二里头遗址究竟是夏文化还是早商文化? 迄今学界仍有争议,但无可否认,夏商两代同属中原文化圈,两者之间具有紧密的继承关系,也许夏商两代本身就很难简单分开。不论怎么说,二里头文化都代表了中华文明诞生时期的承前启后阶段,"二里头文化的骨卜礼俗,上承龙山文化,下启殷商文明"②。在公元前 14 世纪至前 11 世纪的河南殷墟遗址,上古中华文明就已经迈入了青铜时代的繁荣期。

二 殷周之变奠定了政治理性的哲学根基

殷商时代是早期中华文明创新精神的集中体现。《尚书·多士》载:"惟殷先人,有册有典。"对照殷墟考古发掘,可知殷商王朝已经形成了高度发达的上古文明。首先,殷商具有种类繁多、形制复杂的青铜器,包括但不限于礼器、乐器、食器、酒器、水器以及戈、矛等兵器,还有斧、锛、刀、削等工具。青铜器皿上刻有栩栩如生的鸟兽图纹,反映出商代文化十分发达。其次,殷墟出土的甲骨文是成熟的汉字系统,它标志着商代已经形成了较为成熟的汉语思维方式。尽管甲骨文是目前已经确定的最早中国文字,但有理由相信,中华民族早在甲

---

① [美] 张光直:《古代中国考古学》,印群译,辽宁教育出版社 2002 年版,第 338 页。

② 中国历史研究院主编:《中华文明史简明读本》上册,中国社会科学出版社 2024 年版,第 69 页。

骨文之前就已经发明并使用文字，甲骨文并非上古中华文字的起点，而是上古中华文字步入成熟的表现。再次，商代已经制定了精确的历法。商代先民已经将约360日定为一年，将一年划分为12个月，并置闰月。最后，也是更引人注目的是，商代建立了较为发达的制度规范，比如祖先崇拜制度、内服外服制度、政治赏赐制度等，这些制度上承夏礼，下启周礼。孔子说："殷因于夏礼，所损益可知也。周因于殷礼，所损益可知也。"（《论语·为政》）这番话十分准确地反映出殷代典章制度承上启下的历史功能。

但不应否认，殷商社会制度仍然带有古老巫觋宗教的色彩。殷商文化具有浓厚的宗教命定论色彩，殷商先民的天命观是高度宗教化、神秘化的。例如盘庚迁殷，号称"天其永我命于兹新邑"（《尚书·盘庚上》）。纣王无道，尚且自信"我生不有命在天？"（《尚书·西伯戡黎》）在上古中原人看来，殷商之能享国是因为上天特别的青睐，是上天授命于殷商的结果，也是殷商祖先庇护的结果。

为了始终得到祖先的庇护和上天的青睐，殷商始终奉行着严格的族内婚制。唯其如此，才能保证殷商统治者血统的纯洁性，祖先是不会庇护外族人的。为了取悦上天和祖先，商人推行烦琐复杂、规模浩大的祭祀活动，其最重要的祭品竟然是活人。

20世纪20—30年代，河南安阳殷墟就出土了大量相关文物，殷商残酷的人牲人祭以直观的方式呈现给世人。史学家傅斯年曾对此感叹道："年来殷墟发掘团在清理历代翻毁之殷商墓葬群中所得最深刻之印象，为其杀人殉葬或祭祀之多。如此大规模之人殉，诚非始料所及。"①

仅仅根据现存的甲骨卜辞记录，从盘庚迁殷到帝辛亡国，商代使用人祭多达 13052 人，另外还有 1145 条卜辞未记载人数，就算每一条都按一人计算，人祭人牲也多达 14197 人！②现存的考古发现就呈现出了这样的规模，历史上的真实数字恐怕不止十倍百倍于此！

商代的牲人主要来自俘虏和进贡。有学者指出："商代统治者需要让一部分战俘参加劳动，成为生产奴隶，但对于那些不驯服的战俘被用作人牲的可能极大，祭祀时去其头领，使无法反抗于地下，这也是完全可以理解的。"③ 根据科学检测，祭祀坑中砍去头颅的牲人是年龄在 15—35 岁的青壮年男性。原来史书上记载的醢刑（剁成肉酱）、脯刑（被制成肉干）、炮烙之刑等残酷暴行基本上是真实的，并且它不只是商纣王个人所为，而是商代的普遍现象。只有了解上古殷商文化的残酷宗教色彩，我们才能真正理解殷周之变对于中华文明的巨大创新作用。

公元前 11 世纪中叶，周武王姬发率领周与各路诸侯的联

---

① 傅斯年：《性命古训辨证》，欧阳哲生主编《傅斯年全集》第 2 卷，湖南教育出版社 2000 年版，第 587 页。

② 胡厚宣：《中国奴隶社会的人殉和人祭》（下篇），《文物》1974 年第 8 期。

③ 刘兴林：《浅议商代社会的奴隶——兼谈殉人和人牲的社会身份》，《齐鲁学刊》1990 年第 4 期。

军起兵讨伐商纣王帝辛,并最终击败了商朝,建立了周天子的统治。这是中国上古史的一次重大变革。王国维认为:"中国政治与文化之变革,莫剧于殷、周之际。都邑者,政治与文化之标征也。自上古以来,帝王之都皆在东方。……故自五帝以来,政治文物所自出之都邑,皆在东方,惟周独崛起西土。"①虞、夏、商几代都起源于河南中原地区,唯独周代起源于陕西关中地区,王国维所说的朝代都邑从东方转移到西土,本质上就是中原、关中两大文明交锋融合的表现。

从政治社会制度上看,王国维把殷周之变概括为三个主要内容:一是"立子立嫡"之制,以及由此而生的宗法及丧服之制;二是庙数之制;三是同姓不婚之制。这些礼法制度大多被后世继承和改造,延续了三千多年,构成了古代中华文化的伦理基础。

制度形式的变革倒在其次,首要的是思维方式的革新。古书有云:"夏道尊命""殷人尊神""周人尊礼尚施"(《礼记·表记》); "夏之政忠""殷人承之以敬""周人承之以文"(《史记·高祖本纪》)。其中,命与神、忠与敬的内涵是接近的,夏商两代都起源于中原地区,宗教习俗相差不远。用王国维的话说,"以地理言之,则虞、夏、商皆居东土,周独起于

---

① 王国维:《殷周制度论》,彭林整理《观堂集林》(外二种),河北教育出版社 2001 年版,第 231 页。

西方，故夏、商二代文化略同"①，但周人之尊礼尚文就与命神、忠敬有显著不同。

在翦商战争胜利之初，周武王也学起了商人的模样，进行大规模人牲人祭，只不过当初施行人牲者，如今成为人牲的对象。这正如古书记载："癸丑，荐殷俘王士百人。"又，"武王乃夹于南门，用俘，皆施佩衣，衣先馘入"（《逸周书·世俘解》）。克殷仅仅三年后，周武王染病驾崩。周成王年幼，周公旦摄政。在此期间，周公制礼作乐，移风易俗，逐步改变了上古中原神秘的宗教习俗，取缔了残酷的人牲制度，并建立起了复杂的宗法制度。这便是周尚文与夏尚忠、殷尚敬的不同所在。

应当承认，周礼代替殷礼并不是一蹴而就的，而是经历了一个时期的演化。周王朝建立之初，对殷遗民采取怀柔政策，大规模任用殷商史官群体。周初出土器物中仍然可以看到大量殷遗民制造的青铜礼器，上面刻有祖先日名、族徽等显著的殷文化元素，其族长也保留称子的习惯。直到公元前 10 世纪的周共王时代，殷代典章制度的遗留影响才基本褪去，"殷代和周初礼器上常见的政治性赏赐，到西周中晚期逐渐被册命取而代之，这也是周礼建立的体现"②。

---

① 王国维：《殷周制度论》，彭林整理《观堂集林》（外二种），河北教育出版社 2001 年版，第 232 页。
② 中国历史研究院主编：《中华文明史简明读本》上册，中国社会科学出版社 2024 年版，第 143 页。

从这个意义上来讲，周公是周代礼乐文明的开创者，而不是完成者。学术界对此做出了公正的评价：

> 周公是西周文明的典型象征和标志，秦汉以来儒家有周公制礼作乐的说法。如上所述，把周文明的功劳归到周公一人，并不客观也非史实。但在西周王朝继承殷文明，结合自身文化特色创造性转化发展的过程中，周公确实发挥决定性作用，他不但通过东征平叛巩固政权、加强统治；还利用宗法、姓氏、婚姻制度建构社会等级秩序，以天命、德政为核心形成周人政治观念。……从这个角度来看，周公堪称是礼乐文明的缔造者之一。①

比开创宗法、姓氏、婚姻制度更重要的是，周公开创了为政以德的天命观念，这是中华民族政治理性走向成熟的重要标志。它不仅深刻影响了往后三千多年的中国古代史，直到今天仍然散发着璀璨的智慧光芒。

周人意识到，天既授命于夏，又授命于殷，如今却转移到自己手中，这说明天命不会仅仅庇护一族一姓，唯有顺应上天意志的人，才有可能得到上天的青睐。《大雅》有云："侯服于周，天命靡常""宜鉴于殷，骏命不易"（《诗经·大雅·文

---

① 中国历史研究院主编：《中华文明史简明读本》上册，中国社会科学出版社2024年版，第148—149页。

王》)。所谓的天命到底是什么呢？它表现为人的德行。"汤武革命，顺乎天而应乎人。"（《易·革·彖传》）古代语境中的"革命"不是今天意义上的革命，它指革除旧统治者的"天命"。但传统革命又与近代革命具有千丝万缕的联系：两者都强调没有谁凭空就有执政资格，执政者的正当性来源于民心向背。

孟子说："天视自我民视，天听自我民听。"（《孟子·万章上》）荀子说："天行有常，不为尧存，不为桀亡。"（《荀子·天论》）这种天命观正是周公制礼作乐留给后人的最大精神财富。殷周天命观的转变，"把人提升为天命观中最核心的因素，奠定了中国思想史中人本化思想的基础"①。简言之，夏商之天是主宰之天、宗教之天，周代之天则在此基础上叠加上了义理之天、哲学之天。因此周代天命观构成了中国哲学的形而上学基础。殷周之变的最大思想成果就是人本化的天命观，它标志着中华民族开始具备成熟的政治理性。

这种高度理性化的天命观又随着时代的发展，进一步演化出系统的仁政爱民思想。孟子劝诫梁惠王："地方百里而可以王。王如施仁政于民，省刑罚，薄税敛，深耕易耨。壮者以暇日修其孝悌忠信，入以事其父兄，出以事其长上，可使制梃以挞秦楚之坚甲利兵矣。"（《孟子·梁惠王上》）又指出，"以力

---

① 中国历史研究院主编：《（新编）中国通史纲要》上册，中国社会科学出版社 2024 年版，第 127 页。

假仁者霸，霸必有大国。以德行仁者王，王不待大：汤以七十里，文王以百里。以力服人者，非心服也，力不赡也。以德服人者，中心悦而诚服也"（《孟子·公孙丑上》）。

在孟子看来，周文王只有"地方百里"，相比于商朝统治者，这无疑是非常弱小的。但周人推行仁政，得道多助，这是他们能够获得翦商革命成果的根本原因。早在三千多年前，中华民族就领悟到了这个至朴至深的道理，它是古代中华民族政治和哲学走向成熟的标志。

三 周秦之变奠定了大一统的制度基础

"比起商代，周王朝的政治制度和政治思想是一个飞跃。"[1]如前所述，这些政治制度的飞跃被王国维总结为"立嫡之制""庙数之制""同姓不婚之制"。立嫡之制大大降低了王位继承时的政变风险；庙数之制不仅规范化了祖先崇拜，还严格区分了天子、诸侯、卿大夫的等级，使政治结构更加有序；同姓不婚之制则对外扩大了周王朝的统治基础，对内明晰了天子或诸侯家族的人伦秩序。所有这些制度变革使得周王朝的政治基础更加稳固。

然而周代的礼乐宗法制度是一套极其森严的社会等级系统，此即古人所说的"周之文弊"或"周文疲弊"。比如立嫡

---

[1] 中国历史研究院主编：《（新编）中国通史纲要》上册，中国社会科学出版社 2024 年版，第 130 页。

之制区别了嫡出、庶出或大宗、小宗，使一个家族内部的不同成员都具有鲜明的等级身份。又如周代的国野之别、乡遂之别十分严格。国人有参政议政的权利，有当兵打仗的义务，而野人不具备这些权利义务。六军之法之见于六乡，而不见于六遂；庠序之教亦只见于六乡，而不见于六遂。六遂只负责生产，而不享有政治权利。

清代大学者戴震考证上古文献的"理"，本指"条理""纹理"，极具洞见。① "周人承之以文"的"文"或可通假为"纹"。伦理或纹理好比大树的年轮，一圈一圈从内到外，层级分明，不同的人处在不同的层级之中，不可僭越。蒙文通说"夫周则贵贱之悬殊"，当为不刊之论。② 试想血统决定了一个人从出生到死亡只能处在何种等级之中，这样的制度绝不是理想的制度。

周秦之变的首要功绩就在于打破周代的血缘等级制度。春秋时期，周天子大权旁落，诸侯并起，相互战争。晋惠公为了一雪韩原之战被俘于秦的耻辱，乃"作爰田""作州兵"。这充分反映了东周社会变化的两个倾向：其一，过去的公民兵制度走向解体，当兵不再是国人的特权，这就为战国时期大规模动员征兵奠定了基础；其二，国对于野开始实行直接控制，换言之，国逐渐把野囊入其中。西周的国呈点状散落分布，自春秋后期开始，国逐渐从点变成了面。国野界线逐渐消失，领土国

---

① （清）戴震：《孟子字义疏证》，何文光整理，中华书局 1982 年版，第 1 页。
② 蒙文通：《儒家政治思想之发展》，蒙默编《经学抉原》，上海人民出版社 2006 年版，第 159 页。

家逐渐登上历史舞台。

到了战国时期，国野之别的消失与领土国家的形成大大加速了。尤其是商鞅变法"开阡陌，废井田"，彻底破坏了传统土地公社制度，其根本作用在于把农民从土地上动员出来，既为秦国提供了充足的兵源，又为其后勤保障和军事生产提供了充足的劳动力，使秦国的战争机器可以源源不绝地开动下去，周代血缘等级制度的经济基础因此遭到破坏。在此前提之下，商鞅变法奖励军功，进一步排除了血缘贵族对于政治的垄断，使得秦国平民也有机会跻身国家管理阶层，为职业化的官僚体系开辟了道路。"战国时七雄的军队均多至数十万甚至百余万……征兵范围的推广表明原来的野人已经变成了国家的正式国民，自此，境内制为郡、县，县下复有乡、里，野人同国人一样被编制在统一的地域组织中。"① 这又为秦汉王朝编户齐民奠定了基础。蒙文通指出，不管秦国再怎么是"虎狼之国"，周秦之变都堪称中国历史上一场真正的革命："法律之下无贵贱皆平等，此实春秋以后，时代之一进步，由秦而厉行之也。"② 这场革命最大的贡献就是"六合同风"，使中华民族成为真正的大一统实体。

客观而言，大一统观念先秦时期早已有之，例如，《春秋公羊传》解释"元年春，王正月"时指出，"元年者何？君之

---

① 赵世超：《周代国野制度研究》，陕西人民出版社 1991 年版，第 330 页。
② 蒙文通：《秦之社会》，蒙默编《蒙文通全集》第 3 册，巴蜀书社 2015 年版，第 174 页。

始年也。春者何？岁之始也。王者孰谓？谓文王也。曷为先言王而后言正月？王正月也。何言乎王正月？大一统也。"（《公羊·隐公元年》）又如孟子"定于一"（《孟子·梁惠王上》），墨家"选天下之贤可者，立以为天子"（《墨子·尚同上》），这些都是大一统观念的具体表现。

然而此时的大一统仍然是片面的、不完整的，大一统主要表现在奉天子之号令，礼乐征伐自天子出，而没有形成稳固统一的制度基础。周秦之变为大一统奠定了制度基础。公元前221年，秦始皇统一六国，随后建立了皇帝制度、建立了全国统一的行政官僚体系；统一了文字、货币、度量衡，使国家具备了统一的法律制度和行政文书；建设了直道、驰道等全国性的大型交通工程，大大促进了全国各地的相互交流。至此，大一统才具有了充分的制度保障，才真正地从理想变为现实。

值得一提的是，秦代编户齐民，实现了较为精确的户籍管理。战国时期，秦国已经将百姓编为什伍，统一六国以后，什伍之制进一步完善扩大。秦律规定："凡男子均须向政府申报年龄，称为'书年'；至成年即载明于户籍，以备国家征发徭役，称为'傅籍'；民户迁居应经官府批准后登记，称为'更籍'。秦统一后'使黔首自实田'，即令百姓申报土地面积，其数目载入户籍，作为国家征收赋税的主要依据。"[1]

---

① 中国历史研究院主编：《中华文明史简明读本》上册，中国社会科学出版社2024年版，第219页。

秦代对于社会基层的精确化管理领先了欧洲两千多年，欧洲直到 19 世纪民族国家体系形成，才出现系统的基层管理。更重要的是，编户齐民改变了基层群众的从属关系，他们不再像先秦时代那样，具有国人、野人等复杂的身份，不再从属于诸侯或卿大夫，而是受制于统一的法令制度，开始具有同质化的身份。毫不夸张地说，没有周秦之际的伟大变革，中华民族很难成为凝聚的整体，中华文明很难具备高度统一的文化形态。

秦代的大一统制度至汉代进一步上升为系统的哲学理论，其主要表现是汉代正式形成了中华文明的经史传统。春秋学家董仲舒在"举贤良对策"中明确指出："春秋大一统者，天地之常经，古今之通义也。"他强调，"今师异道，人异论，百家殊方，指意不同，是以上亡以持一统"，遂请求汉武帝"诸不在六艺之科、孔子之术者，皆绝其道，勿使并进"（《汉书·董仲舒传》）。这就是"罢黜百家，独尊儒术"的由来。

辛亥革命时期，如章太炎、邓实、黄节等国粹学派思想家为了反对清王朝的统治，竭力批判董仲舒"罢黜百家，独尊儒术"的主张是思想专制。这个观点经由五四新文化运动的发酵，长期以来成为定说。但有一种合理性，也应看到，汉武帝采纳董仲舒的建议，实则针对西汉初年尊崇的黄老道家，"罢黜百家"的实质是罢黜黄老道家的官方意识形态地位，"独尊儒术"也并没有使得诸子思想彻底湮没。对此，蒙文通的说法十分精辟，他指出汉代经学不只是对先秦儒家的简单继承，更广泛吸收了道家、法家、阴阳五行家的思想成果，其实质是多元文化融合了。正如蒙氏所说："儒家之战胜百家，就在于它汲取了百家之长；道家（指黄老）也是这样，正是杂家胜利了。"①

关于董仲舒的建议能得到汉武帝采纳的根本原因，中国历史研究院主编的《中华文明史简明读本》做出了公正的总结：

董仲舒援引"春秋大一统"理论，适应了大一统王朝加强中央集权的时代需要。因此富有政治才略和宏大抱负的汉武帝在即位之初，就极力排除笃信黄老学说的太皇太后窦氏的阻碍，采取"罢黜百家"的方针。②

虽然"罢黜百家，独尊儒术"在一定程度上阻碍了墨、道、法等诸子学的发展，但其进一步夯实了中华文明大一统之精神基础的历史作用，同样是不容否认的。换言之，董仲舒的学说能够得到采纳，其根本原因是秦汉大一统制度的正式形成，是古代中华民族大一统的历史必然。这一历史必然造就了中华民族的经史传统。

经史传统孕育于上古尧舜时期，发展于三代礼乐文明，经由周秦之变，至汉代正式形成。它是古代中华民族思想学术的根基，今天依然是中国特色哲学社会科学体系的重要组成部

① 蒙文通：《治学杂语》，蒙默编《蒙文通学记》（增补本），生活·读书·新知三联书店 2006 年版，第 14—15 页。
② 中国历史研究院主编：《中华文明史简明读本》上册，中国社会科学出版社 2024 年版，第 223 页。

分。古代经史传统与现代哲学社会科学，通过一种"明统知类"的校雠学方法，建立起一种内在的联系，这是以经史传统重新架构和安顿哲学社会科学的意义之所在。如何发扬创新中华民族的经史传统，乃是今天哲学社会科学工作者的重要时代任务之一。

综上所述，周秦之变奠定了中华民族的大一统格局——东周时期，中国就已经形成了成熟的大一统思想，并进行了深入的制度探索；秦统一六国，建立了大一统更稳固坚实的制度基础；汉代损益周秦制度，更深化了大一统的精神内涵。如果说秦代的大一统制度仍然是冰冷严苛的大一统，那么汉代的大一统则更显温情脉脉，它在秦代法家制度的基础上，融入了儒家仁政爱民、为政以德的政治伦理。

孔子有云："为政以德，譬如北辰，居其所而众星共之。"（《论语·为政》）更有代表性的记载出现在荀子那里，鲁哀公问政，孔子对答道："君者，舟也；庶人者，水也。水则载舟，水则覆舟，君以此思危，则危将焉而不至？"（《荀子·哀公》）

虽然儒家各派主张有别，但多认同"水能载舟，亦能覆舟"的质朴道理。因此孟子说："民为贵，社稷次之，君为轻。"（《孟子·尽心下》）荀子也指出："君者，民之原也；原清则流清，原浊则流浊。故有社稷者而不能爱民，不能利民，而求民之亲爱己，不可得也。民不亲不爱，而求为己用，为己死，不可得也。民不为己用，不为己死，而求兵之劲，城之固，不可得也。兵不劲，城不固，而求敌之不至，不可得也。

敌至而求无危削，不灭亡，不可得也。"（《荀子·君道》）

这样的说法不局限于儒家，也为其他诸子所认同，比如《尸子》就指出："天子忘民则灭，诸侯忘民则亡。"先秦诸子的仁政爱民思想甚至直接影响到了中国古代的军事思想。按理说，战争总伴随着冒险和杀戮，但中国古代军事家却把仁政爱民作为军事行为的基本前提。比如先秦大军事家司马穰苴就指出："古者，以仁为本，以义治之之谓正。正不获意则权。权出于战，不出于中人。是故杀人安人，杀之可也；攻其国，爱其民，攻之可也；以战止战，虽战可也。故仁见亲，义见说，智见恃，勇见身，信见信。内得爱焉，所以守也；外得威焉，所以战也。战道：不违时，不历民病，所以爱吾民也；不加丧，不因凶，所以爱夫其民也；冬夏不兴师，所以兼爱其民也。"（《司马法·仁本》）又如吴起指出："昔之图国家者，必先教百姓而亲万民。有四不和：不和于国，不可以出军；不和于军，不可以出陈；不和于陈，不可以进战；不和于战，不可以决胜。是以有道之主，将用其民，先和而造大事。不敢信其私谋，必告于祖庙，启于元龟，参之天时，吉乃后举。民知君之爱其命，惜其死，若此之至，而与之临难，则士以进死为荣，退生为辱矣。"（《吴子·图国》）

古代军事家之所以把仁政爱民作为军事和战争的基本前提，一方面是因为中国传统文化充满人性的光辉，另一方面则是因为中国的社会治理早在先秦时期就已经高度成熟了。早在司马穰苴和吴起时代，衡量一个国家的军事实力强弱已经不再仅仅取决于将领的智谋和士兵的勇敢，而关乎普通群众的基本素质。社会治理越发达的诸侯国，人口就越多，素质也越高，军事实力就越强大。对比之下，欧洲国家直到 19 世纪才开始把人口数量和基本素质作为国家实力强弱的重要组成部分。可见中国的社会治理成熟得非常早。

先秦时期出现的仁政爱民思想一直延续下来，贾谊在《过秦论》中总结秦二世而亡的教训时，就明确得出结论："一夫作难而七庙隳，身死人手，为天下笑者，何也？仁义不施而攻守之势异也。"（《新书·过秦上》）汉代人在总结秦朝灭亡的教训时，没有一概推翻秦朝的大一统制度，而是融合了秦代大一统制度与周代高度理性的天命观，使为政以德与大一统制度充分结合到一起。自汉代以后，仁政爱民就是中华民族最重要的政治伦理，是衡量政治得失的主要标准。

诚然，中国古代两千多年的民本还不能等同于现代意义上的民主，但它不失为宝贵的精神财富，这一精神财富被融入了中国共产党人对于民主政治的理解当中。对于中国共产党人而言，政治民主化就是政治现代化的主要内容，但民主化绝不能简单等同于西方资产阶级的选举游戏，它必须处处体现出以民为本的原则。这是中国共产党人能够取得新民主主义革命胜利的基本前提，也是能够取得社会主义建设巨大成就的基本保障。

中国共产党人"立党为公，执政为民"的理念既是现代民主政治的产物，也是传统民本思想的延续和发展。

如果说殷周之变奠定了中华民族政治理性的基础，那么周秦之变则夯实了中华民族的大一统格局。即便是从周秦之变到近代百年奋斗的两千多年时间里，中华文明也不是停滞僵化的。其中也经历了多次规模稍小的变革，比如魏晋之变、唐宋之变等。

例如，经历了魏晋之变，中国迈入第二个大一统时期，在政治制度上建立了三省六部制、科举制、两税法等。其中三省六部制是当时世界上最完善的行政官僚体制；科举制则是世界上最早的官员考试选拔制度，为平民百姓提供了上升通道；两税法则改变了税收结构，为后来商业社会的繁荣奠定了制度基础。不仅如此，隋唐大一统王朝充分吸收了外来文化的成果，多种宗教兼容并包，文学艺术均达到新的高峰。

毫无疑问，中国两千多年的封建社会也在稳步发展、寻求创新。中国之所以在近代落后于西方，不是因为中国社会停滞，而是因为西方资本主义取得了惊人的爆炸性增长，"资产阶级在它的不到一百年的阶级统治中所创造的生产力，比过去一切世代创造的全部生产力还要多，还要大"①。这才显得中国落后了。

近代中国暂时的落后挨打并没有使中华民族消极沉沦，反而进一步激发出中华民族自身的创新潜能。如果说古代中国的革故鼎新、自我变革都是自发的、不自觉的，那么近代中国的自我变革则是自觉的、有意识的。

---

① ［德］马克思、恩格斯：《共产党宣言》，中共中央马克思恩格斯列宁斯大林著作编译局译，人民出版社 2014 年版，第 32 页。

四 百年奋斗开辟了中华民族的现代化道路

无可否认,世界上没有完美无缺的事物。中华文明是世界上最古老,也是最优秀的文明之一,但无疑也有自身的缺陷和弱点。

中国人民想要摆脱民族危机,就必须对本民族历史传统进行创新改造。在思想意识上打破复古主义的桎梏,确立科学的理论指导;在国家体制上建立强有力的政治组织,把处于社会基层的广大劳动人民组织起来。

洋务运动是中国现代化尝试的开端,但洋务派仍然幻想着在不改变中国古代传统的前提下,仅凭吸收西方的军事和工业技术就能够实现求富求强的目标,这注定要失败。中国进步人士反思和变革自身历史传统的尝试始于戊戌变法,发展于辛亥革命。先是资产阶级维新变法志士曾严厉批判传统经学的复古主义迷信,他们借助"孔子改制"的旗号,提出了历史进步的学说。再是资产阶级革命派提出了"平均地权""节制资本"的初步社会主义设想,如章太炎在《革命道德说》中认为,农民和工人才是中国革命最可依靠的对象。[1]

然而资产阶级改良派和革命派的思想主张和政治实践又是具有明显缺陷的。比如他们虽然努力破除复古主义的束缚,但

---

[1] 章太炎:《革命道德说》,《章太炎全集》第4册,上海人民出版社1985年版,第280—281页。

他们的历史进步观念并没有完全建立在科学的认识基础之上，尤其是他们没有意识到广大劳动人民创造的社会生产力才是历史进步的物质基础。又如他们虽然产生了动员劳动人民的想法，但并没有付诸具体的实践，更没有创立足以组织和领导劳动人民的政治力量。这注定了资产阶级维新变法和暴力革命都只能接受悲惨失败的命运。

人类历史每一次悲惨失败的变革运动都不会全然没有积极的成果，中华民族在 19 世纪和 20 世纪之交的伟大变革尝试为后来的正确道路扫除了障碍。在辛亥革命余波的荡漾下，中国迎来了新文化运动，而新文化运动为五四运动奠定了思想基础。

1917 年，俄国爆发了震惊世界的十月革命，建立了人类历史上第一个社会主义政权。"十月革命一声炮响，给我们送来了马克思列宁主义。十月革命帮助了全世界的也帮助了中国的先进分子，用无产阶级的宇宙观作为观察国家命运的工具，重新考虑自己的问题。"[1] 而在随后爆发的五四运动中，工人阶级第一次登上了中国历史的舞台，"表现中国反帝反封建的资产阶级民主革命已经发展到了一个新阶段"[2]。五四运动以后，社会主义思潮在中国迅速流行起来，中国共产党成立的条件已经具备了。共产党的成立是中国历史上"开天辟地的大事变"[3]，

---

[1] 《毛泽东选集》第四卷，人民出版社 1991 年版，第 1471 页。
[2] 《毛泽东选集》第二卷，人民出版社 1991 年版，第 558 页。
[3] 《毛泽东选集》第四卷，人民出版社 1991 年版，第 1514 页。

"自从有了中国共产党，中国革命的面目就焕然一新了"。①

首先，马克思主义为中国人民带来了唯物史观，将历史进步观念建立在经济基础的变革之上。正是在马克思主义的指导下，中国共产党人扎根社会基层，改造社会基层，使中国最基层的劳动群众组织起来，使他们参与到现代化的伟大进程当中。

其次，马克思主义为中国人民带来了强有力的先锋队政党。如果说科学理论使中国的先进分子自觉地意识到，只有扎根基层，只有将最基层的劳动人民组织起来，才能完成"民族独立，人民解放"的历史任务，那么强有力的先锋队政党就使先进分子获得了发动群众、组织群众的能力。

在新民主主义革命的过程中，中国共产党建立了发达的基层党组织，党支部、村委会、民兵武装委员会、妇女救国会，还有儿童团等，这些基层组织最大限度地组织了群众、动员了群众、武装了群众。例如淮海战役中，华东和中原解放区总共动员了500多万名支前民工，创造了现代战争史上的一大奇迹。这种对于基层群众的动员和组织能力在中国历史上从来没有出现过，在世界历史上也是极为罕见的。

总之，中国革命以人民战争的方式，走"农村包围城市"的道路。"实现民族独立、人民解放，彻底结束了旧中国半殖民地半封建社会的历史，彻底结束了极少数剥削者统治广大劳

①《毛泽东选集》第四卷，人民出版社1991年版，第1357页。

动人民的历史，彻底结束了旧中国一盘散沙的局面，彻底废除了列强强加给中国的不平等条约和帝国主义在中国的一切特权，实现了中国从几千年封建专制政治向人民民主的伟大飞跃，也极大改变了世界政治格局，鼓舞了全世界被压迫民族和被压迫人民争取解放的斗争。"[1]

中华人民共和国成立以后，"党领导人民完成社会主义革命，消灭一切剥削制度，实现了中华民族有史以来最为广泛而深刻的社会变革，实现了一穷二白、人口众多的东方大国大步迈进社会主义社会的伟大飞跃"。1978 年，党召开十一届三中全会，开启了改革开放和社会主义现代化建设新时期。"改革开放和社会主义现代化建设的伟大成就举世瞩目，我国实现了从生产力相对落后的状况到经济总量跃居世界第二的历史性突破，实现了人民生活从温饱不足到总体小康、奔向全面小康的历史性跨越，推进了中华民族从站起来到富起来的伟大飞跃。"[2]

第五节　创新性是"第二个结合"的基本要素

2021 年，中国共产党迎来了百年诞辰，中华人民共和国成

---

[1]《中共中央关于党的百年奋斗重大成就和历史经验的决议》，人民出版社 2021 年版，第 8 页。

[2]《中共中央关于党的百年奋斗重大成就和历史经验的决议》，人民出版社 2021 年版，第 14、22 页。

立已有 72 年，改革开放也走过了 43 年。在社会主义建设的过程中，中国人民积累了大量的经验教训亟待总结。这一年的 11 月 11 日，中国共产党第十九届中央委员会第六次全体会议审议并通过了《中共中央关于党的百年奋斗重大成就和历史经验的决议》。这份历史决议指出："习近平新时代中国特色社会主义思想是当代中国马克思主义、二十一世纪马克思主义，是中华文化和中国精神的时代精华，实现了马克思主义中国化新的飞跃。"①

习近平总书记明确指出："在五千多年中华文明深厚基础上开辟和发展中国特色社会主义，把马克思主义基本原理同中国具体实际、同中华优秀传统文化相结合是必由之路。这是我们在探索中国特色社会主义道路中得出的规律性认识。"② 老一辈中国共产党人提出了"把马克思主义基本原理同中国具体实际相结合"，如今以习近平同志为主要代表的中国共产党人在此基础上特别提出了"第二个结合"。对此，习近平总书记强调：

如果没有中华五千年文明，哪里有什么中国特色？如果不是中国特色，哪有我们今天这么成功的中国特色社会

---

① 《中共中央关于党的百年奋斗重大成就和历史经验的决议》，人民出版社2021年版，第26页。

② 习近平：《在文化传承发展座谈会上的讲话》，人民出版社2023年版，第5页。

主义道路？只有立足波澜壮阔的中华五千多年文明史，才能真正理解中国道路的历史必然、文化内涵与独特优势。①

近代中国进步分子在接受和传播马克思主义的时候不是一块白板，而是带花纹的大理石，他们是在既有文化传统的背景下理解和学习马克思主义的。因此完全有理由说，当马克思主义来到中国，当中国共产党人实践马克思主义时，就已经开始了同中华优秀传统文化相结合的经验探索。

1938年党的六届六中全会首次提出马克思主义中国化，这使得马克思主义与中国具体实际相结合从自发走向了自觉，然而"第二个结合"在接下来的很长一段时间内，仍然是自发的或不自觉的。党的二十大报告正式把"马克思主义基本原理同中华优秀传统文化相结合"写入党章，标志着"第二个结合"从自发走向了自觉。

怎么理解和推进"第二个结合"？习近平总书记指出："'结合'不是硬凑在一起的。马克思主义和中华优秀传统文化来源不同，但彼此存在高度的契合性……'结合'不是'拼盘'，不是简单的'物理反应'，而是深刻的'化学反应'，造就了一个有机统一的新的文化生命体。"②"第二个结合"最能

①　习近平：《在文化传承发展座谈会上的讲话》，人民出版社2023年版，第5页。
②　习近平：《在文化传承发展座谈会上的讲话》，人民出版社2023年版，第5—6页。

体现中华文明的创新性，准确理解"第二个结合"最需要从创新性入手。

首先，中华文明具有突出的创新性，马克思主义具有与时俱进的理论品格，这是两者最能彼此契合的地方。其次，中华文明需要马克思主义的激活，才能实现生命更新，才能走上现代化的道路，中华文明也充实了马克思主义的文化生命。

一 马克思主义真理之光激活了中华文明的基因

中国共产党人在马克思主义理论的指导下，创新了中华传统文化，对中华传统文化去芜存菁，刷垢磨光，使中华传统文化适应于现代化的发展道路。其主要包含以下两点。

第一，马克思主义是区分传统文化中精华和糟粕的准绳。

中华传统文化总是先进与落后共存、精华与糟粕共存。清末学者宋恕曾反问道，"茫茫世界，既尚未有纯乐无苦之社会，自尚未有纯粹无糠之社会，学者方寸中，固不可不悬国粹之一名词，然岂可不兼悬国粹之反对之国糠之一名词欤？"① 有"国粹"就有"国糠"，中华文化绝不可能只有"粹"而无"糠"。正如毛泽东同志所说："清理古代文化的发展过程，剔除其封建性的糟粕，吸收其民主性的精华，是发展民族新文化提高民

---

① （清）宋恕：《国粹论》，胡珠生编《宋恕集》上册，中华书局1993年版，第458页。

族自信心的必要条件；但是决不能无批判地兼收并蓄。"① 什么是精华，什么是糟粕？怎么准确分辨精华与糟粕？答案就在马克思主义。

毫无疑问，只有马克思主义才能让社会主义脱离空想而成为科学，也只有马克思主义才能使中华传统的大同思想真正作为中华传统文化的精华得到继承和发展。中华优秀传统文化与马克思主义基本原理的相互契合是马克思主义中国化的原因，相互成就则是马克思主义中国化的结果。

第二，马克思主义中国化时代化的进程推动了中华文明的现代转型，创造了具有中华文化生命的当代中国马克思主义。

古代中华文明发展到明清时期，越来越进入瓶颈，逐渐被爆炸性发展的欧洲资本主义社会甩在了身后。阻碍中华文明进一步发展的因素有很多，其中两个层面引人注目。在思想文化层面，中国传统经学迷信上古时代，总抱有复古主义的幻想。在国家体制层面，古代中国"官无封建而吏有封建"。相比较其他古代文明，这些问题当然没有明显地暴露出来，但相比较近代资本主义社会，这些问题造成的障碍就十分明显了。

正是马克思主义为中国人民带来了唯物史观，彻底打破了传统经学的复古主义迷信。今天的绝大多数学者再怎么研究经学思想，再怎么推崇儒家学说，都不会再迷信上古三代，都不

---

① 《毛泽东选集》第二卷，人民出版社 1991 年版，第 707—708 页。

会再抱有复古主义的幻想。相反，他们会更重视儒家学说背后的人民性，会强调儒家学说不只是个别圣人的发明创造，更是以古代劳动人民的生产实践为基础的。

更重要的是，马克思主义给中国带来了强有力的政治组织方式，经由马克思主义组织起来的中国共产党人改变了旧中国一盘散沙的局面，真正使中国人民组织了起来。

孙中山先生曾深刻地指出中华传统伦理之病，"中国的人只有家族和宗族的团体，没有民族的精神，所以虽有四万万人结合成一个中国，实在是一片散沙，弄到今日，是世界上最贫弱的国家，处国际中最低下的地位。人为刀俎，我为鱼肉，我们的地位在此时最为危险"。① 陈独秀也说："新文化运动倘然不能发挥公共心，不能组织团体的活动，不能造成新集合力，终久是一场失败，或是效力极小。中国人所以缺乏公共心，全是因为家族主义太发达的缘故。"② 梁漱溟亦称："缺乏集团乃是中国最根本的特征；中国一切事情莫不可溯源于此。"③

只有中国共产党人真正把中国人民组织了起来，使其发挥出巨大的创造力。中华人民共和国成立以后，梁漱溟称赞道："集团生活在数千年来我们中国人一直是缺乏的；而今天中国

---

① 《孙中山全集》第九卷，中华书局1986年版，第188—189页。

② 《陈独秀文章选编》上册，生活·读书·新知三联书店1984年版，第516页。

③ 《梁漱溟全集》第3卷，山东人民出版社2005年版，第331页。

共产党在其团体组织上颇见成功，几乎可说是前所未有。"① 梁漱溟看到了马克思主义具有打破封建关系，组织中国人民的伟大力量。在中国共产党的领导下，组织起来的中国人民扫荡了封建生产关系、砸碎了反动会道门势力，移风易俗，普及教育，使中华优秀传统文化走上了现代化发展的道路。

二　中华优秀传统文化充实了马克思主义的文化生命

中国共产党人在通过马克思主义基本原理发展中华优秀传统文化的同时，也立足中国实际情况，立足中华优秀传统文化，创新发展了马克思主义，使马克思主义具备了更广阔的理论视野。其主要包括以下两个方面。

首先，马克思主义诞生于欧洲工人运动，中国共产党使马克思主义具备了广大殖民地半殖民地解放运动的理论视野。

十月革命打破了对于社会主义只能率先出现在西方发达资本主义国家的教条主义理解，建立在帝国主义的薄弱链条上的第一个巩固的社会主义政权。但是俄国革命走的是城市中心道路，俄国共产党人认为只有在深受国际资本主义影响的大中城市才有足够的无产阶级力量，才能够取得革命的成功。

中国革命则创造性地开辟了"农村包围城市"，并建立广泛统一战线的道路。中国革命的成功不仅是中国人民的伟大胜

① 《梁漱溟全集》第 3 卷，山东人民出版社 2005 年版，第 339 页。

利,更是广大亚非拉殖民地半殖民地的伟大胜利。中国共产党人的创新实践使马克思主义摆脱了过去的教条,使原本诞生于欧洲工人运动的马克思主义发展为指导殖民地半殖民地解放运动的科学理论。

其次,马克思主义诞生于革命战争年代,中国共产党人使马克思主义适应于和平与发展的时代主题,使马克思主义具备广大发展中国家现代化建设的理论视野。

中国共产党人在和平与发展的时代主题下,提出了中国特色社会主义理论体系。邓小平同志在南方谈话中精辟地指出,社会主义的本质就是解放生产力,发展生产力,消灭剥削,消除两极分化,最终达到共同富裕。因此衡量社会主义建设成功与否的标准在于"三个是否有利于",即是否有利于发展社会主义社会的生产力,是否有利于增强社会主义国家的综合国力,是否有利于提高人民群众的生活水平。以邓小平同志为主要代表的中国共产党人创立了邓小平理论,是对马克思主义的一次重大创新发展,创造性地解答了"什么是社会主义""怎么样建设和发展社会主义"的问题。

在邓小平理论的基础之上,以江泽民同志为主要代表的中国共产党人提出"三个代表"重要思想,即中国共产党始终代表中国先进生产力的发展要求、始终代表中国先进文化的前进方向、始终代表中国最广大人民的根本利益,解答了"建设什么样的党和怎样建设党"的理论问题。以胡锦涛同志为主要代表的中国共产党人提出"科学发展观",即坚持以人为本,树立全面、协调、可持续的发展观，促进经济社会和人的全面发展，解答了"为什么发展和怎样发展得更好"的问题。

在邓小平理论、"三个代表"重要思想和科学发展观的指导下，中国共产党人进一步发展了马克思主义理论，进一步推动了马克思主义中国化时代化的进程。在东欧剧变、苏联解体、国际共产主义运动处于低谷的时期，中国的社会主义建设却能"风景这边独好"，取得了一个又一个举世瞩目的社会主义建设成就，使马克思主义具备了广大发展中国家现代化建设的理论视野。

党的十八大以来，以习近平同志为主要代表的中国共产党人，坚持把马克思主义基本原理同中国具体实际相结合、同中华优秀传统文化相结合，科学地回答了"新时代坚持和发展什么样的中国特色社会主义""怎样坚持和发展中国特色社会主义"等重大时代课题，创立了习近平新时代中国特色社会主义思想。习近平新时代中国特色社会主义思想是当代中国马克思主义、二十一世纪马克思主义，是中华文化和中国精神的时代精华，实现了马克思主义中国化时代化新的飞跃。

诚然，中国共产党不是从诞生的那一天起就是成熟的、不可战胜的，中国共产党人正是在一次一次的艰难挫折面前跌倒爬起，总结经验教训，一步一个脚印地走上了成熟的道路，走上了不可战胜的道路。中国共产党的成长本身就是不断创新的过程。"中国共产党既是马克思主义的坚定信仰者和践行者，又是中华优秀传统文化的忠实继承者和弘扬者。"① 中华文明具有突出的创新性,马克思主义具有与时俱进的理论品质,中国共产党身上汇集了中华文明和马克思主义共同的创新性特征,中国共产党人的理论和实践成果既是对中华文明的创新,也是对马克思主义的创新。

习近平总书记指出:"'第二个结合'让马克思主义成为中国的,中华优秀传统文化成为现代的,让经由'结合'而形成的新文化成为中国式现代化的文化形态。"② 马克思主义基本原理与中华优秀传统文化同样具有鲜明的创新特性,两者的创新内容又具有高度的互补性,在互补的过程中各自完善对方,各自发展对方,使对方适应于时代发展的需要。马克思主义基本原理和中华优秀传统文化正是在守正创新的过程当中紧密交融在一起,成为新的文化生命体,成为中国式现代化的文化形态。"第二个结合"的根本在于党,只有在党领导的中国式现代化道路上,马克思主义基本原理与中华优秀传统文化才能真正结合在一起,两者结合的最主要成果就是中华民族的现代文明。

习近平总书记指出:"中华文明的连续性,从根本上决定了中华民族必然走自己的路。"③ 中华文明的创新性则从根本上

---

① 习近平:《在文化传承发展座谈会上的讲话》,人民出版社 2023 年版,第 6 页。

② 习近平:《在文化传承发展座谈会上的讲话》,人民出版社 2023 年版,第 6 页。

③ 习近平:《在文化传承发展座谈会上的讲话》,人民出版社 2023 年版,第 2 页。

决定了中华民族走的是一条发展的道路，正如习近平总书记在讲话总结处所说："对历史最好的继承就是创造新的历史，对人类文明最大的礼敬就是创造人类文明新形态。"①

中华民族数千年来的奋斗历史不只是对过去的继承，更是在继承基础上的创新发展，中国共产党的创新实践正是这条民族发展道路上最集中、最鲜明的体现。中华文明的创新性孕育了中国共产党的创新实践，中国共产党的创新实践则进一步发展深化了中华文明的创新性。中国共产党从来都不追求简单地重复中华民族的过往经验，而是追求把中华民族带上新的高度，创造中华民族现代文明，这是共产党人在现阶段对于历史的庄严承诺！

---

① 习近平：《在文化传承发展座谈会上的讲话》，人民出版社 2023 年版，第 12 页。

第三章
天下为公：中华文明统一性的政治原理

习近平总书记在文化传承发展座谈会上指出：

中华文明具有突出的统一性。中华文明长期的大一统传统，形成了多元一体、团结集中的统一性。"向内凝聚"的统一性追求，是文明连续的前提，也是文明连续的结果。团结统一是福，分裂动荡是祸，是中国人用血的代价换来的宝贵经验教训。中华文明的统一性，从根本上决定了中华民族各民族文化融为一体、即使遭遇重大挫折也牢固凝聚，决定了国土不可分、国家不可乱、民族不可散、文明不可断的共同信念，决定了国家统一永远是中国核心利益的核心，决定了一个坚强统一的国家是各族人民的命运所系。[①]

[①] 习近平：《在文化传承发展座谈会上的讲话》，人民出版社2023年版，第3—4页。

在 5000 多年中华民族的历史上，中华文明逐渐形成六合同风、九州共贯、多元一体的大一统政治格局。大一统的政治组织模式与中华民族天下一家的政治理想相结合，维系了 5000 多年中华文明的稳定性和连续性，并深深嵌入中国人的文化心理结构和集体认同意识，最终孕育了中国特色社会主义政治文明，构成中国式现代化的政治基盘。

大一统政治传统得以生生不息并开创出新中国政治文明的奥秘何在？这需要从内在原理的层面进行历史与哲学的综合探索。要考察分析大一统政治的内在原理，还需要更深一层考察其背后的制度精神。因为中华文明统一性的概念其实并不完全等同于大一统政治，虽然后者是前者的主要面貌，但前者的涵盖面更深广，至少还包括精神世界的凝聚统一之特征。精神世界的统一性不可忽视，因为它正构成了大一统政治形态能够分久必合、历久弥新的精神动力根基。大一统政治背后的精神根基的意涵自然极其丰富，它可以涵盖心理认同、经史传统、哲学思辨等层面，涉及家国、仁体、德政、正统、天命、民本等价值理念。而这些精神理念都有一个最底层的观念基础，即"公天下"之精神，它构成了中华文明大一统政治的制度精神。

以下分为两大部分，对此予以阐明。第一部分主要着眼于中华文明的大一统政治框架，阐释中国式现代化道路背后的政治文明根基；在论述中华大一统文明的起源、演变的基础上讲清楚大一统的政治原理及其现代转化，力图呈现中国共产党是如何用马克思主义原理克服传统大一统政治的内在弊端，在批判性继承大一统政治文明的基础上发展出其文明新形态的。第二部分进一步深入考察中华文明大一统政治及其原理背后的制度精神，即源远流长的"公天下"理念；在展现这个古老理念的丰富内涵、发展演变的基础上，进一步考察这一理念是如何通过"两个结合"而在新中国政治文明中得以彻底解放和焕发新生的。由此就从政治形态与制度精神，即大一统与公天下两个方面，展现了中华文明统一性的内在原理及其古今之变。

第一节 大一统：中华文明统一性的政治原理及其现代转化

中华文明大一统政治之所以能够日新其德而生生不息，在于其所蕴含的两条主要政治原理：第一，大一统要求确立唯一的最高政治权力，以保障天下之生生化育为职责而统摄经济、社会、军事等各方面事业；第二，大一统最高政治权力应当与天下民众建立"一体之仁"的政治纽带，以维系天下的向心力。这两条原理在不同历史时期有不同的表现形式，但在中国古代，两者之间存在深层矛盾，由此导致"历史周期率"难题。中国共产党带领中国人民建立中华人民共和国，之所以能够实现大一统国家的旧邦新命，将大一统推向完满的文明新形态，是因为她能够在继承大一统框架及其内在原理的基础上，自觉运用马克思主义基本原理化解大一统政治原理的深层矛盾，从而彻底解放其中"人民至上"的"公天下"理念。

一 大一统起源与中国规模的形成

人们习惯将秦汉之后统一的、幅员辽阔的郡县制国家形态称为"大一统"。在这个表述里，"大"是形容词，形容国家疆域的辽阔。如此算，则中国大一统的历史有两千多年之久。不过，细检"大一统"一语的原出处《春秋公羊传》的相关论述，会看到"大一统"最初并非用于描述郡县制国家体制，而是描述先秦的分封制甚至更早的部落联盟政治格局；而且一开始也不是指政治空间上的同一，而首先是指时间上或历法上的统一。《春秋·隐公元年》：

经：元年，春，王正月。

《公羊传》：元年者何？君之始年也。春者何？岁之始也。王者孰谓？谓文王也。曷为先言王而后言正月？王正月也。何言乎王正月？大一统也。

何休注：以上系于王，知王者受命，布政施教所制月也。王者受命，必徙居处，改正朔，易服色，殊徽号，变牺牲，异器械，明受之于天，不受之于人。夏以斗建寅之月为正，平旦为朔，法物见，色尚黑；殷以斗建丑之月为正，鸡鸣为朔，法物牙，色尚白；周以斗建子之月为正，夜半为朔，法物萌，色尚赤。……统者，始也，总系之辞。夫王者，始受命改制，布政施教于天下，自公侯至于庶人，自山川至于草木昆虫，莫不一一系于正月，故云政教之始。

徐彦疏：所以书正月者，王者受命制正月以统天下，令万物无不——皆奉之以为始，故言大一统也。①

《公羊传》解释"王正月"云："何言乎王正月？大一统也。"这里的"大"不是形容词，而是动词，即"推崇"之义。"大一统"即"推崇一统"之意。而这里的"一统"根据上下文语境以及注疏来看，乃是就"王正月"而言的。"王"谓周天子。"正月"是历法所设置的一年之首月。"王正月"意谓鲁国在历法首月设置上与周天子保持一致，即以子月（夏历十一月）为正月②，此即"一统"。"统"本义指丝线的开端③，在这里指首月。"大一统"强调的是鲁国历法要与周天子保持一致。那么，"一统"背后的框架就是先秦"天子—诸侯"的分封制格局。归根结底，《春秋》"大一统"背后的政治意味是"尊王"，即诸侯要服从和维护天子的最高权威。这种"尊王"主要表现为天子与诸侯在历法上首月设定的统一。因而，从上述《春秋》"大一统"的古老意涵看，"大一统"同样适用于描述秦汉郡县制国家之前的政治形态。只要相对独立的诸侯能

---

① （汉）公羊寿传，（汉）何休解诂，（唐）徐彦疏：《春秋公羊传注疏》卷第一《隐公元年》，北京大学出版社1999年版，第5—10页。

② 夏代以寅月（夏历一月）为正月，殷代以丑月（夏历十二月）为正月，与周代以子月（夏历十一月）为正月，合称"三正"。

③ 《说文解字》云："统，纪也。"又云："纪，别丝也。"

尊王，奉从天子历朔，这便是《春秋》所赞扬推崇的"大一统"。那么，大一统的历史可以再上溯多远呢？

回到中华文明的自我叙事内部来看，孔子删述六经，整理《尚书》时，"独载尧以来"（《史记·五帝本纪》）之唐虞三代文献，此事颇有深意。而《尚书》第一篇《尧典》开篇即讲"尧制历"一事，又颇具意味。在老一辈史学家金景芳看来，《尚书·尧典》所载尧命羲和二氏"历象日月星辰，敬授人时"一事在中华文明史上意义非凡，因为它通过研究历数而开创出一个物质性的"天"，并成为超越祖先神、社稷神之上的政治信仰对象；进而开创出超越血缘乃至地域性部落联盟之上的早期国家雏形，并产生相应的政治领袖，也就是"天下"与"天子"，两者都是由"天"这一核心理念衍生出来的。[1] 由此来看，"尧制历"在中华文明史上具有划时代意义。大一统的雏形可以追溯到《尚书》开篇《尧典》制历之事，而这比秦朝统一六国要再早约两千年。

据《尚书·尧典》：

乃命羲和，钦若昊天，历象日月星辰，敬授人时。

分命羲仲，宅嵎夷，曰旸谷。寅宾出日，平秩东作。

日中星鸟，以殷仲春。厥民析，鸟兽孳尾。申命羲叔，宅

---

[1] 参见金景芳《中国古代思想的渊源》，《社会科学战线》1981 年第 4 期；《论中国传统文化》，《中国文化》1995 年第 1 期。

南交。平秩南讹，敬致。日永星火，以正仲夏。厥民因，鸟兽希革。分命和仲，宅西，曰昧谷。寅饯纳日，平秩西成。宵中星虚，以殷仲秋。厥民夷，鸟兽毛毯。申命和叔，宅朔方，曰幽都。平在朔易。日短星昴，以正仲冬。厥民隩，鸟兽氄毛。

帝曰："咨！汝羲暨和。期三百有六旬有六日，以闰月定四时成岁。允厘百工，庶绩咸熙。"

上述文字章法和结构极为严谨，以"钦若昊天，历象日月星辰，敬授人时"统摄下文义和四子分赴四方的治历授时工作。其中，"历象日月星辰"的"日"对应"寅宾出日""敬致""寅饯纳日""期三百有六旬有六日"；"月"对应"以闰月定四时成岁"；"星辰"对应"日中星鸟""日永星火""宵中星虚""日短星昴"。这是一套阴阳合历系统。具体而言，这套阴阳合历系统的运行过程，大致分三大部分。首先，通过土圭测影（"敬致"）测定当年冬至。其次，以回归年长度（"三百有六旬有六日"）除以全年节气数，得出每个节气间距，由此初步以冬至为基点，推算出来年其余节气，以此指导春夏秋三季农业事务有序进行（"平秩东作""平秩南讹""平秩西成"）；但由于早期历数疏阔，须对推算结果不断校正，故又用土圭测影进一步校正春分、夏至、秋分点（"寅宾出日""敬致""寅饯纳日"），并参验诸四仲中星与四时物候（"厥民析，鸟兽孳尾""厥民因，鸟兽希革""厥民夷，鸟兽毛毯""厥民隩，鸟兽氄毛"）。最后，为使每年的节气与月份匹配运行而不紊乱，需观察岁末斗柄方位（"平在朔易"），以判断年底是否需要置闰（"以闰月定四时成岁"）。①

可见，尧领导羲和四子的制历工作，其主要内容是通过观测太阳回归年、朔望月长度、分至节气点、四仲中星、北极斗柄等天体运行规律，从而制定出一套较为原始的阴阳合历系统（"历象日月星辰"），并将每年观象测算所得的节气信息颁与四方部落首领及其治下的民众（"敬授人时"）。无疑，从科技发展史的角度看，尧时代的观象授时活动确实称得上是当时人类科技认知的巨大飞跃。

然而"尧制历"的意义不只在科技史，其政治意义还有待发掘。实际上，"尧制历"包含了早期中国古人将先进技术运用于治国理政的政治智慧。在当时，这是一件事关华夏人民饭碗的生存大事。早期中国主要农作物是黍、稷、粟等，都是高度依赖天时的旱作物。② 因此，节气信息的及时掌握对于农人来说至关重要。每年要收成，农人需紧盯节气开展耕种，即如《左传·昭公三十二年》谓："闵闵焉如农夫之望岁，惧以待时。"而要预测天时，绝非凭民众肉眼观星可以做到，而是需要统治者组织最先进的技术力量攻坚才有可能。

---

① 参见金景芳、吕绍纲《〈尚书·虞夏书〉新解》，辽宁古籍出版社1996年版，第21—70页。

② 参见何炳棣《黄土与中国农业的起源》，香港：香港中文大学出版社1969年版，第107—176页。

考虑到当时"黎民阻饥"（《尚书·舜典》），事关生存，因此不难想见，一套准确预测农时的技术的出现，对于当时华夏各个部落民众的生产生活而言，无疑具有重大意义。正是由于这个技术的出现，当时华夏部落开始选择与掌握历法技术的尧部落合作。

历史唯物主义认为，经济基础决定上层建筑，"随着经济基础的变更，全部庞大的上层建筑也或慢或快地发生变革"[①]。制历技术所推动的华夏经济进步，必然推动当时的政治交往形式的变革。紧扣这一点，就能理解为何不将大一统的源头再往上追溯到传说中的黄帝那里。《史记·五帝本纪》如此描绘黄帝之治：

> 黄帝者，少典之子，姓公孙，名曰轩辕。生而神灵，弱而能言，幼而徇齐，长而敦敏，成而聪明。轩辕之时，神农氏世衰。诸侯相侵伐，暴虐百姓，而神农氏弗能征。于是轩辕乃习用干戈，以征不享，诸侯咸来宾从。而蚩尤最为暴，莫能伐。炎帝欲侵陵诸侯，诸侯咸归轩辕。轩辕乃修德振兵，治五气，艺五种，抚万民，度四方，教熊罴貔貅䝙虎，以与炎帝战于阪泉之野。三战然后得其志。蚩尤作乱，不用帝命。于是黄帝乃征师诸侯，与蚩尤战于涿鹿之野，遂禽杀蚩尤。而诸侯咸尊轩辕为天子，代神农

---

① 《马克思恩格斯全集》第31卷，人民出版社1998年版，第413页。

氏，是为黄帝。天下有不顺者，黄帝从而征之，平者去之，披山通道，未尝宁居。东至于海，登丸山，及岱宗。西至于空桐，登鸡头。南至于江，登熊、湘。北逐荤粥，合符釜山，而邑于涿鹿之阿。迁徙往来无常处，以师兵为营卫。官名皆以云命，为云师。置左右大监，监于万国。万国和，而鬼神山川封禅与为多焉。获宝鼎，迎日推策。举风后、力牧、常先、大鸿以治民。顺天地之纪，幽明之占，死生之说，存亡之难。时播百谷草木，淳化鸟兽虫蛾，旁罗日月星辰，水波土石金玉，劳勤心力耳目，节用水火材物。有土德之瑞，故号黄帝。

可见，在"尧制历"之前，尽管有像黄帝这样的部落领袖试图统一华夏，但当时四方部落一直叛离黄帝，使得黄帝"未尝宁居"，终生"迁徙往来无常处"。这是因为，黄帝及其后继者彼时尚未找出能够有效凝聚各个部落的经济协作框架。但其实我们也发现，黄帝并非没有进行制历的努力，如所谓"迎日推策"。但一方面，这种"迎日推策"只是一种早期探索，尚未达到后来尧舜"历象日月星辰，敬授人时"那种成熟而又可以推广至全国的技术；另一方面，尧舜以前的时代，在历法上更多采用的是原始粗疏的火历，即以周正六月大火（心宿二）昏见为岁首，且只能确定一年两季，远不足以指导农耕，更远不足以产生规律化的"天"的概念，从而催生历政的实践。① 因此，尧时代观象授时技术的出现，既具有划时代的科技史意义，也具有开天辟地式的政治文明的意义。此后，人们为了适应新的生产力，就需要扩大交往和联系，因而不稳定的部落敌对状态才开始有质的改变。这就是马克思、恩格斯所说的道理："为了不致失掉文明的果实，人们在他们的交往［commerce］方式不再适合于既得的生产力时，就不得不改变他们继承下来的一切社会形式。"② 观象授时符合华夏各部落的利益，因而它使得尧部落得以有效建立与华夏各部落互惠互利的政治框架，从而走出部落间的敌对状态，即《国语·周语中》称道的，历法技术是"先王所以不用财贿，而广施德于天下者"。

由此，在通过观象授时带领华夏部落走出困境的过程中，尧确立了其领导华夏的最高权威，成为"天子"，即《大戴礼记·虞戴德》所谓"天子告朔于诸侯，率天道而敬行之，以示威于天下"。由此也能理解，为何当时华夏部落会将最大的政治空间称为"天下"而非"大地"，是因为这个政治空间正是在尧部落解读天象信息而授时于四方部落的政治合作中形成的。而当华夏部落凝聚在尧部落的领导下而形成"天下"时，华夏便开始具有"中国规模"了。中国的产生，其实是来自一个对"中国规模"问题的政治解决。据此，文明意义上的"中

① 参见庞朴《"火历"初探》，《社会科学战线》1978 年第 4 期；金景芳《中国古代思想的渊源》，《社会科学战线》1981 年第 4 期。

② 《马克思恩格斯全集》第 47 卷，人民出版社 2004 年版，第 441 页。

国"的真正出现，有赖于华夏族群之间形成能够长效合作、互惠互利的政治框架。这一政治合作框架最早就是从"尧制历"中形成的。尧部落将每年所得农时授予四方部落及其民众，各部落接受其历法指导，就要奉作为天子的尧的"正朔"，这就是《春秋公羊传》"大一统"说可追溯的最早政治实践，它显示出古代中国人治国理政智慧的早熟发达。

这种以历术合作为文明进步动力的早期"大一统"政治框架，使得华夏先民进入了更精细的农耕生活模式，整体的生产和生活水平都得到了很大提高。因此，"尧制历"作为一项早期中国的科技活动，实际上发挥了恩格斯所说的"伟大的历史杠杆"[①] 的作用，推动了当时政治、经济、社会的深刻变革。相比于松散且敌对的部落状态以及"黎民阻饥"的情况，"大一统"在当时无疑是进步的，是最符合华夏民族根本利益的政治架构，它是人类历史上一项伟大的政治发明。国家的功能往往要服务它的社会经济基础。恩格斯说："政治统治到处都是以执行某种社会职能为基础，而且政治统治只有在它执行了它的这种社会职能时才能持续下去。"[②] 从这一观点看，"天子"与"天下"这一政治架构的存在，必然是以保育仰赖农时而生的农耕社会为天命职责的，这是它存在的终极合法性。天子履行好其天命职责，便能成就《礼记·中庸》里"赞天地之化

---

① 《马克思恩格斯全集》第 25 卷，人民出版社 2001 年版，第 592 页。
② 《马克思恩格斯全集》第 26 卷，人民出版社 2014 年版，第 188 页。

育""洋洋乎发育万物"而"与天地参"的理想之治。可见，中华大一统在开创之初就包含了维护华夏民族根本利益的政治使命，蕴藏着深邃的民本价值。

当然，尧舜乃至三代大一统的中国规模的形成，并非只是依赖制历技术展开的政治合作。此外，至少还有其他几个物质条件作为基础。比如《尚书·禹贡》所载大禹的"别九州，随山浚川，任土作贡"，"敷土，随山刊木，奠高山大川"，从而达致"九州攸同，四隩既宅，九山刊旅，九川涤源，九泽既陂，四海会同""东渐于海，西被于流沙，朔南暨声教，讫于四海"的影响深远的伟大成就，推动了华夏各部族之间交通要道的初步形成。又如大禹治水推动了早期中央集权国家的形成，象形文字的推广促进了更大范围族群的精神文化交流，从而构成精神世界大一统的符号基础，等等。总之，制历与朔政的制度框架、九州水陆交通的开拓，以及象形文字的推广等，共同推动了尧舜时代大一统政治规模的形成。这是中华大一统在文明史意义上的真正源头。

二　大一统的政治原理及其发展演变

尧舜之后的夏商周三代，虽然具体政治形态从部落联盟逐渐变为封建诸侯体系，但总体上仍延续了尧以来的大一统模式，即诸侯尊王，奉天子历朔，由此授时于民，惠及天下民众。其制度定型，即《周礼·春官宗伯》所载："正岁年以序事，颁之于官府及都鄙，颁告朔于邦国。"不过到了春秋晚期，天子权威旁落，告朔制度式微。《论语·八佾》载：

> 子贡欲去告朔之饩羊。子曰："赐也，尔爱其羊，我爱其礼。"

朱熹注云：

> 告朔之礼：古者天子常以季冬，颁来岁十二月之朔于诸侯，诸侯受而藏之祖庙。月朔，则以特羊告庙，请而行之。饩，生牲也。鲁自文公始不视朔，而有司犹供此羊，故子贡欲去之。……子贡盖惜其无实而妄费。然礼虽废，羊存，犹得以识之而可复焉。若并去其羊，则此礼遂亡矣，孔子所以惜之。[1]

由此来看，春秋晚期，告朔之礼仅存"饩羊"之具文，代表天子政治权威核心的历政制度已经名存实亡，不受诸侯尊奉了。而在战国之后，虽然历法技术在历代都是一块牵涉王朝合法性论述的知识禁地[2]，但相比于唐虞三代历政时期，历术明显在国家实际统治术中的地位有所下降，并且更多地演变为一套象征国家合法性的符号系统。那么问题就在于，春秋晚期历

---

① （宋）朱熹：《四书章句集注》，中华书局1983年版，第66页。
② 参见陈美东《中国古代天文学思想》，中国科学技术出版社2007年版，第23—28页。

政崩溃之后，为何大一统没有断绝，反而在战国秦汉之际孕育出新的形态——郡县制国家，并成为往后中国历史的主流？

历史的变化发展必然有其客观规律。问题的解答，需要透过复杂纷繁的历史现象，把握到其内在的本质和规律。换言之，需要对中华大一统文明的深层原理及其历史演变有更深入的把握，才能解释大一统政治何以能在中国历史上变化形态、生生不息。

尧舜开创的大一统政治架构之所以没有在战国断绝，而是在秦汉衍生出新的形态，关键就在于其内核性的政治原理在秦汉之后得到了进一步的辩证发展，并适应了秦汉之后社会的整体经济发展水平。孟子"定于一"（《孟子·梁惠王上》）的政治理想或许仍然是诸侯尊王的封建模式，但它可与战国的郡县化、户籍化、帝制化的历史运动结合，并为秦汉新的郡县大一统模式造势。因此仍要先从尧舜以来三代的大一统政治原理看起。

首先，唐虞三代大一统政治架构要求确保有一位唯一的天子，作为最高政治权力指导华夏授时工作，并且牢牢掌控制历技术。羲和制定的阴阳合历系统并不像战国以后的四分历术那样，可以用历表或公式推算上千百年的朔闰。观象授时技术只能通过不断观测天象并掌握置闰规律，来预测来年的节气和朔闰。[1] 天子授时于诸侯及民众，并非授予历术知识，而是颁布

---

① 参见张汝舟《二毋室古代天文历法论丛》，浙江古籍出版社 1987 年版，第 556—558 页。

来年的具体农时信息以指导来年的农事。制历技术只掌握在天子手里，所以尧禅位于舜时说"天之历数在尔躬"（《论语·尧曰》）。这在客观上是必要的。因为观象授时作为一项普惠民生的大工程，在当时是需要集中人力、物力、智力才能做到的，没有最高政治权力的保障，根本无法完成；而历术知识的流失，必然会反过来导致天子权威的旁落。《史记·历书》所说"幽厉之后，周室微，陪臣执政，史不记时，君不告朔，故畴人子弟分散。或在诸夏，或在夷狄，是以其机祥废而不统"，反映的就是这个问题。而《史记·天官书》提到："昔之传天数者：高辛之前，重黎；于唐虞，羲和；有夏，昆吾；殷商，巫咸；周室，史佚、苌弘；于宋，子韦；郑则裨灶；在齐，甘公；楚，唐眛；赵，尹皋；魏，石申。"这也反映出，在夏商周的黄金时代，负责制历工作的氏族都是由天子牢牢掌控的，也就是"高辛之前，重黎；于唐虞，羲和；有夏，昆吾；殷商，巫咸"所反映的直线传承形态；而"周室，史佚、苌弘；于宋，子韦；郑则裨灶；在齐，甘公；楚，唐眛；赵，尹皋；魏，石申"则反映出东周以降由于天子失去对历官群体的控制，历官向诸侯国迁徙，那么与之相伴的便是诸侯僭越的春秋争霸时代。

其次，作为最高政治权力，天子应勤施德于四方诸侯，以维系天下的向心力。唐虞三代的历政式大一统模式不像秦汉的郡县大一统那样，能通过成熟的行政制度和文官系统驾驭辽阔疆域。唐虞三代天子能直接掌控的王畿只有百里，因而更需以

"柔远能迩"（《诗经·民劳》）的方式来保持中国规模的稳定。虽然观象授时本身也是一种施德，但此外很重要的一项，是通过定期的巡守、朝觐制度来维系诸侯对天子的亲附，即《尚书·舜典》所载舜登极之后，所展开的政治活动：

> 在璇玑玉衡，以齐七政。肆类于上帝，禋于六宗，望于山川，遍于群神。辑五瑞。既月乃日，觐四岳群牧，班瑞于群后。岁二月，东巡守，至于岱宗，柴。望秩于山川，肆觐东后。协时月正日，同律度量衡。修五礼、五玉、三帛、二生、一死贽。如五器，卒乃复。五月南巡守，至于南岳，如岱礼。八月西巡守，至于西岳，如初。十有一月朔巡守，至于北岳，如西礼。归，格于艺祖，用特。五载一巡守，群后四朝。敷奏以言，明试以功，车服以庸。肇十有二州，封十有二山，浚川。

这里的核心就是"五载一巡守，群后四朝"的制度。通过天子与诸侯之间的定期往来和接触，封建大一统的德治格局才能维系其向心力。[①] 而唯有诸侯尊王奉朔，授时才能层层下达，泽及生民。这种众星拱辰式的封建大一统的德治，并非要将华夏同质化，而是提供了一个协调差异、容纳华夏各族风土民性

---

① 有关三代德治与巡守制度的关系，参见［日］小仓芳彦《〈左传〉中的霸与德："德"概念的形成与发展》，载刘俊文主编《日本学者研究中国史论著选译·第七卷·思想宗教》，许洋主等译，中华书局1993年版。

的多姿多彩的政治框架。在这个容纳差异性的大一统的德治框架中，即便是远方蛮夷戎狄部落，也能参与到这个互惠互利的政治体中。此即《国语·周语上》祭公谋父所陈述的"邦内甸服，邦外侯服，侯卫宾服，蛮夷要服，戎狄荒服"的德治体系；并且祭公谋父强调，先王对于甸、侯、宾、要、荒五服体系施行有差等的治理模式，即对于越远的服制，则施德越多而施刑越少，尤其对于最远的蛮夷要服、戎狄荒服，基本纯任德治而不加兵刑。这正是《中庸》政治理想中"小德川流，大德敦化""万物并育而不相害，道并行而不相悖"的天下秩序。

上述两条政治原理中都包含着一个关键点，即天子当"居中"。"居中"首先是出于最大限度降低统治成本的需求。我们从天子授时于四方诸侯的原理看。一方面，观象授时的核心技术之一是土圭测影，以此测定太阳年长度和校验分至，这就要求测影地点选在圭影能恰当呈现的中纬度地区，此即洛邑，亦即《周礼·地官司徒》的"地中"："日至之景，尺有五寸，谓之地中：天地之所合也，四时之所交也，风雨之所会也，阴阳之所和也。然则百物阜安，乃建王国焉。"另一方面，授时系统难免出现误差，这需要天子定期巡行四方来校正四方的时间系统，此即《尚书·舜典》中"协时月正日"的工作。那么天子居中，就有利于保障授时系统在全国的有序进行。

再从天子施德于四方诸侯的原理看。一方面，天子巡行天下以施德于四方，从中心点出发路程无疑最短，既有利于天子与四方诸侯保持亲近，也有利于最快应对四方随时出现的叛乱情况,从而维系大一统政治格局的稳定。另一方面,在运输成本巨大的遥远年代,天子居中也最能有效汲取四方的贡赋资源,这就是周公营建洛邑后所说的:"此天下之中,四方入贡道里均。"(《史记·周本纪》)因此,周公所谓"自时中乂"(《尚书·洛诰》),或者《何尊》铭文说的"宅兹中国",实际上就是唐虞三代大一统政治模式的统治原理。同时,"宅兹中国"也蕴含了大一统的政治哲学,它意味着能居中者方有号令天下的合法性。而在"宅兹中国"的政治哲学中,天子的权力与职责是双向的、相辅相成的:向内的方向,居中者应集中政治权力,确保能执行维系大一统政治框架稳定的大事;向外的方向,居中者的施德当遵循"均平"的原则,确保对四方雨露均沾。《尚书·洪范》所陈"无偏无党,王道荡荡;无党无偏,王道平平"的"大中之道",正是对唐虞三代这一政治原理的经典总结。

明白了唐虞三代大一统的政治原理,就可以进一步剖析秦汉以后郡县制下的大一统。

秦汉之际,天地巨变,大一统的形态随之更新,此即统一的郡县制国家。由于郡县、户籍、上计、法律、文书、文官队伍的成熟,作为大一统的最高权力代表,皇帝实现了对辽阔疆域及其民众的更为直接有效的统治和动员,中央朝廷的集权能力实现质的飞跃。这时,皇帝作为天子,仍然有为民众授时的天命职责,但对于治理好幅员辽阔的郡县制国家来说,只有授时工作是远远不够的,在此之上还有军事、财政、工程、水利、文教等方面的迫切事务。比如，有效建立军事力量，维系大一统天下的稳定，维护民众的生命财产安全，中央朝廷才能做到"包含并覆，普爱无私"以"保士民"；制定合理的赋役政策，实行盐铁官营，中央朝廷才能拥有足够的财政收入，支撑起治理大一统天下的庞大支出。（参见《盐铁论·地广》《力耕》诸篇）可见，秦汉王朝因适应新的治安形势而发展出来的郡县制大一统形态，深化了大一统政治框架在创立之初所包含的民本价值，故无疑仍然是当时最符合中华民族根本利益的政治架构。秦汉以后，中国古代不少知识分子深刻认识到郡县制乃历史大势所趋，比如唐代柳宗元所著《封建论》，便指出秦朝以后郡县制代替分封制是历史必然，明确提出"公天下之端自秦（郡县制）始"的论断，在思想史上具有振聋发聩的效果。① 明清之际思想家王夫之也指出："郡县之制，垂二千年而弗能改矣，合古今上下皆安之，势之所趋，岂非理而能然哉？"尤其他认为，"秦以私天下之心而罢侯置守，而天假其私以行其大公，存乎神者之不测，有如是夫！"② 与柳宗元之论有异曲同工之妙而更胜一筹，极为精辟。

　　"百代都行秦政法。"③ 那么，秦汉的郡县大一统模式何以

---

① 《柳宗元集》，中华书局 1979 年版，第 69—75 页。

② （明）王夫之：《读通鉴论》，《船山全书》第 10 册，岳麓书社 2011 年版，第 67—68 页。

③ 吴正裕主编：《毛泽东诗词全编鉴赏》（增订本），人民文学出版社 2017 年版，第 598 页。

能持续两千年之久，仍需要从原理的层面来加以探讨。在我们看来，秦汉郡县大一统模式的成功在于，它继承并创造性发展了唐虞三代以来两条主要的大一统政治原理。

第一，秦汉郡县大一统模式进一步强化中央集权。这时，中央政权需要掌握能够治理天下的政治资源，远不只是历法技术，还有更为复杂的政治、社会、经济、军事的统治技术。比如，通过文书记录和传达系统考察和任命行政官员，通过虎符等信物牢握军队的调动权，通过户籍和上计制度掌握治下的日常变动信息，崇尚儒教以风化天下，等等。同时，"宅兹中国"这一原理逐渐脱离其地理空间的限制，尤其元明清定都北京，表明更是如此。位居中央，更多具有政治与社会治理的意义，意味着政治权力居于首要，具有统率和调节社会、经济、文化、军事诸领域的功能。

第二，秦汉的郡县大一统模式要求天子施仁于民，以保障国家根基的安稳。"施仁"是"施德"原则的升华发展。首先，"仁者，人也"的古训意味着，施仁者应将对象视为价值本身而非工具手段，由此在战国秦汉之际发展出"天地之性，人为贵"（《孝经·圣治篇》）的更深刻的民本理念。其次，"夷俗仁"（《说文解字》）的说法，透露出"仁"观念最初很可能来源于东夷部族靠背而卧、抵足而眠、相亲相爱的部落风俗①；

---

① 参见武树臣《寻找最初的"仁"——对先秦"仁"观念形成过程的文化考察》，《中外法学》2014 年第 1 期。

经过孔子的提升，"仁"观念开始蕴含一种大群一体的"一体之仁"的意味，并在后来中国哲学史上发展出"仁者以万物为一体"的哲学命题。那么，天子施仁于民，意味着他应当与天下民众建立亲密相感的政治纽带，视天下为一家、中国犹一人。因此，天子与民众就处于"一体之仁"的命运共同体中，以此维系着大一统中国的精神凝聚力。

"一体之仁"的大一统政治原理，使得秦汉以后的大一统中国生生不息，并逐步向更为成熟、更大规模的多元一体的多民族国家格局演进。历代王朝在通过三省六部制、科举制、律令系统等制度创新完善郡县制国家体系的同时，也在逐步探索多元一体的多民族国家治理经验，即不断因时变通，创设因时制宜的制度来适应多民族交融发展的历史大势。汉唐时期的中原王朝一般通过设置都护府、边州都督府等机构来羁縻归顺的少数民族群体。羁縻地区一般只设置军事机构以维持政治稳定，而不统计户口，不征收赋税徭役，不派遣行政官员，不干涉当地部族的内部事务，是一种相当松散的边疆管理方式。唐宋以后，中原王朝在多民族治理方面的经验日益成熟。元朝统一中国，既奠定了多元一体的大中国版图，也通过设置土司制度、宣政院等方式将多民族国家治理模式推向成熟，使得边疆地区"皆赋役之，比于内地"（《元史·地理志》），有力推动了大一统中国的一体化进程。清代统治者在边疆治理方面更是做到炉火纯青。清代统治者将蒙古、西藏等边疆地区统摄在一个中华天子政权之下，将农耕、游牧、渔猎的生活方式容纳在一个更为广阔的多元一体的大一统疆域下，实现民族交融、通商惠工、经济繁荣，实乃旷古未有。即便到了晚清，清政府在边疆危机下仍然能够果断在新疆、台湾、东北等边疆地区先后建省，更加有力地推进边疆内地一体化进程，对于巩固大一统中国疆域而言功不可没，深刻体现大一统政治原理"一体之仁"的精神。

总体而言，多元一体的大一统中国的政治格局，实际上是三代的大一统德治模式与秦汉以来的郡县大一统模式相互融合的创造性结果。对于游牧地区而言，中原农耕社会的治理经验不能直接运用其中，故需因地制宜，创造多元的治理模式。这就需要三代"万物并育而不相害，道并行而不相悖"（《礼记·中庸》）的德治框架发挥其效用，使得多元一体的中华民族乃至慕华而来者，都能在这片土地上安身立命，生生不息。

综上，可以将大一统的政治原理表述为两条：第一，大一统政治框架要求确立唯一的最高政治权力，以保障天下之生生化育为职责而统摄经济、社会、军事等各方面事业；第二，大一统政治框架的最高政治权力应当与天下民众建立"一体之仁"的政治纽带，以维系天下的向心力。深入分析，两条原理在封建专制的旧时代，其实存在着冲突的可能。第一条政治原理突出表现为集中力量办大事的优势，但这里面存在着一个"度"的问题；也就是说，一旦大一统政治权力僵化，使用过"度"，便会产生劳民伤财、穷兵黩武的问题。汉武帝后期用兵四夷无度，导致国内"吏民益轻犯法，盗贼滋起"（《汉书·酷吏传》），引发严重的统治危机，即是典例。而第一条政治原理使用过"度"，便是对第二条"施仁于民"的政治原理的伤害。反之亦然，第二条政治原理使用过"度"，也存在伤害第一条政治原理的问题。而这两条原理之间的潜在冲突，实际上构成了"历史周期率"问题的症结，使得"家天下"时代的封建专制王朝，常常沦为违背"一体之仁"的"公天下"精神的"私天下"王朝。需注意的是，"家天下"不尽等同于"私天下"。在儒家看来，"家天下"时代的统治者只要"有道"，亦即能够在上述两条原理之间保持一种"大中之道"的平衡，依然能够有限度地体现大一统中国的"天下为公"精神（详见本章第二节分析），那么"家天下"就不尽是"私天下"。但是在封建专制时代，皇权世袭制并没有防止"家天下"滑向"私天下"的政治结构和制度保障。尤其每当王朝中晚期种种矛盾激化时，统治者往往诉诸神秘唯心的宿命论调而不愿悔过自省、革除弊政，最终免不了被农民起义推翻的结局，由此又开启新一轮"公天下""家天下""私天下"逐步下坠的历史循环。因此，传统大一统政治原理的内在症结，就在于"家天下"制度总是有向"私天下"滑落的趋势，这是"历史周期率"的纽结所在。

如何破解这一纽结呢？这个"旧邦新命"的任务落在了中国共产党人肩上。

三　大一统政治原理的现代转化

自诞生以来，中国共产党始终以"为中国人民谋幸福，为中华民族谋复兴"为初心使命，建立起万象更新的社会主义新中国，实现了多元一体的中国传统政治的现代转型。在新民主主义革命时期，以毛泽东同志为主要代表的中国共产党人，把马克思列宁主义基本原理同中国具体实际相结合，开辟了农村包围城市、武装夺取政权的正确革命道路，夺取了新民主主义革命胜利。经过 28 年浴血奋斗，中国共产党领导人民，于1949 年 10 月 1 日宣告中华人民共和国成立，彻底结束了旧中国半殖民地半封建社会的历史，彻底结束了旧中国一盘散沙的局面，彻底废除了列强强加给中国的不平等条约和帝国主义在中国的一切特权，实现了中国从几千年封建专制政治向人民民主制度的伟大飞跃。中华人民共和国成立后，中国共产党领导人民肃清国民党反动派残余武装力量和土匪，和平解放西藏，实现祖国大陆的完全统一；完成土地改革，进行社会各方面民主改革，使中国社会焕然一新。中国共产党领导实现和巩固了全国各族人民的大团结，形成和发展了各民族平等互助的社会主义民族关系，实现和巩固了全国工人、农民、知识分子和其他各阶层人民的大团结，加强和扩大了广泛统一战线。

通过百年来的不懈努力，中国共产党带领中国人民开创了真正实现人民当家作主的中国特色社会主义政治文明，诸如单一制国家结构形式、中国共产党领导的多党合作制度和爱国统一战线、民族区域自治制度、"一国两制"，等等。这个继承大一统传统的多民族国家政治框架，继承了向内凝聚的中国规模，发扬了成熟先进的行政制度和文官系统，接续了多元一体、万物并育的大一统的多民族国家结构。由于真正实现了人民当家作主，彻底结束了旧中国"家天下"的时代，彻底结束了少数人剥削广大人民群众的历史，社会主义新中国彻底解放了中华文明关于天道民心的"公天下"的价值理念，使得古老的中华大一统文明，在新中国日新日成，绽放异彩。

毛泽东同志说："国家的统一，人民的团结，国内各民族的团结，这是我们的事业必定要胜利的基本保证。"① 习近平总书记指出："维护国家主权和领土完整，实现祖国完全统一，是全体中华儿女共同愿望，是中华民族根本利益所在。"② 历史雄辩地表明，大一统政治传统最能够保障中华民族的根本利益。在中国历史上，国家分裂、政出二门、地方割据的年代，无疑都是兵燹肆虐、外敌交侵、民不聊生、失散流离、丧权辱国的年代。因此，唯有继承发扬中华大一统政治传统，实现祖国统一，才能最大限度实现并保障中华民族的根本利益，为以中国式现代化实现中华民族的伟大复兴奠定牢固的政治保障。

中国共产党在带领中国人民建立中华人民共和国的过程

---

① 《毛泽东文集》第七卷，人民出版社1999年版，第204页。

② 习近平：《在第十三届全国人民代表大会第一次会议上的讲话》，人民出版社2018年版，第11页。

中，是如何克服传统"家天下"制度的内在缺陷，从而使中华文明大一统传统转化出新的社会形态的呢？这是由于中国共产党既能够自觉、成熟地运用大一统的政治原理，又能真正解开大一统的政治原理的内在纽结。以下仍需要逐一分析两条原理。

首先，第一条政治原理，大一统政治框架需要一个最高的政治权力统领全局，但是，如何确保这个最高政治权力不坠入封建社会时代少数人剥削大多数人的"私天下"陷阱呢？问题的突破，在于国体亦即国家统治阶级的变革。《中华人民共和国宪法》规定："中华人民共和国的一切权力属于人民。"中华人民共和国成立以来，特别是改革开放以来，中国共产党团结带领中国人民在发展社会主义民主政治方面取得了重大进展，成功开辟和坚持了中国特色社会主义政治发展道路，为实现最广泛的人民民主确立了正确方向。人民民主是社会主义的生命，是全面建设社会主义现代化国家的题中应有之义。没有民主就没有社会主义，就没有社会主义的现代化，就没有中华民族伟大复兴。在前进道路上，中国共产党坚定不移地推进社会主义民主政治建设，发展全过程人民民主，保障人民当家作主。社会主义民主政治的核心思想、主体内容、基本要求，都在宪法中得到了确认和体现。

事实充分证明，中国特色的社会主义民主政治具有强大生命力，中国特色的社会主义民主政治发展道路是符合中国国情、保证人民当家作主的正确道路。中国特色社会主义民主是全过程人民民主，它用一系列制度保障人民意志贯彻落实于国家运作的全方位和全过程，从而能够避免西方式民主政治被特定利益团体俘获的弊端。因此，在新中国这个人民当家作主的社会主义政治文明中，"人民至上"的"公天下"价值得到彻底解放。

同时应看到，实现人民当家作主与坚持中国共产党的领导是有机统一的。这是由中国共产党的性质决定的。中国共产党是中国工人阶级的先锋队，是中国各族人民利益的忠实代表。中国共产党诞生于国家内忧外患、民族危难之际。中国共产党的诞生，是开天辟地的大事变，深刻改变了近代以来中华民族发展的方向和进程，深刻改变了中国人民和中华民族的前途和命运，深刻改变了世界发展的趋势和格局。一百多年来，中国共产党领导中国人民团结奋斗、不断进取，走过了波澜壮阔的光辉历程，取得了震古烁今的伟大成就。中国从四分五裂、一盘散沙到高度统一、民族团结，从积贫积弱、一穷二白到全面小康、繁荣富强，从被动挨打、饱受欺凌到独立自主、坚定自信。中华民族迎来了实现伟大复兴的光明前景，中国人民正在信心百倍地书写着新时代中国发展的伟大历史。只有中国共产党，才有能力领导中国人民激活 5000 多年中华文明的磅礴力量，实现大一统文明的"旧邦新命"，缔造多元一体的社会主义新中国。历史雄辩地表明，中国共产党是领导中国特色社会主义事业的核心力量。没有中国共产党就没有新中国，就没有中国特色社会主义，就没有中华民族的伟大复兴。

习近平总书记指出："中国特色社会主义最本质的特征是中国共产党领导，中国特色社会主义制度的最大优势是中国共产党领导。"① 在当今中国，中国共产党是最高的政治领导力量，党的领导是全面的、系统的、整体的。党的十八大以来，以习近平同志为核心的党中央旗帜鲜明地提出坚持和加强党的全面领导、维护党中央权威和集中统一领导，把党的领导落实到党和国家事业各领域各方面各环节，保证全党在政治立场、政治方向、政治原则、政治道路上同党中央保持高度一致，党的政治领导力、思想引领力、群众组织力、社会号召力显著增强。中国共产党的领导，深刻体现中华文明的统一性特征。走中国特色社会主义道路，必须坚持中国共产党的领导，这是中国特色社会主义最本质的特征。通过民主集中制的根本组织原则和领导制度，中国共产党能够集中力量办最符合人民根本利益、深入民心的大事。

其次，第二条政治原理，大一统政治框架的最高权力如何真正实现与广大民众的"一体之仁"？虽然历代统治者往往会强调与民众建立"一体之仁"，但这在旧时代并未能有效实现。困难在于，在生产资料私有制的背景下，旧时代少数剥削者如何真正与广大无血缘关系的被剥削者建立起血气相通、痛痒相关的"一体之仁"呢？儒家提供了一种方案，就是借助自身血

---

① 习近平：《在庆祝中国共产党成立 95 周年大会上的讲话》，人民出版社2016 年版，第 22 页。

缘关系来拟构出家国一体的政治情感，即《论语·雍也》的"近取譬"之道，亦即推恕之道。具体而言，即要求统治者将自己对于父母、兄弟、子女的自然情感推扩到天下民众，视天下民众如同自身和家人，从而达致"一体之仁"。如《尚书·康诰》曰"若保赤子"，《孟子·梁惠王上》曰"老吾老，以及人之老；幼吾幼，以及人之幼；天下可运于掌"，郭店楚简《五行》曰"爱父，其继爱人，仁也"，等等。可问题是，从天子之家到天子之民，中间的推扩只是一种"拟"，这对统治者的共情能力以及种种德性都提出了很高要求，而历史上这样的"明君"是极少的。何况由于宫廷政治和皇权争夺的残酷性，历代皇室多有残亲之事，那么，要从自家亲情推恕出一个面向天下民众的"一体之仁"，其论证是相当薄弱的。

这个问题，只有在真正实现人民当家作主的中华人民共和国的政治文明中才得以彻底解决。因为真正实现了人民当家作主，国家最高权力不再被少数人掌控。因为国家代表最广大人民的根本利益。同时，作为全面领导中国特色社会主义事业的"定海神针"，作为全面领导中国的最高政治领导力量，中国共产党的性质决定了她必然秉持人民立场，坚持"人民至上"的"公天下"理念，始终坚持走群众路线，与最广大人民群众处于"一体之仁"的政治纽带中。这样的"一体之仁"才真正达致"一体"。由这种"一体"所构建的"仁"，便是真正意义上的"痛痒相关"，同时也是真正意义上的"大公之仁"。

这样，中国共产党带领中国人民所建立的政治文明，就真正实现了中华文明大一统传统"一体之仁"的制度精神，彻底解放了古老而又日新的"公天下"的政治理念。这一点，也构成了中国共产党人能够不断修身正己，不断自我革命，保持人民性、先进性、纯洁性，从而走出所谓"历史周期率"的实践理性根基。

总之，中华文明大一统政治框架得以生生不息的两条政治原理被中国共产党运用到极致，同时又能克服两条原理间的深层纽结和潜在冲突，从而走出"历史周期率"。如果把前述大一统政治的第一条原理称为"至上权力"的话，那么封建专制时代是以"皇权至上"来体现这条原理的，而社会主义新中国则将其转化为"人民至上"，并且从实质上讲，"人民至上"实为中国共产党领导、人民当家作主、依法治国的有机统一。如果把第二条政治原理称为"一体之仁"的话，那么封建皇权是以"推恕而仁"来达致"一体之仁"的，而社会主义新中国的最高权力是直接以"大公之仁"来完成的，这种"大公之仁"才是真正意义上的"一体之仁"。如前所述，由于皇权由少数世袭的剥削者所独掌，因而从宗法之爱到泛爱之仁的推恕存在着内在困难。换言之，"皇权至上"与"推恕而仁"是内在不兼容的，而这正是导致中国历史上的"历史周期率"的根源。但在社会主义新中国，两条原理经过转化后演变为"人民至上"与"大公之仁"，则不仅不相互排斥，反而互为条件、相互保障、交融一体："人民至上"是实现"大公之仁"的先决条件，而"大公之仁"是维系大一统政治框架生生不息的基本动力，从而能够保障"人民至上"；而"人民至上"与"大公之仁"得以相互支持的关键，正是中国共产党的领导。由此构成了大一统新形态的内在机制。

此外，多元一体的大一统国家模式，在中华人民共和国政治文明框架下得到了更为辉煌瞩目的继承发扬。中华人民共和国的民族区域自治制度，是对大一统多民族国家的多元一体格局的创造性转化和创新性发展。民族区域自治制度是中国共产党运用马克思主义民族理论解决中国民族问题的一项重大创造，也是当代中国的一项基本政治制度。实践证明，民族区域自治制度能够建立各民族之间的真正团结合作，使各民族紧密团结在一起，帮助每一个民族走上社会主义道路，使其在经济上、文化上都得到迅速发展，为建设祖国而共同努力，是新中国多元一体格局的重要组成部分。

不仅如此，中华人民共和国将多元一体格局发挥得更加彻底、更加全面、更加多维。中国共产党领导的多党合作制度和爱国统一战线，正是将这一原则从地理空间的维度拓展到政治社会空间的维度。中国共产党领导的多党合作制度，是当代中国的一项基本政治制度，其基本格局是一党领导、多党合作。在长期的革命、建设、改革过程中，已经结成由中国共产党领导的，有各民主党派和各人民团体参加的，包括全体社会主义劳动者、社会主义事业的建设者、拥护社会主义的爱国者、拥护祖国统一和致力于中华民族伟大复兴的爱国者的广泛的爱国统一战线，为国家统一事业作出了重要贡献。通过这一制度的创设，中国共产党能够将社会各个团体、战线、阶层、职业的人群统一到爱国的战线之中，更好地继承大一统的政治传统，从而更加有力地保障中华民族根本利益。

改革开放以来，以邓小平同志为主要代表的中国共产党人提出的"一国两制"伟大构想，开辟了以和平方式实现祖国统一的新途径。经过艰巨工作和斗争，1997 年香港回归，1999 年澳门回归，我国相继对香港、澳门恢复行使主权，洗雪了中华民族百年耻辱。与此同时，中国共产党把握解决台湾问题大局，确立"和平统一、一国两制"基本方针，推动两岸双方达成体现一个中国原则的"九二共识"，推进两岸协商谈判，开启两岸政党交流。制定《反分裂国家法》，坚决遏制"台独"势力、促进祖国统一，有力地挫败了各种制造"两个中国""一中一台"的图谋。党的十八大以来，以习近平同志为核心的党中央，坚定不移贯彻"一国两制"方针，坚持和完善"一国两制"制度体系，坚持依法治港治澳，维护宪法和基本法确定的特别行政区宪制秩序和法治秩序，落实中央对特别行政区全面管治权，坚定落实"爱国者治港""爱国者治澳"。全面支持香港、澳门更好融入国家发展大局，支持港澳发展经济、改善民生，增强港澳同胞国家意识和爱国精神，为推进"一国两制"实践行稳致远打下了坚实基础。在台湾问题上，推动实现1949 年以来两岸领导人首次会晤、两岸领导人直接对话沟通，推动两岸关系和平发展，出台一系列惠及广大台胞的政策，加强两岸经济文化交流合作；坚决反对"台独"分裂行径，坚决反对外部势力干涉，牢牢把握住两岸关系的主导权和主动权。"一国两制"的制度构想，是中华文明多元一体的大一统政治传统在新中国改革开放时期的创造性转化、创新性发展的巨大成果。在中华文明历史悠久的统一性力量的加持下，祖国实现完全统一，前途一片光明。

以上我们看到，中华文明大一统政治传统实现其旧邦新命的关键，在于破解两条政治原理之间的纽结，从而解放被其内在缺陷所压抑的公天下精神。可见，公天下理念是大一统政治框架之精神层面的压舱石。只有在完全实现公天下理念的政治架构中，民本、德治、仁政等中华文明的政治核心价值才能与大一统政治完美相融。可见，公天下是理想中的大一统政治的制度精神。这就是古人眼中的"天下有道"的治世。不过到目前为止，我们对于"公天下"的丰富哲学意涵还没有足够的把握，需要进一步考察这个理念的意涵和演变，才能对中华文明的统一性有更深层的把握。

第二节　公天下：中华文明统一性的制度精神及其古今之变

习近平总书记在党的二十大报告中指出：

坚持和发展马克思主义，必须同中华优秀传统文化相结合。只有植根本国、本民族历史文化沃土，马克思主义真理之树才能根深叶茂。中华优秀传统文化源远流长、博大精深，是中华文明的智慧结晶，其中蕴含的天下为公、民为邦本、为政以德、革故鼎新、任人唯贤、天人合一、自强不息、厚德载物、讲信修睦、亲仁善邻等，是中国人民在长期生产生活中积累的宇宙观、天下观、社会观、道德观的重要体现，同科学社会主义价值观主张具有高度契合性。我们必须坚定历史自信、文化自信，坚持古为今用、推陈出新，把马克思主义思想精髓同中华优秀传统文化精华贯通起来、同人民群众日用而不觉的共同价值观念融通起来，不断赋予科学理论鲜明的中国特色，不断夯实马克思主义中国化时代化的历史基础和群众基础，让马克思主义在中国牢牢扎根。①

这里列举了"天下为公""民为邦本""为政以德""革故鼎新""任人唯贤""天人合一""自强不息""厚德载物""讲信修睦""亲仁善邻"十个中国哲学观念来说明"中华优秀传统文化源远流长、博大精深，是中华文明的智慧结晶"。其中"天下为公"即"公天下"，位列第一。对这个观念的深入阐释工作，对于深刻把握"第二个结合"的内涵而言具有重要意义。"天下为公"典出战国儒家经典《礼记·礼运》篇：

---

① 习近平：《高举中国特色社会主义伟大旗帜 为全面建设社会主义现代化国家而团结奋斗——在中国共产党第二十次全国代表大会上的报告》，人民出版社2022年版，第18页。

　　大道之行也，天下为公。选贤与能，讲信修睦，故人不独亲其亲，不独子其子，使老有所终，壮有所用，幼有所长，鳏寡孤独废疾者，皆有所养。男有分，女有归。货恶其弃于地也，不必藏于己；力恶其不出于身也，不必为己。是故谋闭而不兴，盗窃乱贼而不作，故外户而不闭，是谓大同。

　　这一千古传诵的儒家篇章，是目前可看到的"天下为公"概念的最早出处。但其实，在5000多年前尧舜圣王"协和万邦"（《尚书·尧典》）的政治实践中，我们就能看到这个观念的雏形。换句话说，孔子所说的"天下为公"，孕育于孔子所浸润其中的唐虞三代历史文化。这是一个十分古老的中华理念。以下将说明，这个古老的中华文明核心理念的义理结构和哲学意涵十分丰厚，历久弥新，并在新中国政治文明中与马克思主义基本原理相结合而焕发新生。公天下精神是中国共产党人立党为公、执政为民、胸怀天下的精神沃壤，也是中国共产党带领中国人民建立社会主义新中国，实现中华文明大一统政治传统的旧邦新命的精神支撑，更是中华文明统一性特征最深层的价值理念。

一　公天下精神的义理结构和哲学意蕴

　　"天下为公"的首义在"公"。而要理解"公"的义理结构，则不能抛开"私"。"公私"是一对辩证的概念。据《韩非子·五蠹》的经典定义，"自环者谓之私，背私谓之公"。那么"私"的基本意象是一个自我封闭的圈子，在这个小圈子中，人因有内外亲疏之别而容易偏袒徇私。"公"的提出，就是要打破闭环，站在一个更大的视野来接物处世。不过，圈外往往又有圈，因而所谓内外常常也是相对的。比如，村社于家而言是公，于国而言却是私；在这种情况下，"公"的价值就要打上折扣了。正如费孝通所说："在差序格局里，公和私是相对而言的。"① 但是，即便仅仅就差序格局自身来看，也未必所有层面的"公"都是相对的。在那个最外围且边界无限开放的圈的层面，亦即在那个"至大无外"的空间中，"公"便不是相对的，这一层级的"公"便能完满呈现。这个空间就是中国人所说的"天下"。因此，"公"的概念必然蕴含"公天下"之理，这个理念在诞生之初就蕴含着天下视野。这说明，"公"是蕴含在天下这一政治框架当中的核心价值，换言之，"公"的价值是与大一统天下的治理匹配的，这是其内在的义理结构。

5000 多年前，尧舜禹这些圣王通过观象授时、巡守祭享、敷治水土、交通九州、树艺五谷等一系列史诗般的创举，将华夏四方联结成一个超越血缘、地域的政治共同体。这就是当时"天下"的雏形。彼时先民所能知道的天下范围有限。但关键不在于实际范围，而在于这种天下格局的无限包容性，在日后

① 费孝通：《乡土中国》，北京出版社 2009 年版，第 42 页。

能够如"漩涡"般将周边的多元族群吸引进来，参与到天下之治这一大一统中国的政治框架的博弈与融合之中，使中华文明得以不断壮大、生生不息。赵汀阳认为，作为天下的"中国"拥有一个具有最大政治附加值的精神世界，即一个人人都可以加以占用而有助于获得、保有和扩展政治权力的精神世界（具体而言，即汉字、思想系统、天命神学及其雪球效应），使得"中国"自身构成"漩涡"，吸引着历代逐鹿中原的胜利者去接续"中国"的天命叙述；由此，作为漩涡的"中国"之天下，其体量便会不断生长扩大，其自我叙述也不断丰富和深化发展，为日后成为超大规模政治体奠定了精神基础。① 可以看到，作为漩涡的"中国"之天下，其无限包容性的内在动力，就是公天下的精神，而这一精神在"天下"初创雏形的尧舜时期，就已经出现了，并构成"中国"独具吸引力的核心精神要素。按照儒家的叙述，尧舜禹之治正是公天下之治世的巅峰时期。无论是《礼记·礼运》的"选贤与能，讲信修睦""人不独亲其亲，不独子其子""老有所终，壮有所用，幼有所长，鳏寡孤独废疾者皆有所养""货恶其弃于地也，不必藏于己；力恶其不出于身也，不必为己"等论述所描绘的"大同"之世，还是尧舜禅让、舜死职守、禹三过家门而不入等故事，无不充分展现出当时圣王治下的公天下的精神气象。

---

① 关于漩涡模式，参见赵汀阳《惠此中国：作为一个神性概念的中国》，中信出版社 2016 年版，第 19—50 页。

"天下"不仅指地理空间意义上的广袤山河大地，更重要的是指在这片广阔土地上生生繁衍的民众。"天下为公"追求的是广土众民的最大福祉。这就要求，以天子为代表的公权力的运行必须以服务天下生民为合法依据，正如荀子所云："天之生民，非为君也；天之立君，以为民也。"（《荀子·大略》）西汉经学家董仲舒也说过："天之生民，非为王也，而天立王以为民也。故其德足以安乐民者，天予之；其恶足以贼害民者，天夺之。"（《春秋繁露·尧舜不擅移汤武不专杀》）天子之位以辅助天生育万民而有存在之必要。因此，君主是否能保证好民众的生计，关系到政权的稳定。中国古人很早就意识到，民心的向背实质上决定着政权的兴亡，这就是"民惟邦本，本固邦宁"（《尚书·五子之歌》）的民本思想。民本思想在中国源远流长，孟子说的"民为贵，社稷次之，君为轻"（《孟子·尽心下》）标志着这一思想在先秦时代已经达到巅峰。因而，天子的至高权力源自天命，但天命的授受与否，归根到底还是以民意的向背为终极依据的，这在后来便凝结为"天视自我民视，天听自我民听"（《尚书·泰誓》）的经典命题。因此，天子唯有为政以德、施德于民，才能"祈天永命"（《尚书·召诰》），维系政权长久；否则便会丧失民心而被民众视为"独夫"①，实际上也就丧失了天命及其天子之位的正统性。那

---

① 此即《孟子·梁惠王下》所载：齐宣王问曰："汤放桀，武王伐纣，有诸？"孟子对曰："于传有之。"齐宣王曰："臣弑其君可乎？"孟子曰："贼仁者谓之贼，贼义者谓之残，残贼之人谓之一夫。闻诛一夫纣矣，未闻弑君也。"

么，顺应民意而起的革命者也就获得了天命而具有了行动正当性，所以《周易·革·象传》说汤武革桀纣之命是"顺乎天而应乎人"的。可以看到，民本、天命、天道、德治、仁政、正统、革命、通三统、大一统等传统政治理念背后都是以"天下为公"为底色的。"天下为公"所代表的公天下精神，是整套中华政教价值系统的最大公约数。

"天下为公"理念对中国古代的执政者提出如下要求，反映出这一理念丰富的哲学意蕴。

一要公平公正，不偏不倚。正如《尚书·洪范》总结唐虞三代为政之道云："无偏无陂，遵王之义；无有作好，遵王之道；无有作恶，遵王之路。无偏无党，王道荡荡；无党无偏，王道平平；无反无侧，王道正直。会其有极，归其有极。"这里表达的正是一种讲求公平公正、不偏不倚的"皇极之道""大中之道"。① 尤其在中华大一统的政治框架的辽阔疆域中，天子居中，应当顺承"天之道，损有余而补不足"（《老子》七十七章）的原理，以"均平"的原则施政，协调地区间的不平衡和差异，保障天下所有生民的福祉。

二要兼容并蓄，和而不同。让不同的习俗、制度、价值能在多元一体的文明框架中"小德川流，大德敦化""万物并育而不相害，道并行而不相悖"（《礼记·中庸》）。《礼记·王

---

① 参见（汉）孔安国传，（唐）孔颖达疏《尚书正义》，北京大学出版社1999年版，第299页。

制》篇进一步将这一原则表述为：

> 修其教，不易其俗；齐其政，不易其宜。中国戎夷，五方之民，皆有其性也，不可推移。东方曰夷，被发文身，有不火食者矣。南方曰蛮，雕题交趾，有不火食者矣。西方曰戎，被发衣皮，有不粒食者矣。北方曰狄，衣羽毛穴居，有不粒食者矣。中国、夷、蛮、戎、狄，皆有安居、和味、宜服、利用、备器，五方之民，言语不通，嗜欲不同。达其志，通其欲：东方曰寄，南方曰象，西方曰狄鞮，北方曰译。

这就是要求天子居中，应当能够兼容并蓄，尊重天下各地的风俗民情，讲求德化而不求强硬规范，才能治理好天下。而兼容并蓄、和而不同的公天下精神，也必然要求执政者能兼听则明，容纳不同声音和批评意见。《尚书·君陈》云："有容德乃大。"这实际上就是前面所讲的周代德治下的万物并蓄的政治框架，也即一种"以他平他谓之和，故能丰长而物归之"（《国语·郑语》）的统治者智慧。《老子》十六章有云"容乃公"。《老子》四十九章进一步发展为："圣人无常心，以百姓心为心。善者，吾善之；不善者，吾亦善之。德善。"这是要求统治者能听到批评者直率的声音，即所谓"不善者，吾亦善之"。

三要扩大国家治理的公共参与。《礼运》"大道之行也，天下为公"，东汉经学家郑玄注云："公犹共也。禅位授圣，不家之。"① 由此来看，"公"除了如前所述，有"背私"亦即跳出闭环之义，实际上还包含了"共"这一基础意涵，也就是在抽象意义上强调将天下视为共有之物，而非一家一姓所能独占。② 由"公"的公共之义看，则公天下精神要求让公共决策吸纳更多的集体智慧，从而避免执政者因一人的专断而损害民众利益。《尚书·洪范》记载三代王者决策稽疑，需要"谋及卿士，谋及庶人，谋及卜筮"，亦即综合人谋、鬼谋来判断。这种决策尽管包含了早期巫觋的原始神秘思想，但鲜明体现了统治者不自专断而谋求各方力量参与决策的公天下之心。后来，孟子对这个政治决策原则做了更理性化的改进，也就是剔除了其中的卜筮成分，并进一步将人谋的范围推扩到广大国民，以国民的意见为最重要的决策依据，即所谓"左右皆曰贤，未可也；诸大夫皆曰贤，未可也；国人皆曰贤，然后察之；见贤焉，然后用之"，"左右皆曰不可，勿听；诸大夫皆曰不可，勿听；国人皆曰不可，然后察之；见不可焉，然后去之"，"左右皆曰可杀，勿听；诸大夫皆曰可杀，勿听；国人皆曰可杀，然后察之；见可杀焉，然后杀之"（《孟子·梁惠王下》）。这与孟子"民为贵，社稷次之，君为轻"的民本思想是互为表里的。

---

① （汉）郑玄注，（唐）孔颖达疏：《礼记正义》，北京大学出版社1999年版，第658页。

② 参见皮迷迷《"公"与"私"的道德化——对先秦时期"公""私"内涵转变的考察》，《现代哲学》2017年第3期。

　　四要辩证处理好公私关系。"天下为公"并非灭"私"以就"公"。它恰恰是要成就天下每一个生民的合理之私，也就是成就每个人对于美好生活的愿景。① 在天下的层面，义、利是一致的，天下民众的大利即天下大义，此即《国语·晋语一》所说的"义以生利，利以丰民"。相反，若以消灭生民之私为途径，实现的恐怕不是大公，而是统治者一人的大私。因此，"天下为公"理念又蕴含儒家所主张的富民而后教的主张。《论语·子路》载孔子与弟子冉有到卫国，孔子看到城里人很多，感叹"庶矣哉！"冉有问他：民众多了，下一步怎么治理？孔子答曰"富之"。冉有再问：富裕起来之后呢？孔子曰"教之"，也就是要教化百姓以礼义廉耻。这就是儒家"富之教之"主张的由来。后来，孟子进一步发挥此义，曰：

　　　　无恒产而有恒心者，惟士为能。若民，则无恒产，因无恒心。苟无恒心，放辟邪侈，无不为已。及陷于罪，然后从而刑之，是罔民也。焉有仁人在位，罔民而可为也？是故明君制民之产，必使仰足以事父母，俯足以畜妻子，乐岁终身饱，凶年免于死亡。然后驱而之善，故民之从之也轻。（《孟子·梁惠王上》）

---

　　① 关于"私"的存在合理性，参见姜义华《天下为公、天下为家、天下为私：三大能极结构性纠缠历史逻辑下的中国特色社会主义》，《文史哲》2022年第6期。

在儒家看来，君子与民众的差别在于，君子必须做到"无恒产而有恒心"，即必须做到严格的道德要求，但不能因此而将君子的道德要求施加给一般民众，因为民众与君子不同；因此，君子执政，要严于律己，对待民众却要"富之教之"，也就是在满足其合理之私的基础上再教以礼义廉耻，从而在此基础上实现"天下为公"的理想之治，所谓"君子贤其贤而亲其亲，小人乐其乐而利其利"（《礼记·大学》）。

总之，经过古代思想家的不断阐发，这个源远流长的古典理念发展出了丰富的哲学意涵和政治智慧，具有深远的启示意义。

二 家天下时代的公天下精神及其演变

依《礼记·礼运》所述，"天下为公"之后，实际上也就是唐虞之后，便是一个"大道既隐，天下为家"的家天下时代：

> 今大道既隐，天下为家，各亲其亲，各子其子，货力为己，大人世及以为礼。城郭沟池以为固，礼义以为纪；以正君臣，以笃父子，以睦兄弟，以和夫妇，以设制度，以立田里，以贤勇知，以功为己。故谋用是作，而兵由此起。禹、汤、文、武、成王、周公，由此其选也。此六君子者，未有不谨于礼者也。以著其义，以考其信，著有过，刑仁讲让，示民有常。如有不由此者，在势者去，众

以为殃，是谓小康。

由上可见，家天下时代的核心特征，是天下权力的交替由选贤禅让转变为世袭继承的制度，其标志性事件就是大禹死后，其子启继承父位，建立夏朝，由此开启了"家天下"的时代。从马克思主义的唯物史观来看，从"公天下"到"家天下"的实质是上古社会形态从原始而民主的氏族共同体，进入阶层分化、权力集中的奴隶制国家，其背后的根本原因是生产力的提高和社会财富的积累，无疑是一种历史进步。当然，从儒家的角度看，"家天下"则是一种历史退化。但这并不意味着儒家认为"家天下"时代就不能体现"公天下"价值。孟子强调，无论是尧舜禅让还是禹启世袭，背后都是以民心向背，即以统治者是否有德、是否得到民众自发拥戴为依据的，即所谓"天与贤，则与贤；天与子，则与子""唐虞禅，夏后、殷、周继，其义一也"（《孟子·万章上》）。只要有德，便能执公，便能开出"小康"之世。而如果世袭的君主失德，便自然有新受命于天的有德者率领民众起来推翻他。那么动态地看，由于有天命—民心作为调整力量去纠正失道之君，家天下制度下的朝代更替的历史过程，依然能够表现出公天下的价值，依然会有志士仁人去"替天行道"。只要执政者有道，那么"家天下"就不尽等同于"私天下"。因而，历代儒者都希望能得君行道，致君尧舜，从而回向三代，尽力在"家天下"的制度中体现出"公天下"的理念。

不唯儒家如此，"天下为公"理想也得到其他学派的呼吁和论阐。比如，墨子云："仁人之事者，必务求兴天下之利，除天下之害。"（《墨子·兼爱下》）稷下法家人物慎子云："古者立天子而贵之者，非以利一人也。曰天下无一贵，则理无由通，通理以为天下也。故立天子以为天下，非立天下以为天子也。"（《慎子·威德》）战国末年，综合百家的《吕氏春秋》一书，也很早就提出"天下非一人之天下也，天下之天下也"（《贵公》）的响亮口号。

如果说从尧舜禅让到禹启世袭，是"公天下"制度与"公天下"理念的分离，从而进入"家天下"制度与"公天下"理念不断磨合的时代，那么在儒家看来，周室东迁、礼失诸野之后，则是进一步下坠到一个"道统"与"政统"相分离的时代。这意味着负载公天下理念、损益三代政教秩序而成的周代礼乐文化被上层统治者逐步抛弃，而只有儒家士大夫甘愿抱残守缺，立志赓续这一点精神命脉。那么，要致君尧舜而实现"天下为公"的唐虞三代之治，便如同难于上青天。先秦儒家的政治主张是要回到唐虞三代"天下为公"的礼乐之治。但明显，这种主张太过保守，也太过遥远了，在当时各国纷纷变法图强的形势下，明显要逊于依赖郡县、法令、兼并而起的法家方案。因此，在当时列国林立的政治版图中，儒者经常不得不做的就是奔走游说于四方诸侯，如孔子自况："丘也，东西南北之人也。"（《礼记·檀弓上》）这正是先秦儒者真实的生存境况，它对儒者的行动力提出了极大考验。典型如孔子师徒

"厄于陈蔡"的场景，深深刻在早期儒家的意识中。《论语·卫灵公》载：

> 在陈绝粮，从者病，莫能兴。子路愠见曰："君子亦有穷乎?"子曰："君子固穷，小人穷斯滥矣。"

孔子率弟子们周游列国，奔走呼号，厄于陈蔡，围困于匡，便是典型的"道统"与"政统"分离之后儒者的艰难写照。比如孔子弟子冉求叫苦道："非不说子之道，力不足也。"（《论语·雍也》）孟子的弟子公孙丑也在困惑："道则高矣美矣，宜若登天然，似不可及也。何不使彼为可几及而日孳孳也?"（《孟子·尽心上》）

春秋战国社会急剧转型，依靠集权、法令、刑罚、兼并手段的法家式国家体制迅速崛起，在解放生产力、推动社会进步的同时，也因统治者穷奢极欲、贪婪好战、聚敛无度而给民众带来酷烈的祸害。正如孟子所描述："庖有肥肉，厩有肥马，民有饥色，野有饿莩，此率兽而食人也。"（《孟子·梁惠王上》）"争地以战，杀人盈野；争城以战，杀人盈城。"（《孟子·离娄上》）因此，"天下为公"的理想弥足珍贵。

"家天下"制度的最大问题，在于跳不出"历史周期率"。如前所述，以儒家学说为正统的历代王朝并非没有解决"历史周期率"的努力。历代统治者往往会通过强调与民众建立"一体之仁"，从而达到"天下为公"。但其困难在于，封建专制旧时代的统治者如何真正与被统治者建立起血气相通、痛痒相关的"一体之仁"呢？儒家给出的方案是从"近取譬"发展出来的推恕之道，也就是要求统治者将自己对于父母、兄弟、子女的自然情感推扩到天下民众，视天下民众如同自身和家人，从而达致"一体之仁"。

在宋代，著名思想家张载在其名篇《西铭》中还提出了更加精细的"天下一家""民胞物与"的哲学建构：

> 乾称父，坤称母；予兹藐焉，乃混然中处。故天地之塞，吾其体；天地之帅，吾其性。民，吾同胞；物，吾与也。大君者，吾父母宗子；其大臣，宗子之家相也。尊高年，所以长其长；慈孤弱，所以幼其幼；圣，其合德；贤，其秀也。凡天下疲癃、残疾、茕独、鳏寡，皆吾兄弟之颠连而无告者也。[1]

其思路是将整个宇宙宗法化，即将天地、万物、民众、君臣等纳入一个基于孝德的宗法家族社会的拟构体系中，由此用拟制的道德情感和伦理关系来对待天地、万物、民众，从而支撑起"仁"的公天下的维度。比如，将天地（乾坤）视为父母，那么按照对待父母所应有的道德情感，人对待天地就应当以谦卑的姿态爱敬之。又如，人皆为天地父母一气所生，那么

---

[1] 《张载集》，中华书局1978年版，第62页。

那些看似与我无血缘关系的陌生人，其实在天地父母面前都是兄弟同胞。而万物也是一气化生，那么尽管看起来与我不同类，但至少都是平等的朋友。这就是《西铭》提出的"民胞物与"的伟大构想，它努力建构起一种面向天下苍生的真实情感，对宋明理学乃至后世的中国古人影响深远。王阳明的代表作《大学问》所云"大人者，以天地万物为一体者也，其视天下犹一家、中国犹一人焉。若夫间形骸而分尔我者，小人矣"[①]，也是在这一方向上的进一步发挥提炼。

然而关于这种"推恕而仁"的思路，如前所述，"天下一家"的拟构对统治者的共情能力以及种种德性都提出了很高要求。而在古代王朝历史上，这样的"明君"是很少的。何况由于宫廷政治和皇权争夺的残酷性，历代皇室残亲之事层出不穷，那么，如何能从自家亲情推恕出一个面向天下民众的"一体之仁"，便是相当薄弱、相当困难的事情。

随着明清资本主义萌芽的出现，思想界开始出现了批判君主专制的启蒙声音。明清之际思想家黄宗羲《明夷待访录》对君主专制提出晴天霹雳的批判：

> 凡天下之无地而得安宁者，为君也。是以其未得之也，屠毒天下之肝脑，离散天下之子女，以博我一人之产

---

① （明）王守仁撰，吴光等编校：《王阳明全集》，上海古籍出版社 1992 年版，第 968 页。

业，曾不惨然，曰："我固为子孙创业也。"其既得之也，敲剥天下之骨髓，离散天下之子女，以奉我一人之淫乐，视为当然。曰："此我产业之花息也。"然则为天下之大害者，君而已矣。……天下为主，君为客。①

黄宗羲痛批君主"屠毒天下之肝脑，离散天下之子女，以博我一人之产业"，提出"天下为主，君为客"的著名主张。此外，还有顾炎武提出的"以天下之权寄之天下之人"②、王夫之提出的"不以一人疑天下，不以天下私一人"③ 主张。但他们的主张，其实只是将传统民本思想的逻辑推到极致，却并未否定君主制、世袭制本身。

鸦片战争后，传统帝制中国被强行拉入资本主义列强扩张的世界体系中，沦为半殖民地半封建社会，而这客观上却使得当时有识之士开始开眼看世界，由此开启重构"公天下"理想的进程。比如，康有为创作《大同书》，将"天下为公"理念与西方进化论和天赋人权思想结合，构想一个没有阶级、人人平等的"大同"理想社会。孙中山以"天下为公"诠释"民有、民治、民享"的三民主义，强调国家的主权属于全体国民，官吏是人民的公仆，主张平均地权，消除贫富悬殊和不公

---

① 《黄宗羲全集》第 1 册，浙江古籍出版社 1986 年版，第 2—4 页。

② （清）顾炎武著，（清）黄汝成集释：《日知录集释》（全校本），上海古籍出版社 2006 年版，第 541 页。

③ （明）王夫之：《船山全书》第 12 册，岳麓书社 2011 年版，第 519 页。

平现象；谋求推翻帝制，建立主权在民的共和国。① 可以说，"整个中国现代史，是天下为公诉求的总爆发"②。这些主张，本质上都是当时民族资产阶级救亡图存的主张，无疑是进步的。然而资产阶级在本质上仍然属于剥削阶级，其多大程度上能代表广大中国人民的利益诉求，达到"天下为公"呢？加上资产阶级自身的软弱性，资产阶级共和国的方案很快由于袁世凯称帝窃国、军阀割据混战而破产。反帝反封、实现"天下为公"的旧邦新命，落在了中国共产党人肩上。

三　中国共产党与公天下精神的古今之变

从思想内涵看，中国传统"天下为公"理念与马克思主义至少在以下四方面是可以沟通的。第一，马克思主义关于共产主义社会的理想，与"大同"理想相互契合。第二，马克思主义唯物史观认为，以劳动者为主体的人民群众创造历史，这可以重新激活"天下为公"中的民本思想。第三，马克思主义关于社会主义的理论认为，只有实现生产资料公有制，消灭剥削制度，才能解放生产力，为实现全体人民的幸福、实现共产主义理想社会奠定物质基础，这可将"天下为公"中的富民主张转化为构建现代经济制度的思想资源。第四，马克思主义者关

---

① 以上参见陈甜《"天下为公"思想的历史渊源与深远意义》，《旗帜》2023年第1期。

② 赵轶峰：《中华传统文化中的"天下为公"及其现代回响》，《东北师大学报》（哲学社会科学版）2011年第5期。

于全世界无产阶级大联合的国际主义精神，与传统士大夫"忧以天下，乐以天下"（《孟子·梁惠王下》）的胸怀契合。可见，中华文明具有与马克思主义基本原理相结合的天然土壤。因而，十月革命一声炮响，为中国送来了马克思列宁主义，许多深受旧学熏陶的志士仁人便自然地转变为共产主义战士。"天下为公"的古老价值，在中国共产党领导的民族复兴事业中逐步实现。

以毛泽东同志为主要代表的中国共产党人，团结带领全党全国各族人民，经过长期浴血奋斗，完成了新民主主义革命，建立了中华人民共和国，确立了社会主义基本制度，完成了中华民族有史以来最为广泛而深刻的社会变革，为当代中国一切发展进步奠定了根本政治前提和制度基础。在探索过程中，虽然经历了严重曲折，但党在社会主义革命和建设中取得的理论成果和实践成就，为在新的历史时期开创中国特色社会主义事业新局面提供了宝贵经验、理论准备、物质基础。中国共产党团结带领全国各族人民，确立了社会主义基本制度，真正实现人民当家作主，彻底结束了旧中国"家天下"制度的时代，从而为中华文明"天下为公"价值的实现奠定了广泛的政治基础。

党的十一届三中全会以后，以邓小平同志为主要代表的中国共产党人，作出把党和国家工作中心转移到经济建设上来、实行改革开放的历史性决策，深刻揭示社会主义本质，确立社会主义初级阶段基本路线，明确提出走自己的路、建设中国特色社会主义，科学回答了建设中国特色社会主义的一系列基本问题，制定了到 21 世纪中叶分三步走、基本实现社会主义现代化的发展战略，成功开创了中国特色社会主义道路。党的十三届四中全会以后，以江泽民同志为主要代表的中国共产党人，在国内外形势十分复杂、世界社会主义出现严重曲折的严峻考验面前捍卫了中国特色社会主义，确立了社会主义市场经济体制的改革目标和基本框架，确立了社会主义初级阶段以公有制为主体、多种所有制经济共同发展的基本经济制度和以按劳分配为主体、多种分配方式并存的分配制度，开创全面改革开放新局面，推进党的建设新的伟大工程，成功把中国特色社会主义推向 21 世纪。党的十六大以后，以胡锦涛同志为主要代表的中国共产党人，在全面建设小康社会进程中推进实践创新、理论创新、制度创新，强调坚持以人为本、全面协调可持续发展，着力保障和改善民生，促进社会公平正义，推进党的执政能力建设和先进性建设，成功在新形势下坚持和发展了中国特色社会主义。在以邓小平同志、江泽民同志、胡锦涛同志为主要代表的中国共产党人的集体领导下，中国人民实现了从"站起来"到"富起来"的伟大飞跃，为实现中国特色社会主义事业的"大同"理想，为实现中华民族自古以来的"天下为公"的理想之治夯实了基础。

党的十八大以来，习近平总书记站在几代中国共产党人思想结晶的基础上，面对百年未有之大变局，准确把握中国特色社会主义事业的历史新方位、时代新变化、实践新要求，在国内外重要场合多次阐发"天下为公",将这个理念推向了前所未有的新的境界。概括而言,习近平新时代中国特色社会主义思想在以下三大方面,创造性转化、创新性发展了"天下为公"理念。

第一,坚持人民至上,发展全过程人民民主。

一切为了人民、一切依靠人民,始终把人民放在心中最高位置,是新时代党治国理政的鲜明底色。习近平总书记是从人民中成长起来、深受人民爱戴的人民领袖,始终以国家需要为使命、以人民利益为准绳,明确提出坚持以人民为中心,要求始终把人民对美好生活的向往作为奋斗目标,强调"我们党来自于人民,为人民而生,因人民而兴"[1],"以百姓心为心,与人民同呼吸、共命运、心连心,是党的初心,也是党的恒心"[2]。坚持人民至上,是对党的奋斗历程和实践经验的深刻总结,是新的历史条件下对唯物史观的丰富和发展,也是新时代对"天下为公"理念的重要发展。

人民至上,强调了人民的主人翁地位。习近平总书记在学习贯彻党的二十大精神研讨班开班式上指出:"党的领导凝聚建设中国式现代化的磅礴力量,我们党坚持党的群众路线,坚持以人民为中心的发展思想,发展全过程人民民主,充分激发

---

① 习近平:《在"不忘初心、牢记使命"主题教育工作会议上的讲话》,人民出版社 2019 年版,第 4 页。

② 《贯彻新发展理念推动高质量发展 奋力开创中部地区崛起新局面》,《人民日报》2019 年 5 月 23 日第 1 版。

全体人民的主人翁精神。"[1] 主人翁的提法蕴含着对传统民本—生民论的克服和超越。民本—生民论无论被推阐得多高，始终未能否定君主制本身，因其理论背后往往会预设生民不能自治而需仰赖上天的委托者。[2] 然而，人民群众才是创造历史的原动力，只有在真正实现主人翁地位的新中国政治文明中，中华文明关于天道民心的"公"之价值才会获得真正解放。而发展全过程人民民主，实现过程民主和成果民主、程序民主和实质民主、直接民主和间接民主、人民民主和国家意志的统一，在西方民主模式多为特殊利益寡头所俘获的当今世界，更彰显着中国特色社会主义民主政治对于人类文明前景的深远启示意义。

人民民主是社会主义的生命，是全面建设社会主义现代化国家的题中应有之义。没有民主就没有社会主义，就没有社会主义的现代化，就没有中华民族伟大复兴。在前进道路上，中国共产党坚定不移地推进社会主义民主政治建设，发展全过程人民民主，保障人民当家作主。事实充分证明，中国特色的社会主义民主政治具有强大生命力，中国特色社会主义政治发展道路是符合中国国情、保障人民当家作主的正确道路。党的十八大以来，以习近平同志为核心的党中央，深化对民主政治发

---

① 《习近平在学习贯彻党的二十大精神研讨班开班式上发表重要讲话强调 正确理解和大力推进中国式现代化》，《人民日报》2023 年 2 月 8 日第 1 版。

② 参见［日］渡边信一郎《古代中国的王权与天下秩序：从日中比较史的视角出发》，徐冲译，中华书局 2008 年版，第 30 页。

展规律的认识，提出了全过程人民民主的重大理念。习近平总书记指出："全过程人民民主是社会主义民主政治的本质属性，是最广泛、最真实、最管用的民主。"① 全过程人民民主充分彰显社会主义国家性质，充分彰显人民主体地位，使人民意志得到更好体现、人民权益得到更好保障、人民创造活力进一步激发。发展全过程人民民主，是新时代实现"天下为公"理念的重要制度保证。

第二，坚持高质量发展，形成新质生产力，促进共同富裕。

发展是党执政兴国的第一要务，是解决我国一切问题的基础和关键。习近平总书记指出，新时代抓发展，必须更加突出发展理念，坚定不移贯彻创新、协调、绿色、开放、共享的新发展理念。② 新发展理念是在深刻总结国内外发展经验教训、深刻分析国内外发展大势的基础上形成的，是针对我国发展中的突出矛盾和问题提出来的，系统回答了关于发展的目的、动力、方式、路径等一系列理论和实践问题，阐明了我们党关于发展的政治立场、价值导向、发展模式、发展道路等重大政治问题，为把握新发展阶段、构建新发展格局、推动高质量发展提供了行动指南。贯彻落实新发展理念，就是要坚持高质量发展，形成新质生产力，促进共同富裕。

---

① 习近平：《高举中国特色社会主义伟大旗帜 为全面建设社会主义现代化国家而团结奋斗——在中国共产党第二十次全国代表大会上的报告》，人民出版社 2022 年版，第 37 页。

② 《中央经济工作会议在北京举行》，《人民日报》2019 年 12 月 13 日第 1 版。

习近平总书记指出："新时代中国经济发展的重要特征是，由高速增长转向高质量发展、从量的扩张转向质的提升。"[①] 高质量发展，是能够很好满足人民日益增长的美好生活需要的发展，是体现新发展理念的发展，是创新成为第一动力、协调成为内生特点、绿色成为普遍形态、开放成为必由之路、共享成为根本目的的发展。2023 年 9 月，习近平总书记在黑龙江考察调研期间首次提出要加快形成新质生产力。[②] 新质生产力是创新起主导作用，摆脱传统经济增长方式、生产力发展路径，具有高科技、高效能、高质量特征，符合新发展理念的先进生产力质态。新质生产力本质上是先进生产力，不仅具有生产力的一般性特点，更为重要的是，作为推动我国经济高质量发展的重要着力点，新质生产力的形成植根于中国大地，服务于中国特色社会主义伟大实践，具有鲜明的中国特色，反映了先进生产力的社会属性。通过积极培育新质生产力，着力解决发展不充分问题，有助于为人们的美好生活打下更为丰裕的物质基础。通过积极培育新质生产力，解决发展不平衡的问题，有助于为扎实推动共同富裕创造条件。

共同富裕，是马克思主义的一个基本目标。实现共同富裕，反映了社会主义的本质要求，体现了以人民为中心的根本

---

① 《习近平会见"2018 从都国际论坛"外方嘉宾》，《人民日报》2018 年 12 月 13 日第 1 版。

② 《牢牢把握在国家发展大局中的战略定位 奋力开创黑龙江高质量发展新局面》，《人民日报》2023 年 9 月 9 日第 1 版。

立场。党的十八大以来，以习近平同志为核心的党中央把握发展阶段新变化，把逐步实现全体人民共同富裕摆在更加重要的位置上，推动区域协调发展，采取有力措施保障和改善民生，打赢脱贫攻坚战，全面建成小康社会，为促进共同富裕创造了良好条件。习近平总书记在党的二十大报告中指出："中国式现代化是全体人民共同富裕的现代化。共同富裕是中国特色社会主义的本质要求，也是一个长期的历史过程。我们坚持把实现人民对美好生活的向往作为现代化建设的出发点和落脚点，着力维护和促进社会公平正义，着力促进全体人民共同富裕，坚决防止两极分化。"① 共同富裕是社会主义的本质要求，它"不是少数人的富裕，也不是整齐划一的平均主义"②。今天，在我国经济建设由高速增长转入高质量发展的新时代，如何发展新质生产力，让社会主义市场经济一方面既保持高效益和活力，保持高质量发展，另一方面又能体现公平正义，使经济发展的巨大成果能最大限度满足人民群众对于美好生活的期待，亦是系于中国共产党人心中的"国之大者"。提出高质量发展、共同富裕的理念，既是对"利用厚生"这一传统经济思想的继承弘扬，也是将唐虞三代以降"公天下"理念中的"均平"诉求推向新境界，而这也深刻发展了儒家传统的义

---

① 习近平：《高举中国特色社会主义伟大旗帜 为全面建设社会主义现代化国家而团结奋斗——在中国共产党第二十次全国代表大会上的报告》，人民出版社2022年版，第22页。

② 《习近平谈治国理政》第四卷，外文出版社2022年版，第142页。

利之辨，蕴含着中国自主掌握、衡量现代化道路的道德标尺。①

第三，促进世界和平与发展，推动构建人类命运共同体。

人类只有一个地球，各国共处一个世界。地球是人类的共同家园。习近平总书记指出："人类生活在同一个地球村里，生活在历史和现实交汇的同一个时空里，越来越成为你中有我、我中有你的命运共同体。"② 今天，人类交往的世界性比过去任何时候都更深入、更广泛，各国相互联系和彼此依存比过去任何时候都更频繁、更紧密，和平、发展、合作、共赢的历史潮流不可阻挡。同时，全球发展深层次矛盾突出，恃强凌弱、巧取豪夺、零和博弈等霸权霸道霸凌行径危害深重，和平赤字、发展赤字、安全赤字、治理赤字加重，人类社会面临前所未有的挑战。习近平总书记指出："没有哪个国家能够独自应对人类面临的各种挑战，也没有哪个国家能够退回到自我封闭的孤岛。"③ 世界各国要顺应时代发展潮流，做出正确选择，齐心协力应对挑战，开展全球性协作，构建人类命运共同体。

习近平总书记指出："人类命运共同体，顾名思义，就是每个民族、每个国家的前途命运都紧紧联系在一起，应该风雨

---

① 参见何青翰《儒家"均平"理想与中国式现代化的道德尺度》，《天府新论》2023 年第 2 期。

② 习近平：《顺应时代前进潮流 促进世界和平发展——在莫斯科国际关系学院的演讲》，《人民日报》2013 年 3 月 24 日第 2 版。

③ 习近平：《决胜全面建成小康社会 夺取新时代中国特色社会主义伟大胜利——在中国共产党第十九次全国代表大会上的报告》，人民出版社 2017 年版，第 58 页。

同舟，荣辱与共，努力把我们生于斯、长于斯的这个星球建成一个和睦的大家庭，把世界各国人民对美好生活的向往变成现实。"① 推动构建人类命运共同体，不是以一种制度代替另一种制度，不是以一种文明代替另一种文明，而是不同社会制度、不同意识形态、不同历史文化、不同发展水平的国家在国际事务中利益共生、权利共享、责任共担，形成共建美好世界的最大公约数。构建人类命运共同体的倡议已被多次写入联合国文件，正在从理念转化为行动，产生日益广泛而深远的国际影响，成为中国引领时代潮流和人类文明进步方向的鲜明旗帜。习近平总书记呼吁，我们要与世界各国人民同心协力，构建人类命运共同体，建设持久和平、普遍安全、共同繁荣、开放包容、清洁美丽的世界。② 这反映了人类社会共同价值追求，符合中国人民和世界人民的根本利益。

习近平总书记指出："构建人类命运共同体是世界各国人民前途所在。万物并育而不相害，道并行而不相悖。只有各国行天下之大道，和睦相处、合作共赢，繁荣才能持久，安全才有保障。"③

---

① 习近平：《携手建设更加美好的世界——在中国共产党与世界政党高层对话会上的主旨讲话》，人民出版社 2017 年版，第 4 页。

② 习近平：《决胜全面建成小康社会 夺取新时代中国特色社会主义伟大胜利——在中国共产党第十九次全国代表大会上的报告》，人民出版社 2017 年版，第 58—59 页。

③ 习近平：《高举中国特色社会主义伟大旗帜 为全面建设社会主义现代化国家而团结奋斗——在中国共产党第二十次全国代表大会上的报告》，人民出版社 2022 年版，第 62 页。

至此，"天下为公"中"天下"的内涵，拓展为命运相关、荣辱与共、风雨同舟的地球大家庭。中国共产党人胸怀天下，关注人类前途命运，高举和平、发展、合作、共赢的旗帜，弘扬"和平、发展、公平、正义、民主、自由"等全人类共同价值，致力于把地球村建成一个和睦的大家庭，把世界各国人民对美好生活的向往变成现实，这是对"天下为公"理念的守正创新和升华发展。在政治、经贸、安全、生态、卫生诸多问题牵一发而动全球的 21 世纪，人类联系空前紧密。各国谋求自身发展的同时，应平衡与他国利益冲突，力求在一个相互尊重、相互理解、平等协商、合作共赢的国际多边框架中解决问题。霸权主义绝非人类和平长久之道。习近平总书记指出："什么是当今世界的潮流？答案只有一个，那就是和平、发展、合作、共赢。中国不认同'国强必霸'的陈旧逻辑。"[1] 当今世界，殖民主义、霸权主义的老路是走不通的，只有和平发展道路可以走得通。在长期实践中，中国共产党始终高举和平的旗帜，提出和坚持了和平共处五项原则，确立和奉行了独立自主的和平外交政策，向世界做出了永远不称霸、永远不搞扩张的庄严承诺，强调中国始终是维护世界和平的坚定力量。在各国前途命运紧密相连的今天，不同文明包容共存、交流互鉴，在推动人类社会现代化进程、繁荣世界文明百花园中具有不可替代的作用。

---

[1] 习近平：《在德国科尔伯基金会的演讲》，《人民日报》2014 年 3 月 30 日第 2 版。

习近平总书记关于构建人类命运共同体重要论述中的新时代"天下为公"理念，是站在 5000 多年中华文明的深厚根基上为人类前途命运贡献的中国智慧，具有重要而深远的启示意义。

在中国共产党的百年奋斗史上，在毛泽东思想、邓小平理论、"三个代表"重要思想、科学发展观、习近平新时代中国特色社会主义思想中，作为中华文明核心价值理念的"天下为公"，遂实现其古今之变。其中的关键，在于马克思主义基本原理能真正解开中华文明深处某些纽结，实现"旧邦新命"。人民群众才是历史的真正创造者，这一唯物史观原理与"天下为公"理念相结合，开创了人类文明新形态。

中华文明的大一统政治传统在新中国政治文明中得以克服其政治原理的内在矛盾，彻底解放其中的公天下精神，实现了其现代转化；公天下精神在近现代波澜壮阔的革命与建设的历程中，与马克思主义发生融通互诠、双向成就、相互结合。大一统与公天下的现代转化，是一个互为表里、相互支撑、交织演进的进程。而中华文明的公天下精神与马克思主义基本原理相结合的结果，就是创造了一个新的文化生命体，它体现在中国共产党领导、人民当家作主、依法治国的有机统一之中，构成统一的、坚强的社会主义新中国的制度精神。

第三节 "两个结合"与中华文明的统一性

中国共产党作为中华文明的自觉担纲者，之所以能够赓续中华文明突出的统一性，以中国式现代化开创人类文明新形态，其最大法宝正是习近平总书记概括总结的"两个结合"命题，即"坚持把马克思主义基本原理同中国具体实际相结合、同中华优秀传统文化相结合"①。要继承和发挥包括统一性在内的中华文明"五个突出特性"的深厚积累和磅礴力量，建设中华民族现代文明，其根本途径就在于习近平总书记提出的"两个结合"尤其是"第二个结合"。"第二个结合"让马克思主义成为中国的，让中华优秀传统文化成为现代的，让经由"结合"而形成的新文化成为中国式现代化的文化形态；"第二个结合"让中国特色社会主义道路有了更加宏阔深远的历史纵深，拓展了中国特色社会主义道路的文化根基；"第二个结合"是又一次的思想解放，让我们能够在更广阔的文化空间中，充分运用中华优秀传统文化的宝贵资源，探索面向未来的理论和制度创新；"两个结合"巩固了文化主体性，表明中国共产党的历史自信、文化自信达到了新高度，表明党在传承中华优秀传统文化中推进文化创新的自觉性达到了新高度。②

中华文明的统一性之所以能完成其旧邦新命，实现其文明新形态创造，根本原因在于能够与马克思主义基本原理的立

---

① 习近平：《在庆祝中国共产党成立 100 周年大会上的讲话》，人民出版社 2021 年版，第 13 页。

② 参见习近平《在文化传承发展座谈会上的讲话》，人民出版社 2023 年版，第 6—9 页。

场、观点和方法相结合。中国共产党人深知，人类历史及其成就从来就不是某个英雄人物所能独自创造的，更远非天命神授。关于历史的实质，恩格斯说："人们总是通过每一个人追求他自己的、自觉预期的目的来创造他们的历史，而这许多按不同方向活动的愿望及其对外部世界的各种各样作用的合力，就是历史。"① 也就是说，只有最大范围内的合力，亦即最广大人民群众的共同力量，才能缔造历史。毛泽东同志说过："人民，只有人民，才是创造世界历史的动力。"② 历史的选择，说到底是人民的选择。中国共产党人深知历史唯物主义的原理，秉持人民立场和"人民至上"的理念，坚持走群众路线，依靠最广大人民群众的力量推动中国特色社会主义事业。通过自我革命，中国共产党人不断保持自身的先进性、纯洁性，始终站在最广大人民群众的立场上，始终维护最广大人民群众的根本利益，这就是中国共产党能够跳出"历史周期率"的保障。可以说，正是马克思主义重新激活了中华文明统一性的政治原理及其制度精神，激活了大一统政治传统和公天下理念。由此，中华文明突出的统一性在新中国政治文明中完成了创造性转化、创新性发展的历程，并且对当代中国、未来中国乃至中华民族伟大复兴的伟大征程，都具有十分重要的现实指导意义。

以中国式现代化开创人类文明新形态，建设中华民族现代

---

① 《马克思恩格斯选集》第4卷，人民出版社1995年版，第248页。
② 《毛泽东选集》第三卷，人民出版社1991年版，第1031页。

文明，需要继承和发展中华文明突出的统一性的磅礴力量。牢牢把握中华文明突出的统一性，要求我们坚定维护国家统一，坚决反对分裂，铸牢中华民族共同体意识。习近平总书记指出："中华文明的统一性，从根本上决定了中华民族各民族文化融为一体、即使遭遇重大挫折也牢固凝聚，决定了国土不可分、国家不可乱、民族不可散、文明不可断的共同信念，决定了国家统一永远是中国核心利益的核心，决定了一个坚强统一的国家是各族人民的命运所系。"[①] 在中国长达几千年的历史长河中，统一是历史的主流，是历史发展的方向，是广大人民的愿望。中华文明的统一性源于中华文明统一的经济文化基础。中华文明统一性的突出特性，是中华文明珍贵的历史遗产，它不仅在历史上发挥了积极作用，对我们今天推进中国特色社会主义文化建设、建设中华民族现代文明也具有十分重大的现实意义。我们应当从中华文明统一性中汲取铸牢中华民族共同体意识的宝贵资源，筑牢维护国家统一、坚决反对分裂共同信念的坚强文化基石。[②]

---

① 习近平：《在文化传承发展座谈会上的讲话》，人民出版社 2023 年版，第 3—4 页。

② 参见中共中国社会科学院党组《深刻把握中华文明突出特性的历史意义与时代价值》，《求是》2023 年第 18 期。

第四章
容融共成：中华文明包容性的哲学内涵

2023 年 6 月 2 日，习近平总书记在文化传承发展座谈会上发表重要讲话指出：

> 中华文明具有突出的包容性。中华文明从来不用单一文化代替多元文化，而是由多元文化汇聚成共同文化，化解冲突，凝聚共识。中华文化认同超越地域乡土、血缘世系、宗教信仰等，把内部差异极大的广土巨族整合成多元一体的中华民族。越包容，就越是得到认同和维护，就越会绵延不断。中华文明的包容性，从根本上决定了中华民族交往交流交融的历史取向，决定了中国各宗教信仰多元并存的和谐格局，决定了中华文化对世界文明兼收并蓄的开放胸怀。①

---

① 习近平：《在文化传承发展座谈会上的讲话》，人民出版社 2023 年版，第 4 页。

包容性是中华文明在形成和发展过程中展现出来的突出特性。开放包容不仅是中华文明繁荣发展的不竭动力，也是文化自信的重要体现。这种文化自信不仅建立在对自身传统的传承和发展上，也体现于对新事物的接纳与融合上，文明新活力与新面貌亦由此得以涵育长养。中华文明之所以能够一气贯通、历久弥新，很大程度上得益于其开放包容的精神。中华文明以海纳百川、有容乃大的气度，在交流交融中不断地汲取精华、创新自我，成就了其博大丰富的气象。

"中华文明从来不用单一文化代替多元文化，而是由多元文化汇聚成共同文化，化解冲突，凝聚共识。"深刻揭示了中华文明的形成机制，多元的内源文化通过汇聚、融通与共生，形成了具有高度文化认同的中华文明，其中也蕴含着对"一"与"多"这一对哲学范畴的思考。"中华文化认同超越地域乡土、血缘世系、宗教信仰等，把内部差异极大的广土巨族整合成多元一体的中华民族。"深刻揭示了中华民族共同体的形成机制，广大疆域内的各民族超越语言、血缘、习俗、信仰等形成了虽多元而共体的中华民族，其中也蕴含着对"同"与"异"这一对哲学范畴的思考。"中华民族交往交流交融的历史取向"贯通于中华文明历史进程的全过程，连续绵延，又在交往交流交融中孕育着创新性，巩固了和平性。"中国各宗教信仰多元并存的和谐格局"，鲜明体现了中华文明有容乃大的胸襟。"中华文化对世界文明兼收并蓄的开放胸怀"，展现了中国交流互鉴、共赢共享的全球文明理念，其中也蕴含着对"自"

与"他"这一对哲学范畴的思考。

第一节 "包容性"的语义与内涵特质

在展开讨论之前，我们需要思考的前置问题便是所讨论的中心语词、概念的含义和意蕴，若不进行辨析和澄清，将使基于语词、概念进行的探讨缺乏坚实的根基。因此，本节先从语义考察入手展开探讨。

一 "包容性"的语义考察

"包"字，甲骨文中是否出现，目前学界争议较大，尚无定论。目前可以确认的早期字形为秦汉文字。篆文作⑨，从勹，表示人曲身有所包裹，从巳，表示未成形之胎儿，会胞胎之意。《说文解字》释曰："包，象人裹妊，巳在中，象子未成形也。""包"即为"胞"的本字，其本义为胎胞，即胎衣。此义引申进而产生了裹、围、容、含、括、藏、兼等含义。包又与胞、苞相通。如《玉篇·包部》载："包，今作胞。"《周易·泰》九二爻辞中"包荒"，陆德明《经典释文》曰："包，本又作苞。"《周易·姤》九五爻辞之"包瓜"，陆德明《经典释文》曰："包，子夏作苞。"此外，《龙龛手鉴》中还出现了"包"的异体字写作"勽"，将正体的"巳在中"改为"仁在中"，会"仁"之意，仁在中而可包，从而形成一种独特的意涵。

"容"字，金文作🔲（公朱左师鼎），篆文作🔲。《说文解字》释曰："容，盛也。从宀，从谷。"容之本义为盛纳。在盛纳本义之外，又引申为所盛之量、容受、收留、包容、宽容、宽恕、允许、或许等含义。如《周易·临·象传》"容保民无疆"，孔颖达疏："容，谓容受也。"《周易·师·象传》"君子以容民畜众"，李鼎祚《集解》引虞翻曰："容，宽也。"《尚书·君陈》："必有忍，其乃有济；有容，德乃大。"孔安国传："为人君长必有所含忍，其乃有所成；有所包容，德乃为大。"

"包容"一词则是由"包"和"容"同义复合而构成的复词。该词较早见于《老子河上公章句》用例。《老子》云："知常容，容乃公，公乃王，王乃天，天乃道，道乃久，没身不殆。"河上公将"知常容"诠释为："能知道之所常行，去情忘欲，无所不包容也。"此处即将"容"解释为"包容"。王弼注云："无所不包通也。无所不包通，则乃至于荡然公平也。"苏辙云："无所不容，则彼我之情尽，尚谁私乎？"[1] 此处之容或包容，不仅具有广大、周遍、容纳义，还进一步蕴生出公平、无私的含义。此外，《汉书·五行志下》云："上不宽大包容臣下，则不能居圣位。"此处包容则有宽容、宽恕义。以上即为包容一词的两种基本含义，现行词义依然未超出此范围。

---

① 高明：《帛书老子校注·道经十六》，中华书局1996年版，第304页。

二 "包容性"的内涵特质

基于"包容"的基本语义，在不同语境和领域中，"包容"又可以表现为多样的具体内涵。就文明和文化语境而言，包容性的根本原则在于对多元性和差异性的容许、尊重、接纳、整合与共生共成。中国悠久历史文化的多样与多元的客观存在，使得中华文化在多元互动中碰撞、融合、互鉴，呈现出海纳百川、兼收并蓄的特色，这种交流互动中的融合与新生也成为中华文明起源、形成与发展的原动力。中华文明在起源与演进过程中形成了以"容融共成"为内涵特质的包容性，不仅"容融共成"整体上可以作为包容性内涵特质的描述，而且容、融、共、成之间也存在内在的逻辑理路。

（一）容

"容"者，为"包容性"之基础阶段。就"包"和"容"的字义而言，更多的是描述一种容纳、包括、含蕴的状态。此时，毋宁说是一种物理性汇聚，就文明而言，即表现为各种文明元素纷呈、拢括、交汇的状态。"容"所描述的是一种文明层面的宽广胸怀，它涉及对不同文化、信仰、思想和生活方式的接纳和尊重。这种文明状态，表现为一种开放的姿态，展现了对多样性的理解和尊重，对不同文化的欣赏和包含，欢迎各种文化元素在其空间内展现和共存，从而形成一个更为丰富和多元的文化生态系统。

《尚书·尧典》曰："二十有八载，帝乃殂落，三载，四海遇密八音。"所谓"四海"，《周礼·职方氏》注引《尔雅》谓即九夷、八蛮、六戎、五狄。《汉书·地理志》载："自交趾至会稽七八千里，百越杂处，各有种姓。"九夷、八蛮、六戎、五狄、百越与华夏并曜，可见中华文明文化源的多样性。《尚书·尧典》云："九族既睦，平章百姓，百姓昭明，协和万邦"，万邦并存又可得以"协和"；《礼记·中庸》云："万物并育而不相害，道并行而不相悖。小德川流，大德敦化。此天地之所以为大也"，虽万物而可并育，虽百道而可并行；春秋战国时期，"百家之学"争鸣于世，一时隆盛至极，这些正是"容"之内涵特质的鲜明表现。

（二）融

"融"者，为"包容性"之化合阶段。我们把视角深入那些聚拢汇集的多样文明元素之中，发现它们并非以孤立或独立的形式存在。相反，这些元素在相遇与互动中相互渗透、相融相入，形成了一种深度的互动融通状态——"你中有我，我中有你。"这种状态超越了简单的物理性汇聚，而是进入一种化学性的融合过程，其中新的文明元素形态不断被创造和发现，这些新的文明元素往往展现出独有的特征，这些特征既承载着原有文明的痕迹，又呈现出全新的面貌。之所以将文明融合比喻为化学反应，是为了强调这一过程的动态性和创造性。就像化学反应中的元素相互作用产生新的物质一样，不同文明的交汇和融合催生出新的文化现象、思想观念和生活方式。这种化学性融合的结果不仅仅是相加所得，更是一种质的飞跃，带来了文明进程中的新成果。这种融合过程是文明进步和发展的重要驱动力，它不仅丰富了人类的文化多样性，也推动了文明的创新和进步。值得强调的是，这种化学性融合的基础是相互尊重和学习。每一种文明都拥有其独特的价值和智慧，只有在相互理解和尊重的基础上，才能实现真正意义上的融合和创新。这一过程鼓励我们超越文化的界限，探索和学习其他文明的深层价值，从而在融合中创造出新的文化形态。

融之本义指冰雪融化，地气蒸腾。又引申出几种不同事物合成一体的含义，如融会、交融。巧合的是，祝融，又被称为祝和，也是"融"与"和"相通的例子。又因冰雪融化则成水流，引申出"通"义，如何晏《景福殿赋》："云行雨施，品物咸融。"又引申出"昌盛"义，如陶渊明《命子》："在我中晋，业融长沙。"又引申出"长久"义，如《诗经·大雅·既醉》："昭明有融，高朗令终"，《毛诗正义》释曰："融，长。"将以上诸义综合起来理解中华文明的"包容性"，则不仅具有基本的融合含义，还预示着文明有"融"则可通、可昌盛、可长久。

（三）共

"共"者，为"包容性"之升华阶段。经过"容"与"融"两个阶段的汇聚与融合，化解矛盾冲突，求同存异，凝聚合力，整合形成超越性的认同和共识，则成为此一阶段的内涵特质。在多元文明融合过程中，不同文化间的矛盾和冲突是不可避免的。然而，正是通过融合与互动，文明之间可以逐步化解矛盾,寻找共同点,同时尊重和保留各自的独特性,最终实现更深层次的凝聚与合力。这一过程不仅涉及文化层面的相互理解和包容,更关乎在认同和共识上的超越性建构。在化解矛盾冲突的过程中,也需要我们认识到,文化之间的差异和多样性本身即是人类文明宝贵的财富。通过对话和交流,不同文化可以互相启发,从冲突中发现共同成长的契机,进而转化矛盾为动力,推动各自以及整体的发展。求同存异是多元文明融合的重要原则。它强调在寻求共同点的同时,也要尊重每种文化的独特性和价值。通过强调共性,文明之间可以建立起相互理解和尊重的桥梁,而对差异的接纳则使得文化交流和融合更加丰富和深入。这种平衡促进了不同文明之间相互学习和借鉴,有助于建立起更加广泛的共识。在多元文明的融合进程中,通过共同面对挑战、共享知识和智慧、共同创造价值,能够凝聚起强大的合力。这种合力可以引导人们形成超越具体文化和民族的认同和共识。

"共"字,甲骨文作双手捧器形,会供奉之意,此为其本义。因双手捧物需要两只手协作,由此又引申出"同"的含义,《说文解字》释曰:"共,同也。"又引申出一同从事、承担、享用的含义,如同甘共苦、休戚与共;以及合计的含义,如共计。以上诸义综合起来理解中华文明的"包容性",则表示中华文明是多元合力形成的文明共同体,其形成过程有赖历代人民共同从事、共担责任,其成果也为所有人民共享。

（四）成

"成"者，为"包容性"之成果阶段。经过容、融、共三个阶段的发展，水到渠成地促使一种超越单一元素、融汇多元精华的新型的文明和文化形态的诞生。"成"在此意味着一种"大成"的状态，这种状态是在容、融、共的基础上逐步建立起来的。它不仅彰显了文明之间互相尊重和学习的能力，也体现了文明共同成长的可能性。这一阶段的到达，意味着各种文化元素已经成功地融入一个文化共同体中，形成一种新的文明形态。这种新型的文明和文化形态的特点在于其超越了任何单一文明形态的局限，将多种文明的精髓融合在一起。这种融合不是简单的并列或叠加，而是各种文化特征在相互作用下形成了全新组合，创造出独特的文化现象和表达形式。这种文明和文化形态具有更强的生命力和创新能力，能够为人类社会的发展提供新的思想资源和文化动力。

"成"字，有就、成功、定、遂、毕、终、熟、备、善、盛、平、和、并、大等众多含义，从中亦可窥见多个含义可与容、融、共互参。如前所论，"包"既为"胞"之本字，故而也可推知其具有生发、长养的含义，也就意味着可以从胞胎生长成为成熟的生命体。就文明而言，以包容之功用，则可促生一个多元共成的新的文化生命体。就中华文明发展进程而言，即意味着形成中华民族现代文明这一新的文化生命共同体。

容融共成，不仅整体地概括了中华文明"包容性"的内涵特质，而且蕴含了容、融、共、成四个循序渐进、环环相扣的

"基础—化合—升华—成果"的文明发展阶段。顺序观之，由容到成，呈现了一个文化共同体的生成长养过程；而逆序观之，有成则有体，有体则共、融、容皆依于此体，以其同体故，则能相合、相入、相摄而无碍。

第二节　"包容性"的哲学阐释

"包容性"植根于 5000 多年文明积淀形成的中华优秀传统文化深厚底蕴之中，是中华文明在历史进程中彰显出来的最为显著的特性之一。它贯穿于中国历史的每一个阶段，成为促进社会发展和文化交流的重要因素。包容性不仅体现于多元一体的文化共同体、天下一家的民族共同体、通和共生的信仰和谐体、共建共享的人类命运共同体，而且体现了中华文化深层次的哲学思维与价值取向。本节基于传统哲学的视角，从一多关系、同异关系、自他关系几个方面对"包容性"进行研究阐释。

一　一多相即

中华文明从来不用单一文化代替多元文化，而是由多元文化汇聚成共同文化。中华文明在漫长的历史进程中吸纳了多个地区、族群、语言和文化系统的元素，从而形成了丰富而独特的中华文明体系。中华民族的多元一体格局，一体包含多元，多元组成一体，一体离不开多元，多元也离不开一体，一体是主线和方向，多元是要素和动力，两者辩证统一。① 中华民族和中华文明的"多元"不是彼此分立、相互脱离的，各民族在经济、政治、文化等各个层面具有共同性和统一性。各民族交往交流交融，汇聚形成中华民族，共同创造中华文明。多元聚为一体，一体引领多元，一多相即，互相成就。其中蕴含着对于"一"与"多"这对哲学范畴的思考，对这对范畴的讨论在不同历史时期不同流派的哲学体系中均有呈现，以下围绕中国哲学史上关于"一多相即"问题的讨论而展开。

（一）一生万物、万物复一

"一生万物、万物复一"是"一多相即"在《周易》和道家思想中的呈现。当古代先贤们面临着自然世界的复杂多变，以及生活中种种令人困惑的现象时，他们开始迈出了从原始信仰和神话向理性思考转变的重要步伐。这种转变不仅标志着人类对知识追求的深化，也开启了对世界本质探究的新纪元。古代先贤们试图穿透现象的表层，探寻那些支配万事万物发生、变化乃至消亡的根本原因，以期解释宇宙的统一性和万物存在的本原、根源和总体，努力寻找本初的"一"。在追求宇宙万物本原的过程中，古代先贤们还深入探讨了统一性与多样性之间的关系。他们试图理解，如何从这个根本的"一"衍生出丰富多彩的自然界和复杂多变的人类社会。这一探索不仅涉及了

_____

① 中共中央文献研究室编：《习近平关于社会主义政治建设论述摘编》，中央文献出版社 2017 年版，第 150 页。

宇宙如何从统一走向多样的生成问题，也触及了如何从多样中寻找统一，实现对世界的全面把握。

《周易·系辞上》云："易有太极，是生两仪，两仪生四象，四象生八卦。"《周易》提出了"太极"生成模式，太极是"一"，是宇宙的最初状态，即无极而太极。太极是动态的、生成的，它不仅仅是宇宙的起点，也是一切变化的源泉。从太极（一）中，生出两仪（阴阳），两仪再生四象（太阳、少阴、少阳、太阴），四象生八卦，而八卦则进一步组合变化为六十四卦，象征着宇宙中所有可能的状态和变化。太极（一）成为万物生成的母体和源头，而万物皆是其所生。阴阳是"一"分化出的基本二元，它们既相反又相依，通过它们之间的相互作用和转化，推动了万物的生成和变化。阴阳的这种相互关系，构成了"一生万物"的动力。"生"的问题是《周易》的核心关切，《周易》传达出来的"生生"思想，囊括了万事万物，凸显了生命的连续性和发展性，体现了生命存在状态的无限展开。在哲学层面，"生生之谓易"揭示了一种存在的本原观，即世界统一于整体性存在——"大化"，统一于在无限时空持续延展的"生生"。由此，万物的存在和发展都是基于一种内在的生命力，这种生命力既是创造性的，也是持续性的。

在道家哲学中，"一"与"多"的关系被深刻地探讨。《老子》四十二章曰："道生一，一生二，二生三，三生万物。"其宇宙生成衍化模式表现为"道"本原模式。这一模式强调从无到有、从简到繁的过程，体现了万物生成的自然法则。老子指出，"道"是"有物浑成，先天地生"，表现了"道"的时间和状态；"独立而不改"强调了"道"的独立性和永恒性；"周行而不殆"强调了"道"的周行不息，意味着"道"的运行是持续而永恒的。"道"被认为是超越一切的存在，是万物的根本和统一的原则。"道生一"表明了从"道"到"一"的生成过程，而"一"在这里并不等同于"道"，而是指"道"的集中体现或焦点。道家通过"大一"思想强调了"道"的整体性和大全性，即"道"既包含了一切，又超越了一切对立和分别。这种思想体现了道家对于"一"与"多"的辩证理解，即"一"不是简单的单一性，而是包含了无限多样性的统一体。"道"作为宇宙的根本原理，它既是"一"，也是"多"。道家进一步通过否定表述系统和特殊表达式来深化这一思想，如"不二式"和"双遣双非"表达式，这些都是为了更好地表达"道"的无分别、无差别和整体大全的特性。

"道生一"意味着宇宙万物的起始点是一个统一的整体，即"道"。这里的"道"代表着宇宙的根本原理或终极真理。它既是无形无名的，也是有形有名的存在，体现了"无"与"有"的统一。"一生二"可以被解释为这个统一的整体（"道"）开始分化，产生了两个基本的对立面或元素，可以类比为阴阳的初步形成。这两个元素相互作用，生成了更加复杂多变的世界。"二生三"进一步描述了这两个基本元素（如阴阳）之间的相互作用和融合，产生了第三个层面，即"和气"

或"均调和谐的状态"。这个阶段标志着物质世界的初步形成，万物开始以不同的形态出现。"三生万物"则是指在前两个阶段的基础上，通过不断的分化和重组，形成了丰富多彩的物质世界和生命现象。"道"与"一"便是"一"，"二""三""万物"便是"多"。"一"与"多"之间是衍生、演化的关系，"多"由"一"产生，"一"发展为"多"。

在《周易》和《老子》中，"一"与"多"皆构成了生成论上的母与子、能生与所生的关系，但需要指出的是，这种生成论上的一多关系实际上已经暗含了"一本论"的思想，尽管此时并没有从本体论角度进行论说。到了魏晋玄学时期，经过王弼的诠释演绎，"一"与"多"已经明确表现出本体论层面的本与末的关系。他把这个物象世界、伦理世界视为"末"，其背后隐藏着主宰这个世界的"本"。王弼使用了多组成对的范畴来描述二者的关系，如：无与有、一与多、理与物、母与子、自然与名教。在处理本末、一多关系时，王弼是慎重的，他针对认识层面和实践层面提出了不同的主张。就认识层面而言，王弼既重视本体，崇尚无为，同时又反对全面推翻形名体系，因此提出了"守母存子""崇本举末"，表明他在认识层面推崇"一"的同时并不废"多"的并存。而在实践层面，王弼则主张"崇本息末"，反对一切与道不契合的有为政治，主张回归朴素的无为政治，此时则存"一"而灭"多"。王弼的主张充分体现了在不同的场景中要辩证看待一多关系。

而这种万物生于同体"一"的思想，相应地也为万物复归于"一"提供了先在且内在的可能性和导引力。在老子与庄子的思想中，"复归"都是一个核心概念，深刻地揭示了道家哲学对于世界本质的理解和人的生存状态的追求。这一概念贯穿于宇宙论、人生修养以及社会治理的各个层面，展现了一种全方位的返璞归真的哲学追求。《老子》提出了"复归其根""复归于朴""复归于无物"的主张，强调万物最终都要返回到它的本根——道。庄子在老子的影响下，提出"复返自然""无为复朴""雕琢复朴"等观点，并进一步发展为"万物复情""万物一齐"的观念，认为万物应当回归于自然、本分、素朴，即复归于万物的本然之性。"复归"又可以从多个层面来理解：一是宇宙论层面的"复归"，"夫物芸芸，各复归其根"，变化纷纭的万物最终都要返回到它的本根和本初——道，这不仅说明了万物变化的终极目的，也表达了一种宇宙自然规律，即一切从简单到复杂的过程最终将回归到最初的简单和纯粹状态。二是人生修养上的"复归"，"常德不离，复归于婴儿"，"复归"可以视为人之主体性与实践性的彰显，以及人们经由世间生活磨炼之后的反思与内求。由于本来澄明虚静之心被遮蔽与熏染，偏离了道的轨迹，失去了本来面目，因此人们需要踏上"复归"之路，放下世俗的欲望、偏见和执着，寻求人与自然、人与内心的和谐与统一，努力"复归"至自然、虚静、清明、纯粹的先天本性，达到与"道"合一的境界。三是社会治理层面的"复归"，"复归于朴"，主张顺应自然的法则来治理国家和社会，即"无为而治"，认为只有回归自然、顺应自然，才是真正的和谐与平衡。①

（二）以一统多

荀子的"以一统多"思想是"一多相即"在社会层面的表现。战国时期，随着诸侯割据的局面日益严重，社会秩序的混乱和道德的堕落成为时代的痛点。在这一背景下，重构社会秩序成为当时核心的政治论题。荀子总结、扬弃诸子百家之说，融会贯通，从百家异说到思想归一，卓有成效地进行了"群居和一""执一行万""壹于道"等大一统思想的理论建构，旨在通过道德教化和制度规范来实现社会的统一与秩序重建。

荀子"以一统多"思想在社会治理领域表现为"群居和一"的观点。在荀子的思想体系里，"群"是一个很重要的概念。荀子认为人之所以能够区别于其他生物，是因为人具有社会性，能够形成群体生活，即"能群"。因此在讨论秩序的重构问题时，荀子立足于儒家政治的视点和立场，根据"人能群"的特性提出了"群居和一"的哲学观点。《荀子·王制》："水火有气而无生，草木有生而无知，禽兽有知而无义，人有气、有生、有知，亦且有义，故最为天下贵也。力不若牛，走不若马，而牛马为用，何也？曰：人能群，彼不能群也。人何以能群？曰：分。分何以能行？曰：义。"人类何以"能群"的答案即在于"分"。从群的角度讲，是指把每个人分到具体

———————————

① 参见王传林《〈老子〉"复归"的多重境界》，《武汉科技大学学报》（社会科学版）2015 年第 4 期。

的地方和位置；从个人的角度来看，则是明确个人在所属社群里面所能占有的"分"。因此说，正是因为"分"成就了"群"，只有差异性的个体有秩序地各居其位、各履其分，才能真正地实现"群居"，这便是荀子的"明分使群"思想。而这种理想中的"分"要想实现，荀子认为需要诉诸礼义。

荀子认为，"礼"是自然界和人类社会的不变之"理"，规定着人们的职分等级及其伦理道德。《荀子·富国》言："礼者，贵贱有等，长幼有序，贫富轻重皆有称也。"荀子将礼表述为"群居和一之道"，必须"隆礼义"，以礼为"始"，才能"兼足天下"。礼又是刑法的根本，"治之经，礼与刑"（《荀子·成相》），"礼者，法之大分"（《荀子·劝学》）。礼的总体目标在于把各种职分等级的人（多）有序地统之为整体（一）。同时，荀子又强调实践礼需要"循礼为义"，义的基本效用即在于"节"，按着礼的规定节制人际关系和人的欲求。"夫义者，内节于人而外节于万物者也，上安于主而下调于民者也。内外上下节者，义之情也。"（《荀子·强国》）荀子反对"唯利之求"，主张"以义制利"，以此实现"以国齐义……天下为一"（《荀子·王霸》）。可见，义的重要作用亦在于使多样趋于统一。"礼义"需通过"圣王"来制定，社会中的每一个体遵循一种普遍的"礼"，才能够解决现实社会中的纷争，从而做到"化性起伪"达到"性伪合"，实现社会的"群居和一"。因此，"圣王"的角色尤为关键，他们不仅是群体的组织者、管理者、实现者，而且是推动社会平衡与有序的关键力量。因此，荀子强调："至道大形，隆礼至法则国有常，尚贤使能则民知方，篡论公察则民不疑，赏克罚偷则民不怠，兼听齐明则天下归之；然后，明分职，序事业，材技，官能，莫不治理，则公道达而私门塞矣，公义明而私事息矣。……故天子不视而见，不听而聪，不虑而知，不动而功，块然独坐而天下从之如一体。"（《荀子·君道》）君主要"兼而能容"，即"贤而能容罢，知而能容愚，博而能容浅，粹而能容杂"（《荀子·非相》），并善用"群道"，善于使百姓众官组织成为有机整体（"一体"）。

荀子通过由"分"而"统"的内在逻辑，巧妙地将天与人的关系统一于一体，进而构建了一套独特的天人合一观。在这种观念下，"礼"成为连接天与人、形上与形下的桥梁。"礼"既是天道运行的体现，又是人道达到其道德极致的手段。在荀子看来，"礼"的实践是实现天人合一理想状态的关键。通过明确天与人的分与统，即认识到人须顺应天道而行，同时在人的社会实践中体现天道的原则，人们可以通过遵循"礼"的规范来调和人际关系，维护社会秩序，实现个人的道德修养。这种通过"礼"来实现的天人合一，不仅是一种哲学理念，也是一种具体的生活实践，成为形上关怀与现实关怀的辩证统一。①

在求知方法上，荀子"以一统多"的思想表现为"择一而

---

① 参见张炜炜、张平《由"分"而"统"——荀子天人观的内在逻辑》，《南方论刊》2017 年第 6 期。

壹""以一知万""以一持多"的学习方式。《荀子·解蔽》言:"心枝则无知,倾则不精,贰则疑惑。以赞稽之,万物可兼知也。身尽其故则美,类不可两也,故知者择一而壹焉。"《荀子·尧问》曰:"尧问于舜曰:'我欲致天下,为之奈何?'对曰:'执一无失,行微无怠,忠信无倦,而天下自来。执一如天地,行微如日月,忠诚盛于内,贲于外,形于四海。天下其在一隅邪!夫有何足致也。'"《荀子·非相》中说:"故曰:欲观千岁,则数今日;欲知亿万,则审一二;欲知上世,则审周道;欲知周道,则审其人所贵君子。故曰:以近知远,以一知万,以微知明。此之谓也。"《荀子·儒效》言:"以浅持博,以今持古,以一持万。"鉴于生命的有限性与知识的无限性之间的矛盾,荀子认为有必要在求知的过程中确定一个能够实现的切合实际的目标和范围,做到"学止和知止",并且能够专精于一,触类旁通,由一及多。从以上这些论述可以看出,荀子认为一和多是相互联系的,由"一"可以了解、知晓"多","多"在"一"中会有体现,而且"一"可以统"多","一"是关键,是枢纽和统帅。

(三)一即一切

隋唐时期,佛学在中国哲学体系中蔚为大观,关于"一多相即"问题的讨论成为佛学诸学派尤其是华严哲学的重要议题,华严学提出了"一多相容""一即一切""一切即一""理事无碍"等重要命题。

《华严义海百门》云:"如尘自相是一,由自一不动,方能遍应成多。若动自一，即失遍应，多亦不成。一二三皆亦如是。又一多相由成立，如一全是多，方名为一；又多全是一，方名为多。多外无别一，明知，是多中一；一外无别多，明知，是一中多。良以非多，然能为一多。非一然能为多一。以不失无性，方有一多之智。""一"与"多"本为有别，一非多，多非一，但同时两者又是不可分离的"相即"关系。一方面，一是构成多的基础，多由一构成；另一方面，一又是由多所构成的整体，多则是一所包含的。通过多来成就一，一包含于多中，因此说"一多相成"；离开多则不存在一，离开一则不存在多，因此说"一多互融"。亦即一中有多、多中有一，一即多，多即一，一即一切，一切即一。一事物与其他事物之间，不异不离。每一事物都是缘，同时每一缘都与其他缘相即，其他缘也与任何一缘相即，一与一切，一切与一，相即相入，圆融无碍。如尝海水一滴，即能知一切大海水之咸味。以数来解释的话，可以从两方面进行论证：（一）就现象之异体关系言，一与十乃相对待而言，一为十之基数，十由十个一构成，无一即无十，既得成十，故知"一即十"。同理可证成"十即一"。（二）就现象之同体关系言，十中各个一之自体，即是第一个一，由此而言，十之自体性空（无独立自性），故谓"十即一"。同理，视十为自体，一为构成十之因素，自体亦是性空，故称"一即十"。进一步可以推演为一多相即、一一切相即。由此说明整体与部分、一般与个别，皆为相即之关系。

法藏还提出了"一多相容不同门"的概念，"一"指本体或个别事物；"多"指一切现象。多能容一，一也能容多。一中有多，多中有一，显示相容。一多历然，各不坏体相，显示差异。将"一多相容不同门"的理念应用于对万物的理解，又提出了"万有相入"的观点。这意味着在宇宙的整体中，每一事物都与其他事物相互渗透、相互包容，形成了一个统一而多元的整体。

华严学的"无尽缘起"概念也深入体现了"一多相即"的思想。其认为世间和出世间的一切现象，都是由自性清净心生起，也就是由真如法性生起。一切现象在自性清净心的共同作用下，互为因果，相资相待，彼中有此，此中有彼，彼即是此，此即是彼，相即相入，圆融无碍，处于"重重无尽"的联系之中。"无尽缘起"所描绘的是一个无尽且互联的宇宙，在这个宇宙中，一切现象和实体都是相互依存、相互渗透的。每一现象都包含其他所有现象，没有任何现象是独立自存的。这种相互包含、相互渗透的关系，即"相即相入"，表现出了一种完美的无碍状态。"重重无尽"意味着一切现象不仅在当前相互关联，而且这种关联是无限展开的，每一缘起现象都在无尽的网络中无穷无尽地产生和消逝，构成了"无尽缘起"的视野。在这个视角下，世间的任何一个现象或实体都可以视为整个宇宙的一个缩影，反映了整个宇宙的法则。这种理解挑战了传统的因果线性思维，提出了一个动态的、相互交织的宇宙视图，在这个宇宙里，时间和空间的概念变得相对，而因果关系变得多维和互相交错。

为了更好地诠释"无尽缘起"理论，法藏进一步联想和推论现象与现象之间的关系，都是由"六相"形成的错综复杂的缘起关系："一即具多名总相，多即非一是别相。多类自同成于总，各体别异现于同。一多缘起理妙成，坏住自法常不作。""总相者，一含多德故，别相者，多德非一故，别依止总，满彼总故。同相者，多义不相违，同成一总故，异相者，多义相望，各各异故。成相者，由此诸缘起成故。坏相者，诸义各住自法不移动故。"（《华严一乘教义分齐章》）也就是说，事物的全体是总相，事物的各部分是别相。事物的各部分虽形相各别，而和合同成一体，是同相。事物的各部分虽同成一体，但依然各不相同，是异相。事物的各部分和合成一体，则此事物成，是成相。事物的各部分不和合，各部分的本质不变，是坏相。法藏在《华严金师子章》中以金狮子为比喻，金狮子是总相，眼、耳等各个部分是别相，眼、耳等同一缘起形成狮子是同相，眼、耳等彼此各不相同是异相，眼、耳等和合而成狮子是成相，眼、耳等各自独立而不和合为狮子是坏相。总、同、成三相，是从无差别方面说，指全体、整体；别、异、坏三相，是从差别方面说，指部分、片断。同时，整体与部分、无差别与差别，又是相即相入、圆融无碍，离总无别，离同无异，离成无坏。总即别，别即总；同即异，异即同；成即坏，坏即成。这是用整体与部分、同一与差别、生成与坏灭三对范畴六个方面来说明，虽然一切现象各有不同，但是又都可以融通无间。

章太炎认为法藏立"无尽缘起"说的用意，与《庄子》"寓言"篇中"万物皆种也，以不同形相禅"的意趣相同，是所谓"万物无不相互为种"之义，"一种一切种"，即"一即一切，一切即一"。而这正是"天地与我并生，而万物与我为一"的原理。这三者之间的一致，是在从原理上说明"万物与我为一"的意义，而"万物与我为一"所要表达的正是万物与我之间的彻底平等义。由于种子之间相摄相入的"相互为种"之义，使得万物之间的分别不再具有实在性，从而也使得打破万物之间的分别，使得万物之间的相互沟通成为可能。正是在此基础之上，缘起的道理被发挥为俗界层次上万物平等的原理。

"一即一切，一切即一"是华严学的代表思想，是指在整体中，任何一个个体都包含了一切其他个体，每个个体与其他部分相互依存、相互渗透。个体与整体不是对立的，而是彼此融合、互为表里的。在这种观点下，最微小的存在（如一朵花、一片叶子）也反映了整个宇宙的真相。换句话说，宇宙的每一部分都是相互联系的，每个部分都在自身之中映照出整个宇宙。"一即一切"反映了深刻的相互依存性，事物从本质上看不是孤立的，而是通过无数相互联系的方式与整体的其他部分紧密相连。同时，也揭示了通过观察任一事物，我们能够洞察到所有事物的本质，整体的真实相都可以从任一部分中体现出来。这不仅是一种哲学思考，也是一种实践指导，它促使人们以一种更加全面和深刻的视角来看待世界，理解万物的平等性、相互关联性和世界的统一性。

（四）理一分殊

"一多相即"反映于宋明理学中即呈现为"理一分殊"的思想。"理一分殊"来自程颐对《西铭》的创造性诠释。程颐在评张载《西铭》时言："《西铭》之为书，推理以存义，扩前圣所未发，与孟子性善养气之论同功，岂墨氏之比哉？《西铭》明理一而分殊，墨氏则二本而无分。分殊之蔽，私胜而失仁；无分之罪，兼爱而无义。分立而推理一，以止私胜之流，仁之方也。无别而迷兼爱，至于无父之极，义之贼也。"① 程颐以此说明理一分殊的思维方式与墨氏二本无分的异趣，也回应了杨时对《西铭》"言体而不及用"可能流于"兼爱"的质疑，解释了儒家"仁"的普遍性与差异性即"爱从亲始"之间的关系，试图解决儒学发展中的一个长期争论的问题。程颐称《西铭》"扩前圣之未发"，予以高度的评价，并点明《西铭》之要义即在"理一分殊"。此处的理一分殊指以乾坤为天地万物之父母，万有一体、民胞物与的思想，揭示了人性的形而上学的依据，将宇宙本体论和人伦价值根源论融为一体。

朱熹师事李侗，李侗对朱熹说："吾儒之学，所以异于异

---

① （宋）程颐：《答杨时论西铭书》，《河南程氏文集》，中华书局1981年版，第609页。

端者，理一分殊也。理不患其不一，所难者分殊耳。"① 所以，朱熹对理一分殊也格外用心，正是在朱熹这里，理一分殊的内涵得到进一步深化。朱熹言："天地之间，理一而已。然乾道成男，坤道成女，二气交感，化生万物，则其大小之分，亲疏之等，至于十百千万而不能齐也，不有圣贤者出，孰能合其异而反其同哉！……一统而万殊，则虽天下一家，中国一人，而不流于兼爱之弊；万殊而一贯，则虽亲疏异情，贵贱异等，而不牿于为我之私。此西铭之大指也。"② 又言："《西铭》一篇，始末皆是'理一分殊'。以乾为父，坤为母，便是理一而分殊；'予兹藐焉，混然中处'，便是分殊而理一。'天地之塞吾其体，天地之帅吾其性'，分殊而理一；'民吾同胞，物吾与也'，理一而分殊。逐句推之，莫不皆然。"③ 朱熹做了进一步发挥，认为《西铭》从头到尾句句都是从"理一而分殊"和"分殊而理一"两方面来讲"理一分殊"。

"理一"强调宇宙间只有一个最高"理"，万物各自的"理"只是最高的"理"的具体体现。"分殊"是在"理一"基础和前提下的"分殊"，"理一"是"分殊"后的"理一"。朱熹还用"太极"的概念深化了"理一分殊"的内涵，认为

---

① （清）黄宗羲著，全祖望补修：《宋元学案·豫章学案》，中华书局1986年版，第1291页。

② （宋）朱熹：《朱熹西铭论》，《张载集·附录》，中华书局1978年版，第410页。

③ （宋）黎靖德编：《朱子语类》，中华书局1986年版，第2523页。

"理一分殊"命题既表现为本体（理体）与现象（气化）之间的关系，又表现为普遍规律和特殊规律之间的关系。"理一分殊"命题既表现为本体（理体）与现象（气化）之间的"月印万川"，又表现为"类极"的"一实万分"，即太极本体到宇宙万物之间各种"类极"，也就是普遍规律和特殊规律之间的关系，同时也包括一类事物之"类理"和其所包括的所有个体事物之间的关系，而且表现为太极全体和宇宙万物的气质之性的关系，即"理同气异"。"月印万川""一实万分""理同气异"等"理一分殊"命题，其中所蕴含的"理一"，既是本体、类理，即"形上之理"，还是"生理"。因此，"理一分殊"既是作为"形上之理"意义上的"理一分殊"，同时也是在具体事物中所呈现的生生而条理的过程。①

"理一分殊"这一概念的提出和阐释，体现了中国哲学对于宇宙万物、伦理道德以及人与自然关系的深刻理解和独特见解，还具有重要的方法论意义。在每个领域中，无论是物质还是概念，我们总能观察到这种对立统一的现象：独特与普遍、特殊性与一般性、个性与共性、自相与共相之间的相互关系。这种动态关系贯穿于各种事物和它们的发展过程中，展现了它们的差异性和多样性。一个事物的特殊性、个性、自相，是它与其他事物区分开来的关键，是我们认识和理解事物多样性的

---

① 参见赖尚清《论朱子哲学中的"太极"与"理一分殊"》，《中国哲学史》2016 年第 4 期。

基础，是我们评价不同事物的价值和意义的参照，也是我们探索事物间矛盾冲突的解决办法，以及在变化万端的形式中探寻事物间并不明显的共同之处的凭借。通过探察这些共性和共相，我们能更深刻地理解每个事物独有的价值和特性。事物的独特性质不仅是其区别于他者的标志，也是驱动整体和共性发展变化的关键因素。重视从特殊、个别中发掘普遍性和共性，是对事物变化规律的深刻洞察。而共同体之所以可能，就在于事物运动中普遍地存在着共性。

中国哲学中"一"与"多"之间的关系，是通过相互渗透、相互包容的方式展现的，万事万物都被视为宇宙统一体的表现形式，同时又保持各自独特的存在和价值。"一"代表的可以是整体，也可以是宇宙的根本原理或最终实相，它也是多样性背后的统一性，是众多现象和实体共同遵循的基本法则。而"多"代表的可以是部分，也可以是宇宙万物的丰富多样和变化无常，每一个独立的存在都有其特定的形态和功能。中国哲学强调"一"与"多"的和谐统一，认为宇宙中的一切事物既相互独立又相互联系，既有各自的特点又共同构成了一个和谐的共同体。这种哲学思想为我们理解中华文化既强调整体统一又重视多样性的多元一体格局提供了有力的理论支撑。在社会结构上，尊重各个地域、族群的特性，同时又强调国家、民族的统一和整体利益；在文化上，既保留和尊重了各种文化传统的多样性，又追求文化的交流与融合，形成了包容开放的文化态度；在思想上，多种学派的思想并存并蓬勃发展，既彰显了思想的多元性，又在对话和交流中寻求共同的理解和智慧。在"一"与"多"的视野中，中华文明展现了一种既保持内在统一又包容外在多样性的独特韧性和开放性，这不仅促进了文化的持续发展和创新，也使中华文明能够在变化万千的历史长河中，既保持自己的核心价值和文化特色，又能吸收多元文化的精髓，展现出独特的多元一体的文化格局。

二 同异相合

中华文明从来不用单一文化代替多元文化，而是由多元文化汇聚成共同文化，化解冲突，凝聚共识。中华文化认同超越地域乡土、血缘世系、宗教信仰等，把内部差异极大的广土巨族整合成多元一体的中华民族。中华文化求同存异而非灭异，不灭其异而成其同，以同摄异，同中有异，异中有同。文明和文化从整体来看都是多样性、差异性和共同性的复合体。在它们的可通约性中存在着差异性，同理，在它们的差异性中也存在着可通约性。突出的包容性展现了中华文化虽一体而不单调，依然能够保持多元的特色和差异；虽多元而不散乱，又能凝聚于超越性的一体的文化认同。此中蕴含着对于"同"与"异"这一对哲学范畴的思考，以下即围绕中国哲学史上关于"同异相合"问题的讨论而展开。

（一）合异生同

《国语·郑语》载史伯言："夫和实生物，同则不继。以他平他谓之和，故能丰长而物归之，若以同裨同，尽乃弃矣。故先王以土与金、木、水、火杂，以成百物。"融合差异性的事物才能产生出新的事物；若只是无差异性的单一事物进行纯粹数量上的累加并不具有创造力，最终它还是一种事物，从而也无法发展连续，失去了生机。"和"之所以能够创造出新事物，正是因为它基于事物的差异性，用此事物去调和、平衡彼事物，从而使差异性事物之间达到繁盛的最优状态。"和"一词包含了基于事物的多样性对同异进行"调和""融合"的双重意义。正是缘此融合创生之功用，"和同异"成为先王创制百物的法则。《春秋穀梁传》云："独阴不生，独阳不生，独天不生，三合然后生。"亦有相似含义，单一事物及其数量上的叠加均无法形成生命力，只有多样的差异性事物和合才能形成生命力和创造力。

《春秋左氏传》记载了齐侯与晏子关于同与和的讨论："公曰：'和与同异乎？'对曰：'异。和如羹焉，水、火、醯、醢、盐、梅，以烹鱼肉，燀之以薪，宰夫和之，齐之以味，济其不及，以泄其过。'""若以水济水，谁能食之？若琴瑟之专一，谁能听之？"和是差异性和多样性事物进行组合、调和、整合，使其达到无过与不及的平衡协调的状态，因此和绝不等于同，和的特点在于合众异。《三国志·魏书·夏侯玄传》云："和羹之美，在于合异"，羹汤的美味正是在于不同原料、不同味道之间的调和搭配，和之"美"就在于其通过调和整合创造出的共同体具有单一组成部分所没有的独特魅力。和不仅生"美"，亦是"巧"的表现。《墨子》言："利于人，谓之巧。不利于人，谓之拙。"《释名》释曰："巧，考也，考合异类共成一体。拙，屈也，使物否屈不为用也。"通过技术和智慧将差异性的元素或者部分组合、融合成一个整体，并进而能有利于人，方可称之为巧，否则即为拙。

通过合异才能形成新的共同体，万物包括人的生命力皆由此而来，文明亦如此，唯有合异生同才能形成持久的创造力和生命力。新生的共同体还会表现各个"异"皆不具备的独特的"美"和有利于人的"巧"。

（二）求同存异

《周易·睽·彖传》曰："天地睽而其事同也，男女睽而其志通也，万物睽而其事类也。"《象传》曰："上火下泽，睽；君子以同而异。"睽卦由兑下离上组成，象征着差异、分歧或疏远。睽字本义为异，反映了卦象中的对立与分离状态。然而这种相异相违并不是绝对的，而是"以同而异"。荀爽解释此句言："大归虽同，小事当异，百官殊职，四民异业，文武并用，威德相反，共归于治，故曰'君子以同而异'也。"王弼注曰"同于通理，异于职事"，是在理同前提下的事异。当求同存异，故既聚合族群，又要辨析众物。对于此"以同而异"义，高亨解释为："同异二字皆是动词。同是综合相同之事物，异是分析相异之事物，'同而异'谓综合事物之同而又分析其中之异。《睽》之上卦为离，下卦为兑。离为火，兑为泽。然则《睽》之卦象是'上火下泽'，正如《象传》所云'火动而上，泽动而下'，是以卦名曰'睽'。同一泽也，上有火炎，下有水流，是同中有异。同中有异，乃宇宙事物之普遍规律。君子观此卦象及卦名，从而观察研究，综合事物之同而又分析其中之异。"①睽卦所蕴含的悖反性、差异性，揭示出了同和异这对矛盾不离不即的复杂性和相互依持的深刻性，正是在求同与存异的两难选择中，人们意识到同与异两个方面都需要兼顾，而不可偏于一边。

《同人·象传》曰："天与火，同人；君子以类族辨物。"《系辞》曰："方以类聚，物以群分。"上卦"乾"为天，下卦"离"为火。火炎向上，光明，与天的性质相同，因而形成"同人"的形象。人们应当效法这一精神，以同类聚集成族的大同精神，去辨别万物的差异，尊重个体的多样性，亦即在事物的处理上，重视大同，轻小异。六二爻"同人于宗"是局限于血缘宗族内的同，各亲其亲，各子其子，故而是憾惜之道，是小同，不是大同、大道的表现。"同人于野"则是广大、光明、无私的大同之道。因此，应当超越"同人于门""同人于族"这样的门户宗族之见，志于天下大同。同人卦前三爻自同而异，后三爻自异而同，全卦六爻由初至上构成一个自同而异、自异而同的发展过程，最后反异归同，同最终占据了优势。同人卦所揭示的"和同于人""同人于野"的旨趣，与《礼记·礼运》中"大道之行也，天下为公""故人不独亲其亲，不独子其子""是谓大同"的理念颇可相通。

----

① 高亨：《周易大传今注》，齐鲁书社1979年版，第336—337页。

《周易·系辞下》言"天下同归而殊途，一致而百虑"，尽管每个个体或群体在追求目标的过程中采取的路径和方法各不相同，但他们最终追求的归宿或目标是相同的。"同归"即最终目的的一致性，而"殊途"则代表了达成这一共同目的的多样性差异化路径。思虑不一，途径互殊，形式虽异，归宿相同，始异而终同。这一观点体现了对于事物同与异、统一性与多样性共存的认识，强调了在最终目标一致的情况下，允许和尊重各种不同的实践方式和思考路径。这一思想提供了一种解决复杂问题的思维方式，强调在看似差异或对立的表象下探寻内在的统一性和共通点。这也是包容态度的体现，鼓励我们在面对差异和多样性时，寻找和强调共同性和统一目标，而不是被表面的差异所隔阂。《论语·子路》载"子曰：君子和而不同，小人同而不和"，表明差异的存在并不妨碍和睦、融洽关系的成立，虽然此处原义是对君子人格的描绘，但不妨将其推广适用于文明文化关系，体现了保留差异的情况下寻求和谐、共识的精神。

荀子也对同和异、多元和共识问题进行了深入的讨论。其颇有代表性的论述为："天下之人，唯各特意哉，然而有所共予也。"（《荀子·大略》）首先荀子并不否定个体差异的存在，对于荀子来说，正如同自然世界中"天地上下有差""万物贵贱有等"一样，每个人都是极其独特的存在，因而每一个体也自然会具有各自不同的想法、观点和声音，倘使抹杀掉这些差异，就违背了共同体生活的先天依据（天数）。①

在肯定多元个体的差异的同时，荀子又强调了差异性个体在集体、社会层面存在着共识。如《荀子·富国》云："万物同宇而异体，无宜而有用为人，数也。人伦并处，同求而异道，同欲而异知，生也。皆有可也，知愚同；所可异也，知愚分。"万物共同生存于同一个宇宙，它们具有差异性的形体，没有事先设定的适于人的用途，却都对人有用，这是一条客观规律。人们共同生活在一起，虽然有共同的追求，但实现和获得满足的方式却不同，虽有共同的欲望，但满足欲望的智慧却有差别。这里的"同求""同欲"便是"共予"，也就是集体和社会的共识。世上的人们，对人对事都有各自不同的看法和主张，都有自己的不同偏好，这是异和多元的一面；但他们又有共同认可和赞同的东西，亦即有共识的存在，这是同和共识的一面。荀子试图将差异性、多样性的"特意"纳入统一的社会"共予"中，同时强调在集体中保持个体的差异和偏好。表明荀子认识到社会统一体是由不同的差异个体组成的，每个个体都有自己的偏好和利益。然而，为了实现社会的正义与秩序，这些个体的差异性观点、主张、偏好需要在一定程度上被整合到一个共许的共识中。

荀子的"人—物"关系理论也为我们理解他的"特意"与"共予"提供了重要视角。他认为，个人利益与群体利益直接

① 楼宇烈主撰：《荀子新注》，中华书局 2018 年版，第 145 页。

相关，个人利益只有在社会中才能得以实现。这意味着，虽然个体有其差异化的偏好和需求，但这些需求和偏好必须在不损害他人和社会整体利益的前提下得到满足。这种思想也反映于荀子"分"与"和"思想建构中，即通过明确的社会分工（"分"）来实现和谐（"和"）。荀子的社会分工理论强调了"礼"和"法"的重要性。他认为，通过礼法来规范社会成员的行为，可以有效地维护社会秩序和促进差异性个体与统一性集体之间的和谐。这种礼法并用的方式，既尊重了差异性个体的价值，又形成了共识性社会良序，体现了个体差异与集体共识之间的平衡。

荀子还进一步强调了珍视和传承共识的必要性："言味者予易牙，言音者予师旷，言治者予三王。三王既以定法度，制礼乐而传之，有不用而改自作，何以异于变易牙之和，更师旷之律？无三王之法，天下不待亡，国不待死。"（《荀子·大略》）荀子认为历史上的制度、礼乐是三代圣王的伟大创造，是超越时间的共识，应该保持其连续性和稳定性，如果不加传承，擅自更改，就是破坏"共予"、共识和认同，就是破坏共识下的秩序，如此毁灭只在须臾之间。因此，必须珍惜社会的共识和制度。

在某种程度上说，荀子所说的"特意"与"共予"的关系，也正是他的"大一统"的学术理想与多元包容精神的融合体。对于这种关系，荀子又以"一"和"两"来概括："今诸侯异政，百家异说，则必或是或非，或治或乱……心生而有知，知而有异；异也者，同时兼知之；同时兼知之，两也；然而有所谓一；不以夫一害此一谓之壹。"（《荀子·解蔽》）所谓"两"，即同时认知不同的事物；所谓"一"，即专注于某一特定的学说和道理。荀子既批判割裂了"一"的"两"，也反驳不以"两"为基础的"一"。他主张"同异兼权""兼取众异"，即在"两"之上求"壹"，在"异"中观"同"，在"同"中存"异"（"同时兼知之"）。①

（三）别同异、交同异、齐同异

战国中后期，在名实之辩的思想背景下，人们通过比类事物之间的同与异，以求能以概念的形式更准确地把握所考察的对象，诞生了"同异之辩"的大讨论。惠施、公孙龙、庄子及后期墨家都参与了这场讨论，各抒己见。一般认为，惠施所持的观点被称为"合同异"，公孙龙的观点被概括为"离坚白"，② 二者虽各有所偏，实质上都可以划归偏于一边的"别同异"类型。庄子的观点可以概括为"齐同异"，后期墨家则提出了"同异交得"主张。

惠施对同异的讨论主要体现在"历物十事"（载于《庄子·天下》）中，核心观点在于通过逻辑和辩证的方法探讨万

---

① 参见姚裕瑞《"特意"与"共予"——荀子如何理解人的偏好与共识》，《道德与文明》2024 年第 1 期。

② 冯友兰先生认为名家内部存在着以惠施为代表的"合同异"派、以公孙龙为代表的"离坚白"派。学术界普遍接受这一观点。也有学者认为，名家内部不存在各以惠施、公孙龙为代表的"合""离"两派。

物之间的同一性和差异性。其中一以贯之的哲学精神是对于语言意义确定性的理性追问。这表明惠施在探讨事物之间的同一性和差异性时，不仅仅局限于经验式的结论、辩证逻辑或相对主义认识论，而是更深层次地关注语言的意义和确定性，试图通过名相的辨析来理解万物之间的同一性和差异性。"历物十事"言："至大无外，谓之大一；至小无内，谓之小一。""大同而与小同异，此之谓小同异；万物毕同毕异，此之谓大同异。""至大无外"的空间和"至小无内"的空间尽管表相有很大的差异，依然存在可以相互同一之处。惠施又将同异分为"小同""小异""小同异"和"毕同""毕异""大同异"。冯友兰和牟宗三以"相似性"作为大同、小同的评判标准。牟宗三认为，小同异是相对的同异，大同异是绝对的同异，万物毕同是"大同异"中绝对的同，万物毕异是"大同异"中绝对的异。万物毕同是从普遍性而言，不是万物皆同，乃是万物皆因分得一普遍性而成其为同。万物毕异是从个体性而言，一切个体总有差异。毕同不涉及同的程度，毕异也不涉及异的程度，一旦涉及程度，便是小同异中之同异。所谓毕同，并不是说万物皆同，而是达到了同的最高层级，使万物皆同于此，即"万物皆在一绝对普遍性中而合同"。就毕异而言，是将事物的不相似层级推及到个体，因而说并无两物完全相同。①

　　从"历物十事"的角度来看，惠施并非仅仅关注自然现象

---

① 　参见牟宗三《名家与荀子》，台北：学生书局1979年版，第10—24页。

的解释或名实关系的探讨，他以"弱于德，强于物"的思想取向为基础，来探察事物之间的同与异。惠施通过分析同和异的概念内涵与外延，觉察到同和异的相对性和层次性。他虽肯定具象的同异，最终的倾向却是抽象的"同"，因而惠施"合同异"思想的结论便是万物"毕同"，如"历物十事"中的观点"天与地卑，山与泽平""日方中方睨、物方生方死"等，最后得出"泛爱万物，天地一体"的结论，都表明了他对"毕同"的高扬与偏向。惠施强调同异的相对性，以"毕同毕异"瓦解概念的差异，认为一切概念都是可变的，但也有抹杀名相概念的相对稳定性之嫌，走向了一种相对主义的平等，亦即重"同"轻"异"。

公孙龙提出了"白马非马""离坚白"等命题，认为事物的性质是由自相（异）与共相（同）两个方面的因素所构成，两种性质范畴独立自存和分离对立，不受其他属性的影响，不因彼此的存在而有所改变。公孙龙这种"别同异"的论点，走向了将差异绝对化的路径，亦即重"异"轻"同"。而公孙龙的《通变论》在分析事物之间的差异性的同时，也肯定不同事物之间存在共性并因此形成更高层面上的新的物类，提出了如"羊合牛非马""牛合羊非鸡"这样的命题，又表现出了一定程度上的"合同异"的色彩。综合来看，公孙龙的"合同异"与"别同异"都是有条件的、相对的。无论是"别同异"的主张，还是"合同异"的考察，都很讲究层次。层次不同，同异的"合"与"别"的具体内容及其对象也便不同。在低一层面上的"别同异"对象，在高一层面上便往往成为"合同异"的对象。①

"同异交得"是后期墨家的代表性主张。其"同"的概念并非简单的相同或同一性，而是包含了差异之中的同一性，即"异中之同"，所谓"同，异而俱于之一也"（《墨经·经上》），即以"异"来定义"同"，同不能脱离异而独存。这种理解强调了事物之间既有的联系和统一性，即使是在差异中也能找到共同点。"异"被视为反映事物之间相互区别的概念，即差异性。这种差异性并不排斥同一性，而是包含于同一性之中的差异性，即"同中之异"，所谓"有其异也，为其同也"（《墨经·大取》）。而同与异的关系是"同异交得"（《墨经·经上》）。在墨家看来，事物之间的差异性和同一性是相互依存、相互结合、相互渗透的，它们共同构成了事物的本质。"同"与"异"相互联结，彼此以对方为自己存在的前提条件，同时又各自从对方获得自身的规定。这种关系说明了墨家对于事物本质的深刻洞察，强调同时把握事物的同一性和差异性两重属性，而事物的发展变化是在"同"与"异"的交互作用中进行的。"同异交得"这个命题虽然肯定"同"与"异"不可分割，都是事物不可或缺的属性，但并不是说"同"与"异"在地位上完全均等。在后期墨家看来，"异"是绝对的、无条件的，因此说"二必异"，世上没有两个完全相同的东西。"同"

———————

① 参见周山《"同异"、"坚白"之争新解读》，《学术月刊》2003 年第 6 期。

则是相对的、有条件的。"同"的存在有它的具体条件，离开这些具体条件，原有的"同"也会破裂。所谓"同异交得"，即差异的绝对性和同一的相对性的统一。"同异交得"不仅体现了墨家独特的逻辑思维方法，而且深刻影响了墨家的政治、经济和社会伦理观。在政治治理方面，体现了墨家对于社会秩序和国家治理的独特见解。其"尚同"学说，旨在通过强调社会成员之间的共识和统一，来实现社会的和谐与稳定。从伦理角度，"同异交得"强调了尊重差异、寻求共识的重要性。面对不同文化和观念时，应寻求理解和尊重，通过找到文化之间的相通之处，促进不同文化之间的交流与融合。而且墨家还强调了个体之间相互关爱和互利共生的重要性。墨家的"兼爱""非攻"等思想，正是基于这种对人类社会共同体意识的理解。

庄子与惠施相类，也宣说万物毕同，但其对"同"或"齐"的理解，则异于惠施。庄子提出了"齐物"的主张，可以视为"齐同异"类型。《齐物论》言："天地与我并生，万物与我为一""万物一齐"。庄子的"齐物"说，齐天地、齐万物、齐彼我、齐是非、齐生死、齐多少、齐大小、齐古今、齐梦觉，将对"同""一""齐"的强调发挥至极致。庄子《齐物论》中的"齐物"既指向世界万物，也涉及关于"物"的不同观点。这也表明庄子的"齐物"思想不仅仅是一种形而上的理论，也是一种实践性的哲学思考。"齐物"不仅是一种精神境界的追求，也蕴含着对政治生活的深刻洞察，提倡尊重多元主体的平等观，维护主体的独立性和创造性。

关于"齐物",历代解读不一,如章太炎认为"《齐物》文旨,华妙难知",而魏晋以降,解读者虽众多,但都"既少综核之用,乃多似象之辞",以往的《齐物论》旧释,都不能彻底解明齐物平等的确切内涵,而以所谓"世俗所云自在平等"为"齐物"。因此章太炎博征诸家撰成了独树一帜的《齐物论释》,来贯通解释并进而重构《齐物》难知之理。章太炎所诠释的"齐物平等"的终极意义意味着平等必须是"具体"而"实际"的平等。平等不是抽象的平等,不是停留于"真际"理想中的平等,而是能够穿透事物之间的隔别,在具体事物之间发生的实际而具体的平等。真正的平等不仅不是抽象的"一往平等"意义上的普遍平等主义,也并非抽象的"自在平等"意义上的多元平等主义,而是发生在个别与个别、具体与具体之间的"不齐而齐"的价值对等性,那是一种因为差异所以平等的平等性。这种意义上的平等是一种"尽性"意义上的平等,而非"适性"意义上的平等。只有在"不齐为齐"的平等观之下,只有从个体乃至文明价值的具体的自主性出发,而不是从任何一元论的普遍主义的抽象宣称出发,也不是从任何多元主义的相对主义态度出发,个体乃至文明的价值自主性才能够真正建立起来。

合异生同是形成革故鼎新的创造力、连续不绝的生命力的动力源泉。此处的"同"是通过对众异的整合形成的超越性、创新性认同、共识或共同体。创新往往源于对现有知识、思想或技术的重新组合和突破。没有差异性和多样性,个体或群体很难突破思维的局限，创新就会受到限制。差异性和多样性的交流与碰撞，为创新提供了必要的土壤和条件，使得新的思想和共识能够在这种多元化的环境中孕育而生。事物的整体性和共同性并不意味着消灭差异，而是指在差异中寻求共性，在多样性中构建统一。而差异性和多样性并不意味着分裂和对立，反而是构建整体性和共同性的基石。通过尊重和融合差异，社会和集体能够形成更加紧密和谐的共同体。这种整体性不是基于单一模式或同质性的累加，而是通过差异性的相互作用和整合实现的。这样的整体性更加稳固和富有生命力。譬如在自然界生态系统中，多样性的存在使得系统能够在遭受干扰时保持平衡，每一个物种都扮演着不可替代的角色。同理，在社会和文化系统中，不同的文化背景、思想观念和生活方式的交融，能够为复杂的整体系统提供一种独特的韧性，使整体系统在面对外部变化和内部冲突时，能够展现出更高的适应性和持续的生命力。

　　求同存异是一种旨在促进和谐共处的哲学原则，强调在寻找和强化共性的同时，尊重差异的存在。其核心在于平衡"同"与"异"的关系，使之达到一个更加和谐、统一、稳定的状态。这一原则不仅适用于个人和群体层面、社会层面，还适用于国家层面的国际关系。通过寻找不同个体、群体或文化之间的共同点，同时认识并尊重它们之间的差异，可以促进更深层次的理解和接纳。社会由多种不同的个体和群体组成，这些差异可能源于文化、信仰、价值观等，通过寻求共同的基础,如共享的人类价值、共同的目标或利益,可以促进社会成员之间的相互理解和合作。在全球化的背景下,各国之间的交流日益频繁,不可避免地会遇到观念和利益的冲突。通过寻找共性,比如对和平、发展的共同追求等,可以建立起国际合作的基础。同时,尊重文化多样性和国家差异,可以避免文化冲突和政治对立,促进国际社会的和谐共存。

"同异交得"思想体现了一种跨文化交流与理解的智慧,它强调在尊重差异的同时寻求共识的重要性。在这个多元化的世界中,不同的文化和观念如同五彩斑斓的纹理,交织在人类社会的大画卷上。面对这样的多样性,采取开放和包容的态度,寻求理解和尊重,不仅是对他人的尊重,也是对自我成长的促进。

"齐同异"所显现的"不齐为齐"的平等观强调要超越任何形式的文化中心主义,认识到每种文化、每种文明都有其独特的价值和贡献。在这种视角下,个体和文明的价值不是由外部的、普遍适用的标准所决定,也不是简单地依据相对主义的多元价值观来相对化,而是基于每个实体自身的独特性和内在逻辑来确认和发展,从每个个体和文明的具体性、自主性出发,建立真正意义上的平等和理解。这也就要求我们在全球化的大背景下重新审视和构建个体与文明之间的关系,通过承认每个个体和文明的独特性和自主性,建立一种更加开放、包容和平等的交流与合作机制。

三　自他互利

和平、和睦、和谐是中华文明5000多年来一直传承的理念，主张以道德秩序构造一个群己合一的世界，在人己关系中以他人为重。"群己合一"体现了个体与群体的统一，个体要认识到自己与集体、社会、自然的内在联系，倡导个体在维护个人利益的同时，也要考虑到集体、社会的利益和自然环境的平衡。这种思想不仅仅是一种道德要求，也是对世界本质的一种理解，即一切存在着的事物都是相互联系、相互依存的。"以他人为重"意味着个体在行动和决策时，要将他人的利益和感受放在重要位置。这一原则体现了一种超越自我中心的伦理观，强调在个人行为中体现对他人的尊重和关怀。

中华文明的包容性，从根本上决定了中华民族交往交流交融的历史取向，决定了中国各宗教信仰多元并存的和谐格局，决定了中华文化对世界文明兼收并蓄的开放胸怀。中华文明通过对"他文化"的吸收，不仅丰富了自身文化，也在吸纳消化的过程中实现了文化的创新。这种对"他文化"的包容助成了中华文明在漫长的历史进程中保持持续的活力。在吸纳和转化"他文化"的过程中，中华文明又能保持自有文化的主体性，形成更加丰富多彩的文化格局。这其中都蕴含着对"自"与"他"这一对哲学范畴的思考。

中国的传统思想高度重视人与自然、与天、与道之间的和谐统一关系，这种观念体现为"天人合一"的哲学。人的自我只有在与自然和宇宙的合一之中才能获得其存在的合理性。自我的认同感是建立在整体主义基础之上的，这种思想虽然强调对个人的肯定，但这种肯定更多的是将个人视为更广泛的集体（如国家、家庭或者是更高的宇宙秩序、天命、历史进程）中的一环。因此在中国的文化传统中更加强调对自我和自我中心的超越，譬如儒家的"毋我"思想，道家的"丧我"思想，佛教的"无我"思想，皆是如此。

（一）毋我

对于"自"或"我"的问题，孔子明确提出了"毋我"的主张："子绝四：毋意，毋必，毋固，毋我。"（《论语·子罕》）在中国古代哲学中，"我"的概念，如同许多古代哲学的核心词汇，拥有双重的认识论意义与价值观内涵。在认识论层面，"毋我"寓意着剔除主观偏见，呼吁一种客观无私的态度。这种观点强调放下自我中心的观念，以达到更加客观真实的认识。从价值观的角度来看，"毋我"则指向一种超越个体小我的理念，这里的"我"代表着个人的自私欲望。"毋我"鼓励个体不过分追求个人利益，而是将个人的小我置于服务于更广泛的集体或社会大我之下。这种观念不仅仅是一种道德自律的表现，也是对于个人在社会中角色和责任的深刻反思。这两种含义上的"毋我"思想，在后续儒家思想的发展过程中得到了进一步的推广和强化。特别是在儒家强调的修身、齐家、治国、平天下的理念中，"毋我"的价值观成为实现个人与社会和谐的重要基石。通过不断地自我反省和超越，个体被鼓励去实现更高的道德境界，并通过个人的道德修养来影响和改善社会环境。

因此，杨朱主张个人利益至上"为我"哲学，遭到了孟子等儒家学者的强烈批判。孟子尖锐地批评杨朱的观点："杨朱为我，是无君也"，甚至直言杨朱的思想将人降低到了禽兽的层次。儒家哲学中，个人的存在和价值是建立在广泛的人际关系和社会结构之上的。在这种观念中，个人的认同首先是作为群体、社会、家族的一部分，而个人的自我认同和利益须置于这些更大的社会联系和责任之后。这种思想框架强调了个体与集体之间的紧密联系，认为个人的道德修养和社会责任是相互依存的。在儒家看来，通过履行对家庭、社会、国家的责任和义务，个体不仅能实现社会的和谐与稳定，也能在这个过程中实现个人的道德提升和自我完善。因此，儒家强调的是一种从属于群体的个体身份，认为个人的价值和意义是通过其在更大社会结构中的角色和贡献来定义的。

"仁"的思想也鲜明体现了"以他人为重"的理念。"仁"是孔子思想的核心理念，由"仁者爱人"，可以看到孔子是从自与他的关系来描述"仁"的，仁的出发点便是自他关系。那么，何谓"仁"？孔子进行了多种解释。子曰："夫仁者，己欲立而立人，己欲达而达人。能近取譬，可谓仁之方也已。"（《论语·雍也》）追求个人发展和成功的同时，也应该帮助他人实现同样的发展和成功。这样凡事都能推己及人，就可以说是得到了仁的真谛了。此外，孔子又讲"克己复礼为仁""为仁由己"，皆是从"己"出发来描绘"仁"，突出显示"己"的道德主体性和自觉性。孔子还指出"修己以敬，修己以安人，修己以安百姓"，由己至他人至百姓，"修己"所利益的范围不断扩大。由对"仁"的描述可以看到，"己"是一个相对于他人的社会性存在，自我只有在与他人、社会群体的关系中才能维持自己的存在，如安住于"君君、臣臣、父父、子子"的人伦秩序。自我与他者之间是共生关系，自我只有在与他人的共生关系中才能成就自己。"仁"的概念，强调个人的道德修养和社会责任感。个人的道德修养和追求不仅是为了个人的完善，也是为了社会的福祉。孔子认为，通过道德修养，人可以达到"仁"的境界，从而实现个人和社会价值的统一。

孔子还指出"古之学者为己，今之学者为人"，在为学目的上分为为己、为他两类，非常推崇"为己之学"。当然这里的"为己"则大异于杨朱的"为我"。"为己之学"所体现的是对自我和自我中心的内在超越，强调个体对天命的自觉，以及通过学习来实现自我完善的目的。这种内在超越是以生生不息、道德创造的有机整体宇宙论为信念基础的，它把人的心性与天道直接同一，通过人的内在的道德修养工夫来复性、明心，也就是其心性修养论。这种内在超越，通过个人的道德修养和心性转化来实现自我超越。这种超越不是简单地超脱现实，而是在现实世界中寻找道德的根源和生命的真谛。儒家哲学认为，天道既是超越的、绝对的存在，同时又内在于人性之中，通过人的内在的道德修养工夫来复性、明心，就能够实现与天道的同一。

（二）丧我

庄子《齐物论》篇首载："南郭子綦隐机而坐，仰天而嘘，荅焉似丧其耦。颜成子游立侍乎前，曰：'何居乎？形固可使如槁木，而心固可使如死灰乎？今之隐机者，非昔之隐机者也。'子綦曰：'偃，不亦善乎，而问之也！今者吾丧我，汝知之乎？女闻人籁而未闻地籁，女闻地籁而未闻天籁夫！'"于中提出了"吾丧我"的玄妙之谈，因其深邃难解，历代对其诠释也众说纷纭。

郭象以"忘"释"丧"："吾丧我，我自忘矣；我自忘矣，天下有何物足识哉！故都忘外内，然后超然俱得。"（《南华真经注疏》）"丧"字，成玄英疏云："丧，犹忘也。子綦境智两忘，物我双绝。"在这里，"丧我"是一种不遣是非的超脱，个体能够超越日常生活中对事物的是非判断。在这个过程中，个体不再被个人的偏见、社会的规范或是道德的约束所限制，而是达到一种超然的状态，对万物持一种平等、包容的态度。这种态度不是冷漠或逃避，而是一种深刻理解和接受世界多样性的智慧。"丧我"也是忘己忘物的自由，在心灵深处放下对自我和外物的执着。这不仅意味着忘记个体的自我欲求，也意味着超越对物质世界的依赖和欲望。在这种状态下，个体的内心达到了前所未有的自由和宁静，能够在无为而治的自然状态中自得其乐。"丧我"也是自得自然的合一，个体不仅实现了内心的自由和宁静，还与周围的自然世界合一共存。这种合一不是强加于事物上的，而是一种自然而然的状态，是对宇宙万物规律深刻洞察和体验的结果。个体在这一过程中既不追求也不抗拒，而是顺应自然，体验道之真谛。

"吾丧我"首先所要"丧"的，便是有情之"我"。这一层面的"我"是变化无常、虚幻不实的，它不但束缚了人的本性，使人的精神陷入混乱和冲突，而且还导致个体存在的被动和受制。同时，这种对有情之我的依赖和执着，也使得个体在面对生命的流转和万物的相互作用时感到迷茫和无知，陷入无休止的追逐与执取中。这样的生命观，不仅加剧了人对生与死的恐惧和焦虑，而且也加深了人内在的冲突和痛苦。这种对有情之我的依赖和执着，最终形成了身体和精神的奴役，使个体无法理解和体验生命的真实意义。因此，庄子提倡的"丧我"，实际上是一种对于这些外在束缚的深刻反思和自我超越的过程。通过忘却和扬弃这种局限于物质形态和情绪反应的"我"，个体才能重新找回与自然本真相契合的"吾"。这一过程不仅是一种物质上的解脱，更是一种精神上的觉醒和自我更新。它要求个体超越对外在世界的依赖和对生死的恐惧，重新发现和连接那个更为纯粹、自由和本真的自我。

"丧我"还指向"成心之我"，要实现从"成心"到"无我"的转变，即从一个由个人主观意识、判断和偏好构成的"成心之我"，向一种超越个人主观局限的"无我"状态的转变。庄子认为，"成心"是个体在社会文化和个人经验的影响下形成的一种内在心态，它充满了个人的欲望、偏见和判断，成为人与人、人与自然之间分离和冲突的根源。"成心"是一种固守个人主观世界的状态，这种状态下的个体容易陷入自我中心的思考模式，对事物的看法受限于已有的知识和经验，难以抵达事物的本质。这种基于"成心"的判断和行为，不仅限制了个体认识世界的广度和深度，也在无形中加深了人与人、人与自然的隔阂。"丧我"所追求的"无我"状态，是一种超越了个人主观偏好的心灵自由。在这种状态下，个体的心灵不再受到"成心"中主观欲望和偏见的束缚，能够更加客观、平和地面对世界和生活。这不仅意味着个体对外在世界的认知和接纳达到了一种新的层次。在"丧我"的状态下，个体不再以自我为中心，而是以一种更加宽广的视角看待世界和生命。这种视角使得个体能够超越个人利益，理解并尊重他者和自然界的价值和地位。因此，"丧我"不仅是个体心灵自由的实现，也是与宇宙万物和谐共处的基石。

欲实现"丧我"，需要通过特定的修养工夫论来实现这一转变。庄子提出了"心斋"和"坐忘"两种方式。"心斋"是一种心灵的净化过程，要求人们在日常生活中保持心灵的空明和洁净。这种内心的空明不是简单的无知无觉，而是一种去除杂念、超越物欲和私欲的清静状态。通过心斋，人们能够保持一种对事物本质的敏锐洞察力，避免被外界现象所迷惑，保持心灵的宁静与明晰。"坐忘"要求在冥思静坐中忘记所有的分别和执着，包括对个人身份的固守和对外物的依恋。坐忘并非简单的忘却，而是一种深度的放下，是心灵上的一次彻底的自我释放。在这个过程中，个体逐渐摆脱了对"我"的认同，进入了一种物我两忘状态，最终达到与道合一的境界。

"吾丧我"所"丧"之"我"，在很大程度上是社会、文化乃至自我的异化产物。这种"我"存在于一种对立状态中，与自己、他人、社会甚至整个世界存在某种形式的分离。这种存在状态下的"我"，追求的是一种基于对立和分裂的虚假自由，实践着与道悖反的运动，因为它基于与真实自我和真实世界的隔绝。"吾丧我"所追求的，不是单纯的自我放逐或自我摧毁，而是一种回归与开放的双重运动。旨在超越自我中心的局限，将"我"重新融入自然世界，使得"我"能够与自然的自我、他人以及万物重新建立联系。这种状态是对"我"的一种解放，使得个体能够在自我与自然之间找到一个合一的存在方式，复归到未被社会异化的纯粹状态，复归到一个与生俱来且更贴近自然法则的本真自我。

（三）无我

"无我"是佛教哲学体系中的核心概念之一，它深刻地影响了佛教的世界观和伦理观。佛教通过三法印——诸法无我、诸行无常、寂静涅槃——来阐述宇宙和生命的本质。"无我"的理念不仅涉及对个体自我的理解，也扩展到对宇宙万物本质的洞察。佛教以"无我"观念来揭示世界和生命存在的深层真相，引导人们理解生命的真实状态，从而达到解脱和涅槃的境界。

佛教认为，人们对"我"的认识是基于错误的认知和执着。这种执着源于无明，即人们对事物本质的无知。在佛教看来，所谓的"我"，是一种依赖于条件和因缘而暂时构成的现象，而非独立、恒定的实体。因此，在认识层面，佛教鼓励人们超越对于实体"我"的执着，认识到一切法（事物）的无常和无我本质，从而自生死轮回中得到解脱。

佛教进一步深化了"无我"的概念，将其扩展到宇宙万物。佛教中的"五蕴"（色、受、想、行、识）是构成个体"我"的五种基本元素，但这些元素都是无常、相依相生的，不存在任何一个恒定不变的自性。从这个角度出发，个体的"我"也就不存在固有的、独立的本质。这种理解指向了一个更深层次的认识：一切存在都是相互依存、不断变化的，真正的实相是"空"，即没有固定本质的状态。

佛教的"无我"论提供了一种超越自我中心，理解生命和宇宙真相的途径。通过认识到个体"我"的非实质性，人们可以减少自我中心的执着和烦恼，增进对他人和环境的慈悲与理解。这种认识不仅有助于个体的精神解脱，也促进了与他者、与世界的和谐共处。"无我"不是消极逃避或否定个体价值，而是一种通过深刻理解生命本质，实现内在平静与外在和谐的积极态度。通过逐渐削弱对自我和外在世界的执着，减少由此产生的痛苦和烦恼。这种内在的转变使人们能够更加深刻地理解生命和存在的真相，最终达到内心的平静和最终的解脱。

通过"无我"论，佛教构建了一种具有深远影响的世界观和伦理观。这一理念强调了这样一个真谛：在宇宙的广阔背景中，所有生命体及其经历的现象都是互相连接、互相依赖的。这种相互依存性和不断变化的本质指引着人们生活在一个动态的、相互关联的世界中，从而挑战了固有的自我中心和独立存在的观念。"无我"的认识促使人们认识到，由于万事万物都是相互关联的，个体不可能独立于他人和环境之外。这种世界观和伦理观指引人们超越自我中心的限制，通过和平、同情和利他的方式，建立一个自我与他者、自我与世界和谐共生的世界。

自有文明与外来文明都是独立的文明，同时又都是整体世界文明的组成部分，彼此之间并非绝缘，而是相互联系、相互影响的。并且不同文明都是平等的，不应有高下、优劣之分。一个文明体要谋求发展变化，不仅需要源于内部的"自力"，还需要源于外部的"他力"来助益，因此互相之间需要展开开放的胸怀，善于利用"他力"来帮助自身发展。文明之间并非冲突的"零和博弈"，也存在自利利他的互利可能。中华文明5000多年发展史充分说明，无论是物种、技术，还是资源、人群，甚至于思想、文化，都是在不断传播、交流、互动中得以发展、得以进步的。中华文明昭示了以包容性破解文明冲突障碍的容融共成之道，为解决世界文明问题提供了中国智慧和中国方案。当今世界，有些人仍信奉"文明冲突论"。这种论调基于西方传统观念，着力划清一种文明与另一种文明的界限和区别。这种论调认为，文明和个人一样，要自我认识、自我确证，就需要树立一个与自己对立的"他者"。而中华文明的包容性，为我们观察和思考世界上不同文明之间的关系提供了超越"文明冲突论"的新的眼光和思维框架。人类文明并不是只有一种模式，也不是只有一条发展道路。不同文明之间并非只有相互冲突一种选择，而是可以"各美其美，美人之美，美美与共"①。习近平总书记指出："我们要坚持弘扬平等、互鉴、对话、包容的文明观，以宽广胸怀理解不同文明对价值内涵的认识，尊重不同国家人民对自身发展道路的探索，以文明交流超越文明隔阂，以文明互鉴超越文明冲突，以文明共存超越文明优越，弘扬中华文明蕴含的全人类共同价值。"② 平等、互鉴、对话、包容的文明观是中华文明道路实践的结晶，是对形成中华民族多元一体格局的历史经验的总结。

第三节 "包容性"的历史呈现

中华文明是历史悠久的古老文明，其形成和发展经历了从多元到一体的融合、整合和凝聚过程，培育出具有高度认同的文化共同体。这种文化共同体不仅仅是地域上的融合，更是思想、文化、生活方式等多方面的融合。在漫长的历史岁月中，各族人民在同一片土地上共生共存，尽管存在地域、语言、信仰、风俗习惯等差异，但都秉承着和而不同的理念，共同构建

---

① 叶朗：《中华文明具有开放包容特质》，《人民日报》2022 年 7 月 25 日第 13 版。

② 习近平：《把中国文明历史研究引向深入 增强历史自觉坚定文化自信》，《求是》2022 年第 14 期。

了天下一家的中华民族共同体。中国是一个多种宗教并存的国家，不以排他性方式来处理信仰之间的差异，而是通过对各种宗教的包容，促进对话和交流，引导其共同致力于社会和文化的发展，形成了和谐共存的信仰格局。自古至今，中国始终是世界和平的建设者、全球发展的贡献者、国际秩序的维护者，和平、和合、和睦、和谐的追求深深植根于中华民族的精神世界之中。中华文明倡导的是平等互惠、共同发展的理念，倡导的是跨越国界、种族、文化的合作与共享。不论是多元一体的中华文明共同体的形成、天下一家的中华民族共同体的凝铸，还是通和共存的宗教信仰格局的构建、互惠共享的人类命运共同体的实践，从中都能看到内蕴的"包容性"文明特质的外彰与呈现。

一　多元一体的中华文明共同体

中华文明在起源和形成过程中已经呈现出多元一体特征，此后该特征更是成为整个文明发展的主线。中国幅员辽阔，东西长约 5200 千米，南北长约 5500 千米，大陆海岸线长度约 1.8 万千米。在这片广袤的疆域上，山川纵横交错，高原盆地平原阶梯分布，山地面积广大，气候复杂多样，土壤、矿产、物种资源丰富。江河与山脉、沙漠与草原、陆地和海洋等区隔出复杂的地理单元，既有自然的屏障，也有交往的通道，既是自然的杰作，也是文化的熔炉。千差万别的自然环境和物产资源，加之先民的开拓与创制，孕育出丰富多样的区域文化形态，多元的区域文化经过"裂变""撞击""融合"①，由多元走向一体，凝聚成为多元一体的中华文明。

在旧石器时代，中华大地上已经产生了多种旧石器文化类型，不仅南北方差异明显，南北方内部又可分为多种类型。这种差异不仅体现在石器原料、制石技术和石器类型上，也反映了不同地理环境下人类适应策略的差异。此时，中华文明多源并发的特色已经萌芽。

进入新石器时代，植物和动物的驯化、具有加工谷物等新功能的石器和用于炊煮的陶器的出现，以及定居村落的出现，共同在中国南北大地上铺展开来。距今1万年前后，世界上最早人工种植稻、粟、黍的农业出现，奠定了南稻北粟的史前农业格局，培育了中华文明以农为本的基因，为中华文明起源奠定了坚实的物质基础。随着农业的发展和生产方式的转变，人们开始聚集定居，私有财富积累和社会分化出现，人口增长加速，社群规模扩大，最终推动了社会组织形式的变化。②

距今约9000—6000年，中华大地上各主要文化区形成多元的文化传统，中华文明的优秀要素在不同地区星罗棋布式诞生、成长。以农为本的生产生活方式和定居聚落的居住方式，滋养了深厚的亲情和家庭观念，以血缘为纽带的氏族组织逐渐

① 参见苏秉琦《中国文明起源新探》，生活·读书·新知三联书店 2019 年版，第106—110 页。

② 参见中国历史研究院主编《中华文明史简明读本》上册，中国社会科学出版社 2024 年版，第7—11 页。

成熟。家族成为社会组织的基本单元，承担着生产、生活和宗教仪式等多重功能，以血缘为基础的氏族组织后来成为大规模政治组织的基础，对家族兴旺的责任感和对祖先的崇敬成为驱动个人行为的重要文化因素。农业与天文气象的密切关系，促使先民重视天文观测，"观乎天文，以察时变"，通过总结自然运行规律，更好地指导农业生产。在此过程中，人们也开始思考和探索幽远深邃的天人之际，产生了丰富的早期宇宙观和原始宗教信仰。[①] 例如以高庙文化为代表的"天极宇宙观"和"天极之神"信仰。"天"的信仰与祖先崇拜一起构成的"敬天尊祖"思想成为中华文明重要的文明基因，也构成了"家国一体"政治理念的实践基础。

距今6000—5300年前后，中国各地区普遍发生跨越式发展，进入早期"古国"[②] 文明阶段，如"满天星斗"熠熠生辉，多元特色明显。中华文明的重要元素和文化基因已经初步形成，先民们以血缘宗族凝聚社会，以天人合一、沟通感应的原始宗教信仰探究自然奥秘、协调人与自然的关系，以美玉、绿松石、象牙、精致白陶、刻画和彩绘图像物化信仰、展示艺术才华，在物质文化、精神文化和社会发展方面不断取得创新突破。[③] 这一

---

① 参见中国历史研究院主编《中华文明史简明读本》上册，中国社会科学出版社2024年版，第10—14页。

② 非严格意义上的国家。

③ 参见中国历史研究院主编《中华文明史简明读本》上册，中国社会科学出版社2024年版，第4页。

时期，无论是中原地区的庙底沟文化、辽河流域的红山文化，还是海岱地区的北辛文化末期及大汶口文化早期，包括长江下游的崧泽文化早期，史前不同区域的社会普遍出现明显的分化，文明化的进程加速。这些区域文化在形成之后开始向周边传播，同时也在与周边文化的互动交流中不断融合与分化。① 各地区在多元发展的同时，相互之间互动交流碰撞日益密切，形成了共享文化精粹的文化共同体，即被称为"中国相互作用圈"或"最初的中国"的文明体。至此，中国史前时代形成了"多元一体"式文明演进的宏大格局。距今 5300 年前后，良渚文化形成早期国家并持续发展，标志着中华文明的形成，绵延至今。② 良渚文化是"最初的中国"这一文化共同体形成后的第一个灿烂结晶，是融合式发展结出的第一个硕果。良渚文化在多元互动中兼收并蓄，以包容性推动经济、制度和文化的创新发展，为"最初的中国"的后续发展提供了范例。③

距今 4000 年前后，由"天极宇宙观"发展出"天下政治观"，开始了对广域、多元、一统的"文明型国家"的创新性政治构想，由此激发的建设早期中国的政治实践，充满包容性与和平性，闪耀着天人合一、以民为本、家国一体、多元一

---

① 参见高江涛《中华文明具有突出的包容性》，《红旗文稿》2023 年第 12 期。

② 参见中国历史研究院主编《中华文明史简明读本》上册，中国社会科学出版社 2024 年版，第 24—27 页。

③ 参见李新伟《在追溯中华文脉中读懂"文明中国"》，《人民论坛》2023 年第 23 期。

统、协和万邦的中国智慧。夏王朝的建立，开启了具有"一统"观念雏形的"王国"时代，中华文明进入强大核心文化引领、进一步汇聚交融的新阶段。以世界文明的视角观察，唯有中华文明的形成如此气魄恢宏，在覆盖长江、黄河及辽河流域的面积近 300 万平方千米的"最初的中国"的范围内、以"多元一体"的形式展开。① 所谓"多元一体"，首先从区域文化起源上看，呈现的不是单一中心结构，而是无中心的散点式分布模式，因此称之为"多元"。同时，各区域文化并非完全隔离，而是在不断的交流、互动和借鉴中，形成了"异中有同，同中有异"的文化交融状态。随着历史的演进，中原地区逐渐成为各区域文化的聚集地，发展成为中华文明的中心和引领力量，对周边地区产生了强烈的影响力和辐射力。在区域文化起源的"多元"基础上，最终形成了以中原文化为引领核心的、有中心的"一体"格局。

这种"多元一体"格局在夏商周三代得到进一步巩固与发展。"一体"在历史学上表现为夏代以夏部族为部族联盟"共主"，商代以商部族为方国联盟"共主"，周代以周部族为封国联盟"共主"的政治联合体。在考古学上则表现为夏商周三代中原地区中心城市的继续繁荣、政治礼制的赓续发展，并向周边地区传播辐射的态势。而"多元"在历史学上表现为夏代参

---

① 参见李新伟《从广义视角审视"最初的中国"》，《中国社会科学报》2020 年 5 月 11 日第 A04 版。

盟的各血缘部族、商代参盟的各方国集团、周代参盟的各封国集团在全国范围的不断扩大发展；考古学上具体表现为各区域在保持地方特色文化的基础上，主动接受中原"共主"统一的礼制文化。这种早期文明"多元一体"发展格局，经过春秋战国时期的大变革大动荡，到了秦汉时期发展成为以郡县乡地缘管理与中央高度集权相统一的更大范围的"多元一统"格局。[①]此后这种文化传统为历代所传承。

中华文明起源和形成历程中开辟的独特道路，以及在此历程中孕育的突出特性和深远文脉，是中国何以成为中国的根源。[②] 正是这种兼容并蓄、博综通贯又融会出新的文明特性，成为中华文明生生不息的动力源泉。

二 天下一家的中华民族共同体

中华文明共同体的起源和发展过程与中华民族共同体的起源和发展过程是同步展开的。文化意义上"最初的中国"的形成，标志着中华民族共同体的起源。中华文明起源过程中呈现出来的由"满天星斗"式多源并发到"重瓣花朵"式文化圈再到"皓月当空"式中心引领的特征，同样也塑造了中华民族共同体多元一体、天下一家的特性。

---

① 江林昌：《中华文明史上的"多元一体"格局及其深远影响》，《学术研究》2023 年第 6 期。

② 参见李新伟《在追溯中华文脉中读懂"文明中国"》，《人民论坛》2023 年第 23 期。

中华民族不是中国境内各个民族的简单叠加，而是"你中有我、我中有你、谁也离不开谁"的大家庭，习近平总书记指出："中华民族和各民族的关系，是一个大家庭和家庭成员的关系，各民族的关系，是一个大家庭里不同成员的关系。"① 中华民族共同体是各民族在共同开拓祖国辽阔疆域、共同书写悠久中国历史、共同创造灿烂中华文化、共同培育伟大民族精神的历史进程中融聚而成的民族实体。中华民族绝不是"想象的共同体"，而是浸润了5000多年中华文明传统、承担着中华民族现代文明建设使命的超大规模民族共同体。

中国各民族的起源和发展有着本土性、多元性的特点。距今四五千年前，中华大地上就形成了华夏、东夷、南蛮、西戎、北狄五大民族集团。各民族在发展中互相吸收，经过不断的迁徙、杂居、通婚和交流，逐步融合为一体，又不断产生新的民族。其结果是有存有亡，有的民族延续至今，有的却由于融合、战争以及生态环境恶化和改换名称等原因而消失在历史的长河中。中国各民族形成和发展的情况虽然各不相同，但总的方向是发展成为统一的多民族国家，汇聚成为统一稳固的中华民族。②

中华古称华夏，古华夏族多建都于其认为的"四方之中""天下之中"，因此又称为"中华"。华夏先民大体活动于西起

---

① 习近平：《论坚持人民当家作主》，中央文献出版社2021年版，第105页。
② 参见中华人民共和国国务院新闻办公室《中国的民族政策与各民族共同繁荣发展》，人民出版社2009年版，第4页。

陇山、东至泰山的黄河中下游地区，这些不同地域的文化共同构成了华夏文明圈。黄帝时期，将分布于黄河中下游的诸多部落统一为华夏部落联盟，不同部落族群相互交融，逐步演变为华夏族。

夏王朝的建立，标志着中原及周边地区形成了诸多族群统一归属于一个王朝的政治格局。经由夏商周三代不断巩固与拓展，王朝疆域逐步扩大，越来越多的族群被纳入王朝统治，各族群之间的交融不断加深。中原地区成为中华文明的核心区，区域内分布着诸多不同族源的邦国，自称为"夏"或"华"，形成了具有共同文化认同的"诸夏"。"四夷"人群或居住于核心区域的周边地带，或在核心区域内与诸夏人群混居，受到华夏文化的浸润。尤其是西周时期，周天子作为天下共主，以"天命观"将天下各封国融合为一个政治共同体，天下生民应当归属于统一的政治秩序的观念，在此时已经形成。春秋战国时期，群雄争霸，战乱频仍，人群流动加剧，客观上也推进了民族大迁徙大交融。春秋后期，"华夏"观念出现，表示一个人口众多、边界开放的文化、社会、经济、政治全方位的共同体，其判断标准是华夏文化认同，不再单纯以族群分判，"诸夏"和"四夷"皆包括于其中。[①]夏商周三代前后相承，逐渐形成一个超越单一部族的族群共同体——"华夏"。各族群在

---

① 参见《中华民族共同体概论》，高等教育出版社、民族出版社2023年版，第62页。

政治认同和文化认同上不断增强、凝聚，随着疆域的扩大，越来越多的族群被纳入华夏共同体中。成熟的华夏共同体、"天下一家"的理念和"大一统"的政治秩序追求，共同为秦汉大一统王朝奠定了基础，也为中华民族共同体的形成确立了初始格局与演化路径。

秦汉时期，疆域空前广阔，除了中原王朝，周边还有多个边疆政权并立。中央政府通过设置道、属国、都护府等形式，将周边的族群逐渐地纳入大一统治理体系之中。秦汉确立了郡县制大一统王朝的基本格局，在大一统的政治制度背景下，不同地域的交流日益频繁，不同族群之间的界限开始模糊，多元文化在交流中逐渐融合，北方的胡人、南方的百越以及中原的汉人等不同族群和文化，共同构建了一个多元而一体的"自在的"中华民族。

魏晋南北朝时期长期南北分立，社会动荡，伴随着大规模的人口迁徙，各民族交往交流交融不论是广度还是深度都超乎以往。胡人部族大规模内迁，并建立了以十六国为代表的多个并立政权，各族杂居程度提升，大大改变了各地区的族群结构。随着民族大迁徙和大杂居，各民族间内在的联系与密不可分的整体性得到加强。而且，这不只是各民族在空间上的简单位移，而是一种深层次的交流融合。自秦汉的大一统制度确立以来，虽然历经分合，但无论哪个部族入主中原，都以统一天下为己任，都以中华文化的正统自居。"中华化"也成为这一时期的历史主流，南北各政权对中华文化的认同、对大一统的追求、对中华正统的竞逐是相同的，各族"中华化"程度不断加深与扩大。① 至此，汉末以来的民族大融合基本完成，也为空前强盛的隋唐王朝的建立奠定了基础。

隋唐王朝通过有效的政策和开明的态度，成功将更广阔区域的周边族群纳入中华大一统共同体，增强了其对中央王朝的向心力与认同感。族群之间的交往交流交融不仅体现在对天下观念的认同上，也表现在农耕与牧业的融合、华夷观念的淡化，以及胡汉之间差异的缩减上，塑造了一个包含多族群的大一统格局。大唐王朝不仅以自信的姿态将其政治、经济、文化成就展示和传播给世界，更以一种开放包容的胸襟，积极吸纳和借鉴来自周边国家和地区的优秀文化元素。这种文化的开放包容性加速了文化和族群多元性在大一统框架下的发展。

辽、宋、西夏、金时期的族群交往交流交融，促使诸政权共续"中国"正统，以共称"中国"，凝聚中华认同；以战与和，共筑"中国"版图；以承中华典制，共承"中国"之制。并通过共享经济聚合，共融族群文化，共鉴文学艺术，成为元、明、清三代大一统的前奏。②

元、明、清三代是中华民族"自在"发展和中国疆域巩固发展并最终定型的重要阶段。清朝虽然集中了历代大一统的经

---

① 参见《中华民族共同体概论》，高等教育出版社、民族出版社2023年版，第114页。

② 参见《中华民族共同体概论》，高等教育出版社、民族出版社2023年版，第210页。

验，但无法革除历代王朝的弊病，面对西方列强的挑战，清政府回应乏力，中华民族跌入国家蒙辱、人民蒙难、文明蒙尘的时期。

1840 年鸦片战争之后的 100 多年间，中国屡遭西方列强的侵略、欺凌，亡国灭种的危机把中国各民族的命运更加紧密地联结在一起。在国家面临被列强瓜分、民族生死存亡的危急关头，各族人民奋起反抗、共赴国难。例如 19 世纪，新疆各族人民支持清朝军队消灭了中亚浩罕国阿古柏的入侵势力，挫败了英、俄侵略者企图分裂中国的阴谋。西藏军民在 1888 年的隆吐山战役和 1904 年的江孜战役中，重创英国侵略者。自 1931 年九一八事变后，在反抗日本帝国主义侵略的抗日战争中，中国各族人民同仇敌忾、浴血奋战，其中的回民支队、内蒙古大青山抗日游击队等许多以少数民族为主的抗日力量，为抗战胜利作出了不可磨灭的贡献。各族人民在反抗外来侵略的同时，针对一小撮民族分裂分子在外部势力扶持下策划、制造的"西藏独立"、"东突厥斯坦"、伪"满洲国"等分裂行径，进行了坚决的斗争，捍卫了国家统一和领土完整。在近代反侵略、反分裂的伟大斗争中，各民族在历史上形成的不可分离的关系变得更加牢固，各民族福祸与共、休戚相关的命运共同体的特征更加凸显，各族人民作为中国历史主人的责任感得到进一步激发和增强，中国各民族共同的文化和心理特征更趋成熟。①

---

① 参见中华人民共和国国务院新闻办公室《中国的民族政策与各民族共同繁荣发展》，人民出版社 2009 年版，第 6—7 页。

三 通和共存的宗教信仰联合体

远古时期，先民们仰观天文，俯察地理，开始思考宇宙运行和万物生灭的规律，围绕天、地、人展开的哲思和想象于中萌发。在此过程中，原始宗教信仰和崇拜逐渐产生。距今近8000年的长江中游高庙文化遗存中，白陶器上绘制的展翅神鸟和獠牙神兽的形象，体现了高庙先民的"天极宇宙观"和"天极之神"信仰。距今6000—5000年间，长江流域的凌家滩文化和西辽河流域的红山文化呈现出"宗教取向"的发展道路，出现诸多带有明显宗教内涵的玉器。距今5000多年，良渚文化早期国家的权力结构也体现出以宗教权力为核心凝聚大规模人群和构建早期国家的策略。[①] 夏商周三代以及之前的"古国"文明时期，原始信仰和自然崇拜是最早的宗教形式。人们崇拜自然力量、祖先、灵魂、图腾和各种神灵，以求得生产、狩猎、战争等方面的祝福和保护。自然神崇拜包括对天、地、山、水、日、月等自然现象的崇拜，尤其是"天"被视为至高无上的存在，是自然界的主宰和创造者，人们对"天"产生了深厚的敬畏和崇拜之情。

自古以来，中国就是一个多宗教信仰的国家，从源头上就没有一神教传统。在远古时期，更多的是自发宗教信仰或自然

---

① 参见李新伟《在追溯中华文脉中读懂"文明中国"》，《人民论坛》2023年第23期。

宗教信仰，而颛顼的"绝地天通"的宗教改革，则将其转变为由政权管理的官方宗教，从而实现了政权对宗教活动的掌控，为中国古代政教关系呈现出的"政主教从"特征奠定了基调。①后来，儒家对三代以来的上古宗教信仰进行了人文化诠释，提倡"敬鬼神而远之""神道设教""报本反始""事死如生"，将宗教改造为政治教化的工具，上古宗教信仰演变成了秦汉之后的"礼教"，确切地说只有观念和礼仪，没有宗教组织，并非严格意义的宗教。

秦汉开创了中国统一多民族国家的基本格局，在思想文化领域，建立了以儒家思想为核心的统一的主导思想文化体系，注重民族主体性文化的塑造，同时又具有容纳多元文化的包容性和开放性。两汉之交，佛教传入中国，东汉末年，道教创立。加之后来传入的伊斯兰教、天主教、基督教，兼有少数其他宗教和多种民间信仰，共同构成了中国宗教信仰多元共存的格局。

外来佛教传入中国后，一方面十分注意依附迎合中国传统的思想文化，另一方面积极论证佛教与儒、道的一致性，积极倡导三教一致论。就现有资料看，最迟在三国时，以《牟子理惑论》为代表，社会上已出现了儒佛道三教一致论。两晋南北朝时期，名士、佛徒和道士都从不同的角度提出了三教一致、

---

① 参见卓新平《中国人的宗教信仰》，中国社会科学出版社 2015 年版，第 12 页。

三教融合的思想。隋唐王朝对儒佛道三教采取了分别利用的态度，一方面确立儒家的正统地位，另一方面又以佛、道作为官方意识形态的重要补充，推行三教并用的政策。因此，在思想领域，逐渐形成了儒佛道三教鼎立的局面。三教之间虽然矛盾争论不断，但融合的总趋势始终未变。儒佛道三教的重要思想家都主张三教会同，主张在理论上相互包容、相互借鉴。入宋以后，以儒家学说为基础的三教合一构成了近千年中国思想发展的总画面。儒佛道三教在中国土地上最终找到了它们的共同归宿，形成了以儒为主、佛道为辅的最佳组合形式。①

以佛教为代表，外来宗教进入中国后，都经历了本土化、中国化进程。伊斯兰教在传播过程中，出现了"伊儒会通"的文化现象。所谓"伊儒会通"，是指阿拉伯伊斯兰文化与以儒家为代表的中华传统文化相互交流、互鉴互通。其表现形式是多种多样的，在哲学思想层面表现得尤为突出。中国古代穆斯林学者一方面将伊斯兰教经学思想引进中国，丰富了中国传统哲学思想的宝库；另一方面将伊斯兰教经学与以儒家为代表的中国传统哲学思想相结合，"以儒诠经"，即用儒家的语言、思想、理论系统地整理、诠释、发展伊斯兰教经学，从而创立了一整套具有独特风格的中国伊斯兰经学思想。此外，"伊儒会通"的表现形式还有很多，表现在各领域：天文历算学、建筑

---

① 参见洪修平《中国儒佛道三教关系研究》，中国社会科学出版社 2011 年版，第 8—19 页。

学、医药学、制炮、教育学、语言文字、文学艺术、武术、烹饪、民俗学等，都实现了阿拉伯伊斯兰文化与中华传统文化的交流互鉴，结出了"伊儒会通"的丰硕成果。①

中国宗教信仰格局呈现出以下特征：多神多教并存，而多样性中有主体性存焉；宗教关系和谐是主旋律；宗教信仰的"混血"现象普遍存在；神道依于人道，神权依于政权；包纳和改铸外来宗教；形成了多元通和的宗教生态模式。②

四 互惠共享的人类命运共同体

几千年来，中华文明一直与域外文明保持着各种形式的交流往来，中华文明发展史可以说与中外文明交流史相伴而行。尤其是连成整块陆地的亚欧大陆，为东西方各民族、各文化之间的交往和交流提供了通道和载体。中华文明积极地、广泛地、持续地学习借鉴和吸收转化人类文明的优秀成果，不断地丰富自己、充实自己、发展自己。同时，也在交往中将中华文明广泛地传播于世界各地，回馈世界文明。

距今约 5000—4500 年前，原产于西亚地区的农作物——小麦和家畜黄牛、绵羊等经过中亚传入中国西北地区，并继续向中原地区传播。铜的冶炼和制作技术也从西亚经由中亚地

---

① 参见冯今源《中华文明史上的"伊儒会通"》，《人民政协报》2019 年 5 月 30 日第 8 版。
② 参见牟钟鉴《中国宗教生态的多元通和模式》，《人民日报》（海外版）2013 年 6 月 14 日第 15 版。

区，通过河西走廊传入黄河中游地区。与此同时，原产于中国的粟、水稻、黍和犬等物种也向西传播到中亚、西亚地区，粟向南传播到了东南亚。距今3300年前后，家马和马车也是经由欧亚草原地带传入商朝都城——殷墟。轻柔华美的中国丝绸一经西传，引得西亚、欧洲人民竞相求购；中国又广纳来自西亚的织造工艺，将本土丝织业不断推向新的高峰。①

丝绸之路不仅是外交之路、商贸之路，也是文化之路。中国丝织品的所有品种如绫、纱、锦、罗、晕锦、絁、生帛、缦、绵绸、绵、绮、绨、缣、刺绣和缬，都源源不断地从西州输往天山南北以及中亚、西亚和地中海周缘。而且中国输出的远不止丝绸，还有漆器、铁器和其他各种日用品。同一时期，自西域输入中国的除各种奇珍异宝之外，以毛织品为最受欢迎的大宗物品。新疆地区出土的两汉毛织品即有从大夏②等地输入的，塔里木盆地南缘和天山北麓一带出土的毛织品带有希腊式纹样。唐代不仅进口波斯和东罗马的毛织品，还进口波斯锦。波斯锦是结合毛织技术的波斯本土丝织物，图样风格也是萨珊联珠纹。与商业和政治军事往来相伴随的是来往于丝绸之路的各类移民，这些移民成为包括物质、技术和生活方式在内

---

① 参见王巍、赵辉《"中华文明探源工程"及其主要收获》，《中国史研究》2022年第4期。

② 大夏：中亚古国，位于巴克特里亚地区，目前多数学者认为大夏即希腊—巴克特里亚王国。

的文化交流的重要媒介。①

先秦时期，葡萄等作物自两河流域传至中国新疆地区。两汉时期，原产自伊朗、外高加索地区的苜蓿、石榴等作物先后入华；来自北非、西亚的狮子，以及造型可能源自当地动物的天禄、辟邪等神兽形象同时流行于中国。唐朝时期，天竺摩揭陀国派遣使者来唐献上菠萝树和白杨树等树木品种，唐太宗派遣使者前往天竺学习用甘蔗熬糖的方法。丝绸之路不仅为中国带来了丰富的物产，更潜移默化地改变着古代中国人的日常生活。我们今天使用的桌、椅等高制式家具，自西亚经汉唐丝绸之路东传，在辽、宋之际逐渐普及。青花瓷的制作，也是中国先进制瓷工艺与西亚矿物颜料完美结合的产物。元青花瓷大量输往东南亚、南亚、西亚乃至非洲，在世界陶瓷文化史上留下了浓墨重彩的一笔。②

纸张在两汉时期随着屯田戍边的部队和往来客商传入西域，并且继续西进。吐鲁番地区出土的西晋至隋朝的古纸中，写有波斯文、粟特文、希腊文、吐火罗文、叙利亚文、梵文等各民族文字，因此纸张也极有可能在这时已传入上述地区。魏晋南北朝时期，造纸术陆续传到朝鲜、日本、越南。9世纪初，造纸术传入北非的埃及、摩洛哥等地。中国造纸术的传播，促

---

① 参见张国刚《中西文化关系通史》，北京大学出版社2019年版，第49—50页。

② 参考"历史之遇——中国与西亚古代文明交流展"展览说明文字，故宫博物院，2024年1月12日至4月11日。

使世界范围内的书写材料发生历史性变革，对世界文明的进步发展厥功至伟。中国印刷术、火药、指南针的发明和西传，对世界历史的发展起到了空前的推进作用。南北朝隋唐时期，中国流行的金银器受到中亚、西亚的影响，根据工艺风格可以分为粟特系统、萨珊系统和罗马—拜占庭系统。中国的医学和医药，也曾吸收印度、波斯、阿拉伯等地的优秀成果。西亚、中亚和印度的天文历法知识都曾在中国广泛传播。随着丝绸之路传入的西方乐器、音乐和舞蹈、绘画等，大大促进了中国艺术的发展。佛教东传并完成中国化，最终成为中国文化的一部分，堪称中国历史上第一次大规模吸收和融合外来文化的成功典范，亦成为中西文化交流史上的经典案例。[①]

历史早已证明，全球范围内不同文明之间的交流和互鉴不仅是可能的，而且是必要的，更是推动全人类文明发展的重要动力。文明交流绝非单行道，而是有来有往、双向互动的过程。这种互动不仅限于物质层面的交换，而且是深入文化、科技、哲学、艺术等多个层面的深层次融合。这种跨文明的交流和互鉴不仅促进了各自文明的发展，也使世界各国的人民能够更加深入地理解彼此，增进相互之间的尊重和信任。各民族、各文明间的相遇、交流、互动、互鉴、互惠，形成了一个共建共享的世界体系，也将世界各国的人类命运愈加密切地联系在

---

① 参见张国刚《中西文化关系通史》，北京大学出版社 2019 年版，第 185—265 页。

一起，形成休戚与共的人类命运共同体。

第四节　"包容性"的当代呈现

中华文明海纳百川的包容性作为一种文化基因，贯穿于5000多年文明史发展历程中，使得中华民族在历经历史变迁和风雨洗礼后依然保持强劲的生命力和独特的凝聚力。这一文化基因不仅内蕴于源远流长的文脉中，而且彰显于奔腾不息的历史进程中，并且继续呈现于波澜壮阔的当代伟业中。

一　百花齐放、百家争鸣

"百花齐放、百家争鸣"的方针，是毛泽东同志在20世纪50年代中期提出的，成为推动中国社会主义文化发展的战略性方针。在这一方针的指导下，全民族文化创造力得到激发，打开了中国文化发展的新局面。

1951年，在为中国戏剧研究院题词时，毛泽东同志题写了"百花齐放、推陈出新"，为革新和发展戏曲艺术提出了指导方针。1956年4月28日，毛泽东同志在中央政治局扩大会议上作总结讲话，明确提出："艺术问题上的百花齐放，学术问题上的百家争鸣，我看应该成为我们的方针。"① 第一次把"百花齐放"和"百家争鸣"放在一起作为科学文化发展的指导方

---

① 《毛泽东文集》第七卷，人民出版社1999年版，第54页。

针。1956 年 9 月，党的八大确认了"双百"方针，写进了政治报告和关于政治报告的决议。1957 年 2 月 27 日，毛泽东同志在《关于正确处理人民内部矛盾的问题》的讲话和 3 月 12 日《在中国共产党全国宣传工作会议上的讲话》中，进一步系统地论述了"百花齐放、百家争鸣"的方针。他明确宣布："百花齐放，百家争鸣，这是一个基本性的同时也是长期性的方针，不是一个暂时性的方针。"①

"百花齐放、百家争鸣"方针是党为繁荣和发展科学文化事业作出的重要决策，它初步提出了中国社会主义文化建设的若干新方针，促使人们从苏联教条主义的束缚中进一步解放出来，充分调动一切积极因素为社会主义服务，这对探索中国自己的建设社会主义道路产生了重要影响。它同党在科学文化领域的其他重要方针一起，成为我国社会主义的科学文化事业繁荣进步的根本保证。②

邓小平同志提出："如果我们不注意，不搞'百花齐放、百家争鸣'，思想要僵死起来，马克思主义要衰退，只有搞'百花齐放、百家争鸣'，各种意见表达出来，进行争辩，才能真正发展马克思主义，发展辩证唯物主义。"③

习近平总书记指出："发展中国特色社会主义文化，就是

---

① 《毛泽东文集》第七卷，人民出版社 1999 年版，第 278 页。

② 参见张神根、张倔《百年党史——决定中国命运的关键抉择》，人民出版社 2021 年版，第 64—67 页。

③ 参见《邓小平文选》第一卷，人民出版社 1994 年版，第 272 页。

以马克思主义为指导，坚守中华文化立场，立足当代中国现实，结合当今时代条件，发展面向现代化、面向世界、面向未来的，民族的科学的大众的社会主义文化，推动社会主义精神文明和物质文明协调发展。要坚持为人民服务、为社会主义服务，坚持百花齐放、百家争鸣，坚持创造性转化、创新性发展，不断铸就中华文化新辉煌。"① 2014 年 3 月 27 日，习近平主席在联合国教科文组织总部发表演讲指出："'一花独放不是春，百花齐放春满园。'如果世界上只有一种花朵，就算这种花朵再美，那也是单调的。不论是中华文明，还是世界上存在的其他文明，都是人类文明创造的成果。"② 2016 年 5 月 17 日，习近平总书记在哲学社会科学工作座谈会上发表讲话指出："百花齐放、百家争鸣，是繁荣发展我国哲学社会科学的重要方针。要提倡理论创新和知识创新，鼓励大胆探索，开展平等、健康、活泼和充分说理的学术争鸣，活跃学术空气。要坚持和发扬学术民主，尊重差异，包容多样，提倡不同学术观点、不同风格学派相互切磋、平等讨论。"③

"百花齐放、百家争鸣"是社会主义文化建设的一个重要方针和理念，深刻体现了中华文明的包容性。这一方针鼓励各种艺术和思想形式的自由发展，让不同的观点、思潮、创意并

① 《习近平谈治国理政》第三卷，外文出版社 2020 年版，第 32 页。
② 《习近平谈"一带一路"》，中央文献出版社 2018 年版，第 14 页。
③ 习近平：《在哲学社会科学工作座谈会上的讲话》，人民出版社 2016 年版，第 28 页。

存。它主张思想和文化上的多样共存，使不同的观点和流派能够公开表达并得到尊重。中华文明在漫长的历史进程中，吸纳和融合了来源多样的文化和思想，从而形成了一个丰富多彩且兼容并包的文明体系。无论是外来文化的引入，还是本土思想的创新，中华文明都表现出强劲的吸收、融合和发展力量。中华文明容纳了多样的哲学、思想、宗教、艺术和技术，在这种包容的环境下创造出了独特而绚丽的文化景象。这一方针在当代继续推动着思想的解放和社会的进步。

二 铸牢中华民族共同体意识

2014 年 5 月，习近平总书记在第二次中央新疆工作座谈会上首次提出："在各民族中牢固树立国家意识、公民意识、中华民族共同体意识。"[①] 2014 年 9 月，他在中央民族工作会议暨国务院第六次全国民族团结进步表彰大会上进一步指出："加强中华民族大团结，长远和根本的是增强文化认同，建设各民族共有精神家园，积极培养中华民族共同体意识。"[②] 2017 年 10 月，习近平总书记在党的十九大报告中强调："深化民族团结进步教育，铸牢中华民族共同体意识，加强各民族交往交流交融，促进各民族像石榴籽一样紧紧抱在一起，共同团结奋

---

① 《习近平在第二次中央新疆工作座谈会上强调：坚持依法治疆团结稳疆长期建疆 团结各族人民建设社会主义新疆》，《人民日报》2014 年 5 月 30 日第 1 版。

② 《习近平著作选读》第一卷，人民出版社 2023 年版，第 285 页。

斗、共同繁荣发展。"① 2019 年 9 月，习近平总书记在全国民族团结进步表彰大会上指出："实现中华民族伟大复兴的中国梦，就是要以铸牢中华民族共同体意识为主线，把民族团结进步事业作为基础性事业抓紧抓好。"② 2021 年 8 月，习近平总书记在中央民族工作会议上强调："必须以铸牢中华民族共同体意识为新时代党的民族工作的主线""铸牢中华民族共同体意识是新时代党的民族工作的'纲'，所有工作要向此聚焦"③。习近平总书记关于"铸牢中华民族共同体意识"的一系列重要论述，为新时代党的民族工作提供了前进方向和根本遵循。

中华民族共同体的形成，是中华民族历史发展中一条贯穿始终的主线，是历史发展的必然结果。几千年来，各族人民在共同的土地上生活、劳作、繁衍生息，始终把大一统视为"天地之常经，古今之通义"。这种追求大一统的观念，既是中华文明的重要特征，也是各族人民共同的心愿。历史上，各民族之间的交往交流交融从未间断，始终保持着紧密的联系。在中华民族最为孱弱的时期，外敌入侵、内忧外患层出不穷，但中华民族并没有因此分崩离析。其中，国土不可分、民族不可散、文明不可断的理念起到了重要的作用。无论面对多么严峻的挑战，中华民族总能在危机中凝聚力量、守望相助，最终渡过难关。这种坚韧不拔的精神和对统一的追求，使得中华民族

---

① 《习近平谈治国理政》第三卷，外文出版社 2020 年版，第 31 页。

② 《习近平谈治国理政》第三卷，外文出版社 2020 年版，第 299 页。

③ 《习近平谈治国理政》第四卷，外文出版社 2022 年版，第 244、246 页。

在历史的长河中历经磨难而不衰，始终保持着强大的凝聚力和生命力。

中华民族共同体的形成，还得益于各民族在长期历史发展中形成的深厚文化纽带。各民族的文化在交流中相互影响、相互吸纳，形成了"你中有我、我中有你"的文化格局。这种文化上的交融，不仅增强了各民族之间的认同感和归属感，也为中华民族共同体的形成提供了强大的精神动力。

做好铸牢中华民族共同体意识工作，需要把握好若干重大关系。正确把握共同性和差异性的关系，共同性是主导，要增进共同性，同时尊重和包容差异性。正确把握中华民族共同体意识和各民族意识的关系，引导各民族始终把中华民族利益放在首位，本民族意识要服从和服务于中华民族共同体意识，同时要在实现好中华民族共同体整体利益进程中实现好各民族具体利益，大汉族主义和地方民族主义都不利于中华民族共同体建设。正确把握中华文化和各民族文化的关系，各民族优秀传统文化都是中华文化的组成部分，中华文化是主干，各民族文化是枝叶，根深干壮才能枝繁叶茂。正确把握物质和精神的关系，要赋予所有改革发展以彰显中华民族共同体意识的意义，以维护统一、反对分裂的意义，以改善民生、凝聚人心的意义，让中华民族共同体牢不可破。①

---

① 参见中共中央宣传部编《习近平新时代中国特色社会主义思想学习纲要》，学习出版社、人民出版社2023年版，第179页。

铸牢中华民族共同体意识，全面体现了中华文明突出的包容性。在多样文化的背景下，铸牢中华民族共同体意识强调寻找和培育共同的价值观和文化，促进不同民族和群体之间的凝聚与和谐。中华民族共同体意识不仅是对各民族文化的尊重和保护，更是对各民族共同历史记忆和文化认同的强调，有助于巩固多元一体的文化格局。对共同性和差异性的辩证把握，体现了求同存异的包容性精神。各民族在中华民族共同体中既保留各自的文化特性，又在国家认同、文化认同和价值观认同上形成共识。这种包容性精神，有助于消除民族间的隔阂和误解，有助于增强各民族的团结和凝聚力，形成和谐共生的社会氛围。

三 全球文明倡议

2014 年 3 月，习近平主席在联合国教科文组织总部发表演讲时提出，文明因交流而多彩，文明因互鉴而丰富。在 2014年 9 月纪念孔子诞辰 2565 周年国际学术研讨会、2017 年 1 月联合国日内瓦总部演讲、2019 年亚洲文明对话大会等众多重大场合上，这一理念经由习近平总书记多次阐释，不断丰富和深化。2017 年 10 月，习近平总书记在党的十九大报告中指出，"要尊重世界文明多样性，以文明交流超越文明隔阂、文明互鉴超越文明冲突、文明共存超越文明优越"[①]。2023 年 3 月 15日，习近平总书记在中国共产党与世界政党高层对话会上提出

---

① 《习近平谈治国理政》第三卷，外文出版社 2020 年版，第 46 页。

了"全球文明倡议",指出我们愿同国际社会一道,努力开创世界各国人文交流、文化交融、民心相通新局面,让世界文明百花园姹紫嫣红、生机盎然。这是继"全球发展倡议"和"全球安全倡议"后,紧紧围绕构建人类命运共同体的重大命题提出的又一全球性质的倡议,影响深远。这些相关论述成为中国进行对外交往的重要理念,为世界文明交流互鉴指明了方向。

习近平总书记在"全球文明倡议"中提出,要共同倡导尊重世界文明多样性,共同倡导弘扬全人类共同价值,共同倡导重视文明传承和创新,共同倡导加强国际人文交流合作。"尊重世界文明多样性"是不同文明包容共存、交流互鉴的前提条件;"弘扬全人类共同价值"为各方提供了根本遵循;"重视文明传承和创新"是文明发展进步的动力源泉;"加强国际人文交流合作"是不同文明交流互鉴的方法路径。作为构建全球文明新秩序的新理念新思维,这四个"共同倡导"环环相扣、相辅相成,共同构成了"全球文明倡议"这一具有清晰文明尺度、高度建设性与可操作性的重大倡议。

每一种文明都是特定历史和文化背景下的智慧结晶,承载着不同民族和国家的价值观、生活方式、传统和信仰。这些文明不仅丰富了人类的文化宝库,也在不断推动社会进步和人类整体的发展。文明多样性是世界的基本特征,人类社会创造的各种文明,都闪烁着璀璨光芒,并跨越时空、超越国界,共同为人类发展进步作出了重要贡献。当今世界,各国前途命运紧密相连,全球化进程不断深化,各国之间的交流与合作日益频繁。在这种背景下,不同文明的包容共存、交流互鉴显得尤为重要。文明的多样性和差异性,既是人类社会的宝贵财富,也是推动世界发展的动力源泉。不同文明之间的交流与互鉴,不仅有助于各国人民增进理解和信任,还能激发创新思维,推动社会的进步和现代化进程。各国文明在相互借鉴和融合的过程中,能够形成新的思想和观念,促进科技、文化、艺术等各领域的繁荣与发展。比如,中国的儒家思想、印度的哲学智慧、阿拉伯的科学成就等,都在不同历史时期对世界产生了深远影响,推动了人类社会的不断前行。总之,文明多样性不仅是世界的基本特征,更是人类社会不断发展进步的重要动力。在各国命运紧密相连的今天,文明的包容共存、交流互鉴,不仅有助于各国的繁荣发展,也对推动人类社会现代化进程和繁荣世界文明百花园,发挥着不可替代的重要作用。通过包容和互鉴,我们可以共同迎接未来的挑战,实现人类社会的美好愿景。

在中华民族伟大复兴战略全局和世界百年未有之大变局的时代大背景下,中华文明也面临着种种挑战。例如,如何在传统与现代之间寻找结合点,如何在本土与世界之间寻找平衡点,如何在保持中国特色的同时,兼收并蓄地吸收和转化外来文明元素,如何在自知自觉中确立中华文化的主体性,如何在自我超越中保持中华文化的持续创造性,等等。有鉴于此,中国迫切需要构建一种能够传承历史传统、反映时代要求和实际国情的中华民族现代文明模式,这不仅是国家发展战略的要求，更是对文化自信和自主创新能力的考验。

这就要求我们要坚持解放思想和实事求是的统一，既要敢于冲破陈规旧俗的束缚，打破固有的思维模式，勇于探索和尝试；也必须基于中国的实际国情，深入了解民族的根本需求和未来的发展方向。这种统一不仅是对文化传统与现代化需求的一种调和，也是对外部文化吸收与本土文化自主性的一种平衡。

这也要求我们不仅要赓续好和更新好自身固有的文明传统，还要积极借鉴吸收其他先进文明成果，融通各种优秀思想文化资源，坚持古为今用、洋为中用，辩证取舍，推陈出新，实现传统与现代、本土与外来的有机衔接与贯通。中国拥有悠久的历史和深厚的文化底蕴，这些是不可多得的文化资源和精神财富。在此基础上，通过对自身传统的深入挖掘和创造性转化，以及对外来先进文化的吸收和融合，可以实现文化的创新和发展。在继承中创新，在吸收中本土化，既保留文化的根本性特征，又赋予文化新的时代内涵。

在此过程中，我们还要有清晰的文化自觉意识，在多元中坚守内在的文化主体性。文化主体性是维系中华文明持续生命力的核心。面对全球化带来的文化冲击和挑战，我们需要有清晰的文化自觉意识，不失本色地吸收外来文化，保持文化的独立性和自主性。这种文化自觉意识是在文化交流中守正创新、自主发展的基石，它不仅能够保证文化的连续性和稳定性，还能够激发文化的创造力和生命力。

第五章
和体平用：中华文明和平性的学理研究

对于中华文明具有突出的和平性，习近平总书记指出：

中华文明具有突出的和平性。和平、和睦、和谐是中华文明五千多年来一直传承的理念，主张以道德秩序构造一个群己合一的世界，在人己关系中以他人为重。倡导交通成和，反对隔绝闭塞；倡导共生并进，反对强人从己；倡导保合太和，反对丛林法则。中华文明的和平性，从根本上决定了中国始终是世界和平的建设者、全球发展的贡献者、国际秩序的维护者，决定了中国不断追求文明交流互鉴而不搞文化霸权，决定了中国不会把自己的价值观念与政治体制强加于人，决定了中国坚持合作、不搞对抗，决不搞"党同伐异"的小圈子。①

① 习近平：《在文化传承发展座谈会上的讲话》，人民出版社 2023 年版，第 4 页。

这段话深刻地揭示了和平性在中华文明中的重要地位。中华民族自始至终热爱和平，主张群己合一、尊重他人，倡导交流互通、反对隔绝闭塞，倡导共生并进、反对强人从己，倡导保合太和、反对弱肉强食。中华文明具有突出的和平性这一特性决定了中国不搞文化霸权，不搞对抗，坚持合作，追求文明之间的交流互鉴，这也就决定了中国始终是世界和平建设、全球发展和国际秩序维护的重要力量。

习近平总书记关于中华文明具有突出的和平性的论述，不但对于我们认识中华文明的特性具有重要的指导意义，而且对于认识中国在国际舞台上的重要地位、处理国家之间的关系也有着十分重要的指导意义。因此，系统研究中华文明突出的和平性有着十分重要的理论意义和实践意义。

第一节 "和平性"的语义考察

从字面含义来看，"和平"一词是由"和"与"平"两个字组成的，因此，讨论"和平"的观念首先要明白"和"与"平"的基本内涵。

一 "和"字考

就目前的材料来看，"和"字在甲骨文中并没有出现，但与其相近的"龢"字在甲骨文中已经出现了。徐中舒等编写的《甲骨文字典》说："龢，从龠、禾声。《说文》：'龢，调也。

从龠、禾声。'龠之声须相谐和，故能引申为调义。"这是从
"龢"字的组词结构上讲的，在甲骨文中，"龢"是祭名的意
思，其甲骨文曰："贞上甲龢眔唐。"① 刘兴隆《新编甲骨文字
典》亦云："龢，从龠、禾声。释龢，后省作和，卜辞罕见之
字。"其亦将"龢"解释为祭名，并引甲骨文"贞，上甲龢暨
唐"解释曰："暨，连词；唐指成唐，即成汤，商代直系开国
先王，史称商汤。"② 刘氏所引甲骨文即徐氏所引。在解释
"龢"字的时候，刘氏还引用了《说文解字》的说法，但与徐
氏一样，甲骨文的"龢"字并未包含《说文解字》所说的
含义。

对于甲骨文中的"和"字，杨树达还认为甲骨文中"龢"
字也是"和"字，其说：

　　甲骨文有龢字，近日治甲文者无释。余谓此军门曰和
之本字也。《周礼·夏官·大司马》云："以旌为左右和之
门，群吏各帅其车徒以叙和出。"郑注云："军门曰和，今
谓之垒门，立两旌以为只。叙和出，用次弟出和门
页。"……《韩非子·外储说左上篇》云："李悝警其两和
曰：敌人且至。如是者三，而敌不至。两和懈怠不信，秦

---

① 徐中舒主编：《甲骨文字典》，四川辞书出版社 1989 年版，第 199—
200 页。

② 刘兴隆：《新编甲骨文字典》，国际文化出版公司 1993 年版，第 111—
112 页。

袭之，几夺其军。"一曰："悝与秦人战，谓左和曰，速上！右和已上矣！又驰而至右和，曰：左和已上矣！左右和皆争上。"左右和盖谓左右军，此因军门和，引申其义，遂称其军曰和也。《国语·吴语》云："迁军接龢。"此亦军门之义，以龢字为之。要之和龢皆同音假字，本字当作龢。军之所止谓之徚，军门谓之龢，字皆从𠂤，𠂤即古師字。①

对于"和""龢"二字，黄德宽主编的《古文字谱系疏证》皆没有收入甲骨文的相关字例。② 这样看来，甲骨文中虽然出现了"龢"字，但其并未包含"和"的含义。

在金文中，"和"字出现了。容庚的《金文编》收录了金文"和"字的三种写法，仅对《史孔盉》的"和"字作了解释，认为"和假借为盉"。③ 陈初生的《金文常用字典》列举了金文中的四种写法，并指出其有三种含义：和睦、通"盉"、人名。④ 后两种与"和"字含义无关，第一种其列举了《虢壶》"驭右和同，四牡汸汸"。"和"与"同"连用，显然指和睦的意思。对于"龢"字，陈氏也列举了很多例子，并指出其

---

① 杨树达：《积微居甲文说》，上海古籍出版社 2006 年版，第 1—2 页。

② 黄德宽主编：《古文字谱系疏证》，商务印书馆 2007 年版，第 2233—2235 页。

③ 容庚编著：《金文编》，中华书局 1985 年版，第 64 页。

④ 陈初生编纂：《金文常用字典》，陕西人民出版社 1987 年版，第 107 页。

有四种含义：乐音和协、指政治和协或人与人之间的关系和协、调和、人名。① 前三种解释虽然不同，但皆与"和"字有着密切关系。黄德宽主编的《古文字谱系疏证》则列举了金文、竹简等的十六种写法，并解释说："和，从口、禾声。或从木。晋玺和所从口，禾共用禾旁右下笔。《说文》'和，相应也。从口、禾声'。"并指出"和"有三种含义：通"盉"、和洽同心、姓氏。② 其把《盠壶》的"和同"解释为"和洽同心"，与陈氏的解释大同小异。对于金文中的"龢"字，黄氏也列举了十种说法，并指出"龢"字大多与"和"相同，如铜器铭文"龢钟"读作"和钟"，《庚儿鼎》"用龢用鬻"的"龢"义为"调和"，《秦公钟》"协龢万民"的"龢"为"和睦、融洽"之意，《沇儿钟》"龢遣"为"和会"（即和悦而集会）之意，《王孙钟》"龢溺"应读"和淑"即"和善"之意。③ 不难看出，在金文中"龢"字基本上与"和"相通。

对于"和""龢"二字的关系，大致有两种不同的看法：一种认为"龢"是"和"的古字，如班固《汉书叙传》"吷中龢为庶几兮"，颜师古注曰："吷，古聿字也。龢，古和字也。聿，曰也。曰中和之道可以庶几免于祸难，而颜回早死，冉耕

---

① 陈初生编纂：《金文常用字典》，陕西人民出版社 1987 年版，第 221—222 页。

② 黄德宽主编：《古文字谱系疏证》，商务印书馆 2007 年版，第 2232—2233 页。

③ 黄德宽主编：《古文字谱系疏证》，商务印书馆 2007 年版，第 2234—2235 页。

恶疾，为善之人又不得其报也。"《文选》王褒《洞箫赋》"与讴谣乎相龢"，李善注曰："讴谣已发，箫声于其蹊径要，复而遮之，与之相和也。龢，古和字。"同书班固《答宾戏并序》"沐浴玄德，禀仰大龢"，李善注曰："《史记》太公曰：'沐浴膏泽。'《尚书》曰：'玄德升闻。'《法言》曰：'或问太和。曰：共在唐虞成周也。'龢，古和字。"另一种看法认为"和"乃"龢"的古字。王力说："音乐和协本写作'和'，后来写作'龢'，以区别于和平的'和'。"① 前文已经指出，《说文解字》对于"和""龢"都有收录。对于前者，《说文解字·口部》曰："和，相应也。从口、禾声。"对于后者，《说文解字·龠部》曰："龢，调也。从龠、禾声。读与和同。"段玉裁注曰："此语口部'和'音同义别，经传多假'和'为'龢'。"《说文解字·龠部》又曰："龠，乐之竹管，三孔，以和众声也。从品、侖。侖，理也。凡龠之属皆从龠。""龢"指乐器的相和。"和"则泛指声音的相和。段氏认为意义不同，其实二者还是有密切关系的。

从现有资料来看，甲骨文中并未发现"和"字，只有"龢"字，这也表明"龢"字应该产生在"和"字之前。郭沫若说：

　　《说文》和、龢异字，和在口部，曰"相应也，从口

① 王力：《同源字典》，商务印书馆1982年版，第21页。

禾声"。龢在龠部，曰"调也，从龠禾声，读与和同"。是
许以唱和为和，以调和为龢。然古经传中二者实通用无
别，今则龢废而和行。盖龢、和本古今字，许特强为之
别耳。①

郭氏还进一步考察了龠的本义应该指编管而非编简，并在
此基础上认为龢之本义应该指乐器，由此才能引出相应的含
义。其说："龢之本义必当为乐器，由乐声之谐和始能引出调
义，由乐声之共鸣始能引申出相应义。……引申之义行，而本
义转废。后人只知有音乐和乐之乐而不知有琴弦之象，亦仅知
有调和应和之和而不知龢之为何物矣。"② 这说明龢字出现在
前，和字出现在后。和字出现以后，龢字就不怎么使用了。在
甲骨文中，"龢"字并不包含"和"的含义，后来随着文字的
发展，"龢"才包含了"和"的含义，并且逐渐为"和"所
取代。

在《尚书》《诗经》等经典文献中，"和"字已经大量出
现了。在《尚书》中，"和"字凡四十三见。除了用于人名外，
"和"大多是在和谐、和睦、调和等含义上使用的。如《尧
典》曰：

---

① 郭沫若：《甲骨文字研究》，《郭沫若全集（考古编）》第一卷，科学出版
社 1982 年版，第 93 页。

② 郭沫若：《甲骨文字研究》，《郭沫若全集（考古编）》第一卷，科学出版
社 1982 年版，第 96 页。

日若稽古帝尧，曰放勋，钦、明、文、思、安安，允恭克让，光被四表，格于上下。克明俊德，以亲九族。九族既睦，平章百姓。百姓昭明，协和万邦。

孔安国注曰："协，合。"孔颖达疏曰："使之合会调和天下之万国。"① 这里的"协和"即"合和"，意思是说尧的德性能够让天下各个方国都能相互协调、和睦。《舜典》曰："帝曰：夔！命汝典乐，教胄子，直而温，宽而栗，刚而无虐，简而无傲。诗言志，歌永言，声依永，律和声。八音克谐，无相夺伦，神人以和。"前面的"和"，孔注曰："言当依声律以和乐"，指音律之间的相应。后面的"和"，孔注曰："八音能协，理不错夺，则神人咸和。"② 指音乐的谐和使得神人之间和睦相处。其他如《洛诰》"和恒四方民"、《无逸》"咸和万民"、《蔡仲之命》"以和兄弟"、《顾命》"燮和天下"等都是在和睦、和谐等意义上使用的。值得注意的是，《尚书》已经从治理国家的高度来讲"和"的重要性，如《多方》曰："自作不和，尔惟和哉！尔室不睦，尔惟和哉！尔邑克明，尔惟克勤乃事。"对于那些只想着自身利益而引起冲突的诸侯，要通过和谐的方式来对待。对于那些引起家庭不和睦的诸侯，也要通过

---

① （汉）孔安国注，（唐）孔颖达疏：《尚书正义》，北京大学出版社 2000 年版，第 30—31 页。

② （汉）孔安国注，（唐）孔颖达疏：《尚书正义》，北京大学出版社 2000 年版，第 95 页。

和谐的方式来对待。你们的居邑能够得到很好的治理，在于你们能够勤勉政事。在《周官》中，这一点变得更加明显："庶政惟和，万国咸宁。"只有做到政治和谐，天下的诸侯才能安宁。《周官》又言："推贤让能，庶官乃和，不和政庞。举能其官，惟尔之能。称匪其人，惟尔不任。"只有任贤使能，政治才能和谐。如果不任贤使能，则政治庞杂。

在《诗经》中，"和"字凡十二见，大多是在音乐和协、协调的含义上使用的。如《小雅·鹿鸣》曰："鼓瑟鼓琴，和乐且湛。"毛传曰："湛，乐之久。"[1]《小雅·常棣》曰："妻子好合，如鼓瑟琴。兄弟既翕，和乐且湛。"此外，在《诗经》中，"和"还与"平"连在一起使用，如《小雅·伐木》曰："神之听之，终和且平。"此篇是燕享朋友故旧的一首诗。郑玄笺云："以可否相增减曰和，平，齐等也。此言心诚求之，神若听之，使得如志，则友终相与和而齐功也。"[2] 这以完满的状态解释和，以整齐平等解释平。孔颖达疏曰："君子为此而求友也，既居高位而不忘故友，若神明之所听佑之，则朋友终久必志意和且功业平。"[3] 这以心意平和解释和，以功业平等解释平。《商颂·那》曰："鼗鼓渊渊，嘒嘒管声。既和且平，依我

---

① （汉）毛亨传，（汉）郑玄笺，（唐）孔颖达疏：《毛诗正义》，北京大学出版社2000年版，第654页。

② （汉）毛亨传，（汉）郑玄笺，（唐）孔颖达疏：《毛诗正义》，北京大学出版社2000年版，第674页。

③ （汉）毛亨传，（汉）郑玄笺，（唐）孔颖达疏：《毛诗正义》，北京大学出版社2000年版，第674页。

磬声。"《那》是祭祀成汤的一首诗。毛传曰:"嘒嘒然和也。平,正平也。"郑笺曰:"磬,玉磬也。堂下诸县与诸管声皆和平,不相夺伦,又与玉磬之声相依,亦谓和平也。玉磬尊,故异言之。"① 这里的"和平"也是指音乐上的和谐、平和、协调。可见,《诗经》中虽然"和平"连在一起,但并非我们现在说的意思。

《尚书》《诗经》中的"和"大多是在相应、和谐、和睦、调和、和悦等含义上使用的。在《周易》《周礼》等经典文献中,"和"也有类似的意思,如兑卦爻辞"和兑,吉",中孚卦爻辞"鸣鹤在阴,其子和之",《说卦》"和顺于道德而理于义",《周礼·天官冢宰·大宰》"以和邦国",《地官司徒》"以乐礼教和,则民不乖",《地官司徒·调人》"掌司万民之难而谐和之"等说法。此外,《周易》还把"和"提高到本体论和天下和平的高度,如《乾·彖传》"乾道变化,各正性命,保合大和,乃利贞",《咸·彖传》"天地感而万物化生,圣人感人心而天下和平"。《周礼》则把"和"作为人的德性来看待,如《地官司徒》"一曰六德,知、仁、圣、义、忠、和"。这些都是对"和"观念的重要发展。

春秋时期,除了人名外,"和"基本上也是在和谐、和睦、相应、协调等含义上使用的,如《左传·隐公四年》"以德和

---

① (汉)毛亨传,(汉)郑玄笺,(唐)孔颖达疏:《毛诗正义》,北京大学出版社2000年版,第1686页。

民，不闻以乱"，《桓公六年》"务其三时，修其五教，亲其九族，以致其禋祀，于是乎民和而神降之福"，《襄公七年》"正直为正，正曲为直，参和为仁"。有时也把"和"作为治理国家的重要方式，如《昭公四年》"纣作淫虐，文王惠和，殷是以陨，周是以兴"，有时把"和"作为人的德性，如《昭公二十五年》"为温、慈、惠、和，以效天之生殖"。《国语》中"和"的用法基本上与《左传》类似，如《周语上》"和协辑睦于是乎兴"，《周语中》"将和协典礼，以示民训则"，《周语下》"和于民神而仪于物则"，《晋语四》"忆宁百神，而柔和万民"等。值得注意的是，《国语》对于"和"还下了定义："声应相保曰和。"（《周语下》）韦昭注曰："保，安也。"声音相应能够达到安定的状态就是"和"。

二　"平"字考

"平"字在甲骨文中也没有出现，最早出现在金文中。据黄德宽主编《古文字谱系疏证》的统计，"平"字在金文、陶文中大多用作人名、地名，并无特别的含义。[①]《说文解字·亏部》曰："平，语平舒也。从亏从八。八，分也。"杨树达《释平》说：

　　　　按八象气之分，不足示平舒之意，疑许君说非也。今

---

①　黄德宽主编：《古文字谱系疏证》，商务印书馆 2007 年版，第 2211—2212 页。

按《五篇上·兮部》云："乎，语之余也。从兮，象声上越扬之形。"寻乎上画上扬，故象声上越扬，以形课义，义不得为语之余。余前撰《释乎篇》，定乎呼召之呼本字，义与形较合。今谓平之构造当与乎字相似，字盖从兮，上一平声，象气之平舒，此犹乎之上画象声上越扬也。亏下云，"从亏，从一，一者，其气平也"，正其义也。①

在《释乎篇》中，杨树达认为，"平"字不应从"八"而应从"兮"。其与"乎"字相似。结合甲骨文、金文等相关材料，杨树达认为"乎"字并非如许慎所说表示语末助词，而是"呼召之呼"，即呼唤、招呼的意思。其说："知乎本評之初文，因后人久借用为语末之词，乃有后起加言旁之字。古但有乎而无評，说金文者往往谓乎为評字之假，非也。呼召必高声用力，故字形象声上越扬。"②"乎"即"呼"，"呼"要发出声音，故需声音上扬。与此类似，"平"字本义亦表示语气平舒，后来引申为不倾斜、地势平坦、宁静、公正、齐一等含义。

在《尚书》中，"平"凡十九见。除了人名外，"平"主要用作动词，指治理、安定、公平等，如《尧典》"平章百姓"，《舜典》"汝平水土"，《周官》"司马掌邦政，统六师，平邦国"等。另外，还用作名词，指平静、平坦、公平等，如

① 杨树达：《积微居小学述林》，中华书局1983年版，第90页。
② 杨树达：《积微居小学述林》，中华书局1983年版，第60页。

《大禹谟》"地平天成"，《禹贡》"东原底平"，《洪范》"无党无偏，王道平平"等。有时还用作形容词，指普通的、一般的，如《吕刑》说："延及于平民。"

在《诗经》中，"平"凡十八见，其含义与《尚书》大致相同，如《击鼓》"从孙子仲，平陈与宋"，《皇矣》"修之平之，其灌其栵"，《江汉》"四方既平，王国庶定"等。

在《周易》《周礼》《左传》中，"平"的含义也大致与上面所说相近，如《周易》泰卦九三爻辞"无平不陂，无往不复"，《谦·象传》"君子以裒多益寡，称物平施"，《周礼·天官冢宰》"以平邦国"，《地官司徒》"分地域而辨其守，施其职而平其政"，《左传·庄公十三年》"以平宋乱"、《昭公二十年》"是以政平而不干民无争心"等。

三 "和平"考

"和平"一词在《诗经》中开始连用，不过是以"和且平"的面貌出现的。此即上面所引《伐木》《那》的"终和且平""既和且平"，前者指心意平和、功业平等。后者指音乐的和谐、平和。从现有资料来看，至少在春秋时期，"和平"二字就作为一个固定词语使用了。《逸周书·常训解》曰："六极：命、丑、福、赏、祸、罚。六极不赢，八政和平。"《常训解》是《逸周书》前三篇的"三训"之一。按照《周书序》的说法，"三训"应该作于周文王时。黄怀信认为它们是春秋早期的作品，其说："三《训》有可能出自西周。

不过以文字观之，似当为春秋早期的作品。"① 梁涛则认为是战国作品。②《左传·襄公二十五年》曰："大叔文子闻之曰：……《书》曰：慎始而敬终，终以不困。"《常训解》也有类似的话："允德以慎，慎微以始而敬终，终乃不困。"至于《左传》引用的《书》是否就是《常训解》，目前学界尚有争议。但在没有足够资料否认这句话出自《常训解》的情况下，我们还是认为《左传》引用的《书》就出自《常训解》。另外，根据孙诒让的考证，《左传·昭公十六年》的"因是以习，习实为常"也本于上面的"民生而有习有常，以习为常，以常为慎，民若生于中，习常为常"③。这样看来，《逸周书》应该是春秋早期的作品。对于上述引文，王念孙云："嬴与赢同。赢者，过也。言六极不过其度。"潘振云："嬴，满也。如极命、极福、极祸、极丑、极赏、极罚是已。言六极不失其满，则八政不乖不陂矣。"唐大沛云："八政和平，八政和顺安平。"④ 所谓"八政"，指夫、妻、父、子、兄、弟、君、臣。只要六极不过、不满，八政之间的关系就能和顺、平稳。这里"和平"只是就夫妻、父子、兄弟、君臣等关系而言的。

《国语·周语下》曰：

① 黄怀信：《〈逸周书〉源流考辨》，西北大学出版社 1992 年版，第 92 页。

② 梁涛：《清华简〈命训〉"大命""小命"释疑——兼论〈逸周书〉"三训"的成书及学派归属》，《哲学动态》2021 年第 4 期。

③ 黄怀信等撰：《逸周书汇校集注》，上海古籍出版社 1995 年版，第 46 页。

④ 黄怀信等撰：《逸周书汇校集注》，上海古籍出版社 1995 年版，第 55 页。

夫政象乐，乐从和，和从平。声以和乐，律以平声。……声应相保曰和，细大不逾曰平。……今细过其主妨于正，用物过度妨于财，正害财匮妨于乐，细抑大陵，不容于耳，非和也。听声越远，非平也。妨正匮财，声不和平，非宗官之所司也。夫有和平之声，则有蕃殖之财。

周景王铸造了无射大钟，却要以林钟的音律来覆盖它。单穆公认为周景王的做法是不可取的。上面所引的话就是单穆公对周景王说的。在单穆公看来，政治就如音乐一样，音乐要以和谐作为法则，要想达到和谐就必须做到音调大小不乱。周景王的做法违背了这一原则，因此做不到和谐、平正。这里的"和平"主要指音乐的和谐、平正。此事发生在周景王二十三年，即公元前 522 年。《国语·周语下》伶州鸠说的"律吕不易，无奸物也。……大昭小鸣，和之道也。和平则久"也是从这个意义上讲的。

到了战国时期，"和平"一词得到较为广泛的运用。大致来看，其包含以下几个方面。

一是从自然状态方面讲的，如《文子·上礼》曰："古者被发而无卷领，以王天下，其德生而不杀，与而不夺，天下非其服，同怀其德，当此之时，阴阳和平，万物蕃息，飞鸟之巢可俯而探也，走兽可系而从也。"这里讲的是自然状态的和谐、平和。《管子·四时》曰："中央曰土，土德实辅四时入出，以风雨节土益力，土生皮肌肤，其德和平用均，中正无私。"这里说的是土的德性和谐、均平。

二是从人的身体状态方面讲的，如《礼记·乐记》曰："故乐行而伦清，耳目聪明，血气和平，移风易俗，天下皆宁。"《荀子·乐论》曰："礼修而行成，耳目聪明，血气和平，移风易俗，天下皆宁。"这里的"血气和平"都是对人的身体和谐、平和状态的描述。《管子·内业》曰："精存自生，其外安荣，内藏以为泉原，浩然和平，以为气渊。"这是对作为人的身体构成的精气状态的描述。

三是从人的精神状态方面讲的，如《吕氏春秋·仲夏纪·适音》曰："欲之者，耳目鼻口也；乐之弗乐者，心也。心必和平然后乐，心必乐然后耳目鼻口有以欲之，故乐之务在于和心，和心在于行适。"这是对人的内心状态的描述。

四是从社会状态方面讲的，如《周易·咸·象传》曰："天地感而万物化生，圣人感人心而天下和平。"《孝经·孝治》曰："夫然，故生则亲安之，祭则鬼享之。是以天下和平，灾害不生，祸乱不作。"这些都是对人类社会状态的描述。

上面对于"和平"的用法虽然对象不同，但含义基本上并没有太大的差别，即都是指和谐、平和、调和、和睦、安定等状态。战国以后"和平"的用法也基本上是从上面四个方面讲的，含义也基本相似，如《春秋繁露·天地之行》曰："百姓皆得其所，若血气和平，形体无所苦也。"《春秋繁露·循天之道》曰："故仁人之所以多寿者，外无贪而内清净，心和平而不失中正。"《潜夫论·班禄》曰："是以天地交泰，阴阳和平，民无奸匿，机衡不倾，德气流布而颂声作也。"《淮南子·氾论训》曰："天下安宁，政教和平，百姓肃睦，上下相亲。"

综上所述，"和"在甲骨文中并没有出现，作为其前身的"龢"虽然出现了，但仅用于祭名。在金文中"和"已经包含和谐、调和等义，"龢"的含义基本上与"和"相近。在《诗》《书》《周易》《周礼》《左传》等经典文献中，"和"的含义也基本上是在和谐、调和、相应等含义上使用的。"和"在《周易》中还被提高到本体论和天下太平的高度。在《周礼》中"和"则被当作人的德性。以上基本上包含了后世"和"的主要含义。"平"字本来指语气的平舒，后来引申出平坦、宁静、公正、公平等，其含义还是比较稳定的。"和平"一词是在"和""平"二字的基础上形成的，其一开始是指音乐的和谐、平正，后来才逐渐用到自然、人类、社会等方面，其使用的范围虽然变大，但含义基本上没有发生太大的变化。

第二节　"和平性"的原理结构

"和平性"作为中华文明的突出特性和重要内容，对于中国政治、社会、文化的发展产生了深远的影响。"和平性"之所以能够产生这样深远的影响，就在于其有一套独特的哲学原理结构。对于这一哲学原理结构的揭示，有助于我们更加深入地了解"和平性"的思想内涵和哲学特征。"和平"虽然由"和""平"组成，但二者的地位和作用是不同的，它们体现的实际是一种"和体平用"的结构。也就是说，"和"是本体，"平"是功用。只有有了"和"这个本体，"平"才能得以实现。概括地说，"和平"的原理结构就是以"和"为体，以"平"为用。

一 "保合太和"的本体论

中华文明之所以具有和平性的特性，就在于其在本体上的"太和"观念。"太和"一词最早出现于《乾·象传》：

> 大哉乾元，万物资始，乃统天。云行雨施，品物流形。大明始终，六位时成，时乘六龙以御天。乾道变化，各正性命，保合大和，乃利贞。首出庶物，万国咸宁。

"大和"即"太和"。王弼曰："乘变化而御大器，静专动直，不失大和，岂非正性命之情者邪？"孔颖达疏曰："以能保安合会大和之道，乃能利贞于万物，言万物得利而贞正也。"[①]无论是王弼还是孔颖达的解释都指明了"太和"作为宇宙本体对于天下万物的重要作用。在《易传》看来，天道是万物产生的根源，在天道流行变化的过程中，万物都各自形成了自己的本性。只有保持、集合宇宙间的"太和"之道，万物才能不失

---

① （魏）王弼注，（唐）孔颖达疏：《周易正义》，北京大学出版社2000年版，第9、11页。

去自身的本性，天下国家才能安宁、太平。万物的生成除了天道外，还要依靠地道，《坤·象传》曰："至哉坤元，万物资生，乃顺承天。"这就是《系辞上》说的"一阴一阳之谓道，继之者善也，成之者性也"。这里讲的"一阴一阳"也就是阴阳二气，二气共同生成了天下万物，二气的协调、和谐就是"太和"。清代胡煦《周易函书》曰：

> 太和资始于乾元，则乾中之蕴蓄可想。一元遍给而各正，则万物之保合可想。……继善之性本于保合之太和，顺以率之，虚以体之，达天之德在是矣。[①]
>
> 至于既亨而阴阳呈露，乃始有云行雨施，保合太和之事，故曰一阴一阳之谓道，谓统体之大用已行也。乃自天赋而论，则为保合之太和。自人之禀受而论，乃始为性。[②]

这里都认为"保合之太和"就是天下万物的本体，这一本体落实到人身上，就是人的本性。这样看来，"太和"实际就是《系辞上》的"太极"："易有太极，是生两仪，两仪生四象，四象生八卦，八卦定吉凶，吉凶生大业。"对于"太极"，郑玄《周易注》曰："极中之道，淳和未分之气也。"《易纬·乾凿度》郑玄注亦云："易始于太极，气象未分之时，天地之始

---

① （清）胡煦：《周易函书》，中华书局2008年版，第965页。
② （清）胡煦：《周易函书》，中华书局2008年版，第1007页。

也。"孔颖达《周易正义》曰:"太极谓天地未分之前元气混而为一,即是太初、太一也。""太极"即阴阳未分的元气。"太和"也是阴阳未分的元气,朱熹《周易本义》曰:"太和,阴阳会合冲和之气也。"二者在含义上是相近的,在《周易》中的地位也是一致的。王夫之《周易内传》曰:"阴阳之本体,纲缊相得,合同而化,充塞于两间,此所谓太极也,张子谓之'太和'。""太和"即"太极",即宇宙万物的本体。在《易传》看来,宇宙万物都是由"太极"("太和")逐渐产生出来的。

《老子》四十二章曰:

> 道生一,一生二,二生三,三生万物。万物负阴而抱阳,冲气以为和。

道能够产生万物就在于其含有两种对立的力量,这两种力量即阴阳二气,在阴阳二气相对作用、相互融和下产生了万物。《河上公章句》曰:"一者,道始所生,太和之精气也。""道使所生者一也。一生阴与阳也。阴阳生和、清、浊三气,分为天、地、人也。天、地、人共生万物也。"① "太和"即是在气的意义上讲的。这种"和"有时具有道的性质。《老子》五十五章曰:"知和曰常,知常曰明。"《淮南子·天文训》曰:

---

① 《老子道德经河上公章句》,王卡点校,中华书局1993年版,第16、11页。

"道始于一,一而不生,故分而为阴阳,阴阳合和而万物生。故曰'一生二,二生三,三生万物'。"万物是在阴阳和合的作用下生成的,其根源乃在于道。《淮南子·览冥训》曰:"故以智为治者,难以持国,唯通于太和,而持自然之应者,为能有之。""故通于太和者,昏若纯醉而甘卧以游其中,而不知其所由至也。"这里的"太和"已经蕴含本体上的含义。在道教经典《太平经》中,我们更能看到"太和"的本体意义。在《太平经》看来,元气是自然万物的天地之性,"元气自然共为天地之性也"。这种元气包含太阴、太阳、中和三个方面,三者共同构成了"太和"。《太平经》曰:

> 元气有三名,太阳、太阴、中和。……三气合并为太和也。太和即出太平之气。断绝此三气,一气绝不达,太和不至,太平不出。阴阳者,要在中和,中和气得,万物滋生,人民和调,王治太平。[1]

由阴、阳、中和之气构成的"太和"能够生出"太平"之气。如果三气遭到断绝,则太和、太平之气不至。三气之中的关键在于中和之气。如果得到中和之气,则万物滋生,人民和谐,天下太平。《太平经》又言:"元气与自然太和之气相通,并力同心,时恍恍未有形也。三气凝,共生天地。天地与中和相

---

[1] 王明编:《太平经合校》,中华书局 2014 年版,第 19—20 页。

通，并力同心，共生凡物。"① 这里的"三气"即太阴、太阳、中和之气。不难看出，《太平经》的"太和"思想显然继承和发展了《老子》"万物负阴而抱阳，冲气以为和"的思想。

到了宋代，张载更是明确地将"太和"提高到本体论的地位。在张载看来，"太和"即是"道"。其说：

> 太和所谓道，中涵浮沈、升降、动静相感之性，是生絪缊、相荡、胜负、屈伸之始。其来也几微易简，其究也广大坚固。起知于易者乾乎！效法于简者坤乎！散殊而可象为气，清通而不可象为神。不如野马、絪缊，不足谓之太和。语道者知此，谓之知道；学《易》者见此，谓之见《易》。不如是，虽周公才美，其智不足称也已。（《正蒙·太和篇》）

"野马""絪缊"指的都是气。《庄子·逍遥游》曰："野马也，尘埃也。"郭象注："野马者，游气也。"成玄英疏："此言青春之时，阳气发动，遥望薮泽，犹如奔马，故谓之野马。"②《周易·系辞下》曰："天地絪缊，万物化醇。"孔颖达疏曰："天地絪缊万物化醇者，絪缊，相附著之义，言天地无心，自然得一，唯二气絪缊，共相和会，万物感之，变化而精醇也。天地

---

① 王明编：《太平经合校》，中华书局 2014 年版，第 154 页。
② （清）郭庆藩：《庄子集释》，中华书局 1961 年版，第 6 页。

若有心为二,则不能使万物化醇也。""絪缊"即指阴阳二气的交感变化。王夫之《张子正蒙注》曰: "太和,和之至也。……阴阳异撰,而其絪缊于太虚之中,合同而不相悖害,浑沦无间,和之至也。未有形器之先,本无不和;既有形器之后,其和不失,故曰太和。"① 张岱年说:"太和即阴阳会冲之一气,即气之全。"② "太和"即阴阳未分、融和为一的气,其存在于太虚之中,相互融和、浑沦无间,自始至终存在于宇宙之间。"太和"是宇宙间一切变化的根源,也是宇宙万物产生的根源。无论是散开可见的不同现象的气,还是清澈通透不可见的神,都是"太和"的表现。"太和"实际讲的就是"太虚",只是角度不同而已。"太虚"是气的本体,"太和"则包含气的本体和现象。张载说:"太虚无形,气之本体。其聚其散,变化之客形尔。"(《正蒙·太和篇》)这里讲"太虚"的聚散其实就是上面说的"太和"的聚散。张载又说:

> 天地之气,虽聚散、攻取百涂,然其为理也顺而不妄。气之为物,散入无形,适得吾体;聚为有象,不失吾常。太虚不能无气,气不能不聚而为万物,万物不能不散而为太虚。知虚空即气,则有无、隐显、神化、性命通一无二,顾聚散、出入、形不形,能推本所从来,则深于

---

① 王夫之:《张子正蒙注》,中华书局 1975 年版,第 1 页。
② 张岱年:《中国哲学大纲》,中华书局 2017 年版,第 92 页。

《易》者也。(《正蒙·太和篇》)

这些讲的都是"太虚"的聚散。天下万物归根到底都是"太虚"("太和")之气的变化。张载说:"和乐,道之端乎!和则可大,乐则可久,天地之性,久大而已矣。"(《正蒙·诚明篇》)这也说明"太和"对于天地万物的重要性。张载认为,在现实世界中,对立相反虽然是天地万物的存在形式,但其最终都会回归到和谐的状态,这是由"太和"这一本体决定的,"气本之虚则湛无形,感而生则聚而有象。有象斯有对,对必反其为;有反斯有仇,仇必和而解"(《正蒙·太和篇》)。

由上可知,"太和"的观念在《易传》中就具有了本体上的地位,道家也有类似的思想。到了北宋,张载以"太和"为本体建构了自己的哲学体系,从而真正把"和"的思想提高到本体论的地位。

二 "和实生物"的生成论

"和"虽然是天地万物的本体,但这个本体本身并不能直接生出万物,其需要经过分化才能生出万物,这就涉及"和"的生成论原则。

西周末年,人们已经开始关于和同之辨的讨论。当时周幽王任用奸邪顽固之人,排斥有德贤惠之人。史伯认为这是"去和而取同"。在他看来,无论是自然界还是人类社会都要遵从"和"的原则,因为只有"和"才能生出万物,"同"则万物无法生成。其说：

> 夫和实生物，同则不继。以他平他谓之和，故能丰长而物归之；若以同裨同，尽乃弃矣。故先王以土与金木水火杂，以成百物。是以和五味以调口，刚四支以卫体，和六律以聪耳，正七体以役心，平八索以成人，建九纪以立纯德，合十数以训百体。出千品，具万方，计亿事，材兆物，收经入，行姟极。故王者居九畡之田，收经入以食兆民，周训而能用之，和乐如一。夫如是，和之至也。于是乎先王聘后于异姓，求财于有方，择臣取谏工而讲以多物，务和同也。声一无听，物一无文，味一无果，物一不讲。（《国语·郑语》）

两种以上的事物才能达到"和"，才能让世界万物丰富多彩，繁荣昌茂。只有一种事物或者把所有事物都消化为一种事物，则只会带来世界万物的灭亡。世界上万物都是由不同因素构成的和谐体，如果只有一种事物则不能成就丰富多彩的世界。

在先秦时期，儒家经典《易传》已经提出"保合太和"的思想。在万物生成上，《易传》认为天地、阴阳才能生出万物。"大哉乾元，万物资始"，"至哉坤元，万物资生"，"一阴一阳之谓道"等都说明了这一道理。《易传·系辞下》曰：

乾，阳物也；坤，阴物也，阴阳合德，而刚柔有体，以体天地之撰，以通神明之德。

孔颖达疏曰："若阴阳不合，则刚柔之体无从而生。以阴阳相合，乃生万物。或刚或柔，各有其体，阳多为刚，阴多为柔也。"阴阳相互融和、相互作用才能生成万物。因此《易传》又说："天地感而万物化生，圣人感人心而天下和平。"只有两种事物才能相互感应，万物的生成、天下国家的和平安定都是感应的结果。程颢说的"天地之间只有一个感与应而已"就充分揭示了这一道理。在《荀子》中，我们也能看到类似的思想，如《礼论》曰："天地合而万物生，阴阳接而变化起，性伪合而天下治。"《天论》曰："列星随旋，日月递照，四时代御，阴阳大化，风雨博施，万物各得其和以生，各得其养以成。"只有在天地阴阳相互作用下，万物才能得以生成。如果没有阴阳之间的相互作用，万物则无从生成。《礼记·乐记》也指出了这一道理，"地气上齐，天气下降，阴阳相摩，天地相荡，鼓之以雷霆，奋之以风雨，动之以四时，暖之以日月，而百化兴焉。如此则乐者天地之和也"。"乐者，天地之和也；礼者，天地之序也。和故百物皆化，序故群物皆别。"

如前所言，早期道家虽然以"道"作为宇宙万物的本体，但在具体生成万物的过程中，也是由阴、阳以及冲气等不同因素生出的。除了前引《老子》外，《庄子·田子方》亦云："至阴肃肃，至阳赫赫；肃肃出乎天，赫赫发乎地；两者交通成和而物生焉。"这也是认为阴阳和合才能生成万物。《吕氏春秋·有始览·有始》曰："夫物合而成，离而生。知合知成，知离知生，则天地平矣。"万物的生成是由于阴阳的和合。分离是说一物从另一物的分离，才能成为独立的个体。《吕氏春秋·仲夏纪·大乐》又云："阴阳变化，一上一下，合而成章。浑浑沌沌，离则复合，合则复离，是谓天常。"万物只有在阴阳二气的相互作用下才能生成。《吕氏春秋·有始览·有始》："天地有始，天微以成，地塞以形。天地合和，生之大经也"，更是揭示了"和合"是天地万物生成的恒常之道。

汉代"和实生物"的思想基本上延续了先秦的看法。《淮南子》认为单一的事物并不能生成万物，只有阴阳二气的相互作用才能生成万物。《淮南子·天文训》曰："道曰规，道始于一，一而不生，故分而为阴阳，阴阳合和而万物生。"这是在对《老子》"道生一"的解释上提出的"阴阳合和而万物生"思想。同一事物不能产生其他的事物，只有两种不同事物的交接才能产生出其他事物。《淮南子》曰：

　　故至阴飂飂，至阳赫赫，两者交接成和，而万物生焉。（《览冥训》）

　　天地四时，非生万物也，神明接，阴阳和，而万物生之。（《泰族训》）

《淮南子》认为，"和"并不是后天的，而是天地本身所蕴含的，《本经训》曰："天地之合和，阴阳之陶化万物，皆乘人气者也……天含和而未降，地怀气而未扬，阴阳储与，呼吸浸潭，包裹风俗，斟酌万殊，旁薄众宜，以相呕咐酝酿，而成育群生。"《氾论训》曰："天地之气莫大于和，和者，阴阳调，日夜分，而生物。春分而生，秋分而成，生之与成，必得和之精……积阴则沉，积阳则飞，阴阳相接，乃能成和。"阴阳二气之所以能够具有"和"的本性，就在于承继了天地的"和"，"阴阳者，承天地之和，形万殊之体，含气化物，以成埒类，赢缩卷舒，沦于不测，终始虚满，转于无原"（《本经训》）。"和"之所以能够存在，又在于其禀赋了"道"的无为特征，"已雕已琢，还反于朴，无为为之而合于道，无为言之而通乎德，恬愉无矜而得于和，有万不同而便于性"（《原道训》），"阴阳无为，故能和"（《泰族训》），"芒然仿佯于尘埃之外，而消摇于无事之业，含阴吐阳，而万物和同者，德也"（《俶真训》）。这样看来，"和"的最终根源还在于"道"。

董仲舒也指出了"和"在生成万物过程中的重要性。其说："德泽广大，衍溢于四海，阴阳和调，万物靡不得其理矣。"（《春秋繁露·十指》）受到《中庸》的影响，董仲舒认为"和"与"中"有着同等重要的地位。其说：

> 起之不至于和之所不能生，养长之不至于和之所不能成。成于和，生必和也；始于中，止必中也。中者，天地之所终始也；而和者，天地之所生成也。夫德莫大于和，

而道莫正于中。(《春秋繁露·循天之道》)

"中"代表着天地的终始,"和"代表着天地的生成。就天地生成而言,"和"的作用更为重要。如果没有"和",则天地万物无以生成。董仲舒说:"中之所为,而必就于和,故曰和其要也。和者,天之正也,阴阳之平也,其气最良,物之所生也。诚择其和者,以为大得天地之奉也。"(《春秋繁露·循天之道》)"中"的作为也要以"和"为指导,因此"和"是最主要的,其体现了天道之正、阴阳之平,是万物之所以生成的根据。王充也认为阴阳和合才能生成万物,"阴阳和,则万物育;万物育,则奇瑞出"(《论衡·宣汉》)。阴阳二气的相互作用产生了万物,阴阳二气又源于元气,元气本身也是和谐的,"元气纯和,古今不异,则禀以为形体者,何故不同?夫禀气等,则怀性均;怀性均,则形体同;形体同,则丑好齐;丑好齐,则夭寿适。一天一地,并生万物。万物之生,俱得一气。气之薄渥,万世若一"(《论衡·宣汉》)。天地之气即阴阳之气,"阴阳之气,天地之气也"(《论衡·讲瑞》)。万物都是由天地之气(阴阳之气)生成的,"天地合气,万物自生,犹夫妇合气,子自生矣"(《论衡·自然》)。

汉代以后,对"和实生物"的理解虽然不尽相同,但都认为两个以上的事物才能生成万物。如《太平经》认为太阴、太阳、中和三者才能生成万物,这点前面已有论及。但三者之中,其实阴阳是最根本的,因为中和之气是建立在阴阳基础上的。《太平经》说：

> 气之法行于天下地上，阴阳相得，交而为和，与中和气三合，共养凡物。（卷四十八）
>
> 万物虽俱受阴阳之气，比若鱼不能无水。（卷五十四）

宋代哲学家张载所提出的"一故神，两故化"也反映了这一思想。张载说："一物两体，气也；一故神，两在故不测。两故化，推行于一。"（《正蒙·参两篇》）作为万物的本体虽然是"一"，但生化万物必赖于"两"。"两"指的就是阴阳二气，"阴性凝聚，阳性发散；阴聚之，阳必散之，其势均散。阳为阴累，则相持为雨而降；阴为阳得，则飘扬为云而升"（《正蒙·参两篇》）。

综上所述，"和实生物"实际体现了作为本体的"太和"如何具体生成万物的原则。作为本体的"太和"虽然是一个事物，但其要生成万物就必须两个以上的事物才能实现。"和"反映了不同事物之间的关系，这是其与"同"的最大差异。

三 "和而不同"的实践原则

上文从本体论、生成论的角度论述了"和"的重要性。作为本体的"和"在现实社会中又是如何展开的呢？这就涉及"和"的实践原则，这一原则就是"和而不同"。

如上所述，对于"和""同"关系，早在西周末年史伯已有论及。"和"是不同事物之间的相互作用，"同"则指同一事物。前者能够生成万物，并让万物丰盛。后者则只能使万物遭到抛弃。到了春秋时期，晏子对于"和""同"关系进行了详细的辨析。齐景公打猎回来，只有梁丘据跟着回来，齐景公认为梁丘据和他之间的关系很和谐。在晏子看来，这只是"同"而非"和"。齐景公不知道"和""同"有何异同，晏子对此解释说：

> 和如羹焉，水火醯醢盐梅，以烹鱼肉，燀之以薪，宰夫和之，齐之以味，济其不及，以泄其过，君子食之，以平其心，君臣亦然，君所谓可，而有否焉，臣献其否，以成其可，君所谓否，而有可焉，臣献其可，以去其否，是以政平而不干，民无争心，故《诗》曰："亦有和羹，既戒既平，鬷嘏无言，时靡有争。"先王之济五味，和五声也，以平其心，成其政也，声亦如味，一气，二体，三类，四物，五声，六律，七音，八风，九歌，以相成也，清浊大小，长短疾徐，哀乐刚柔，迟速高下，出入周疏，以相济也，君子听之，以平其心，心平德和，故《诗》曰："德音不瑕。"今据不然，君所谓可，据亦曰可，君所谓否，据亦曰否，若以水济水，谁能食之，若琴瑟之专壹，谁能听之，同之不可也如是。(《左传·昭公二十年》)

晏子分别从烹调、政治、音乐三个方面讲了"和"的重要性。

以烹调而言，厨师调味使其恰到好处，味道不够就增加调料，味道太重就减少调料。只有这样，才能烹调出美好的羹汁。君子吃了之后，才能平和心性。以政治而言，君臣之间的关系也是如此。君王认为可以的，其中也包含不可以的因素，大臣能够指出这种不可以的因素就可以使君王的想法更加完善。君王认为不可以的，其中也有可以采纳的因素，大臣能够指出其中合理的因素，去掉不合理的，这样就能使得政治平和而不违背原则，老百姓也就没有了争斗之心。就音乐来说，美妙和谐的乐曲也是由清浊、大小、长短、疾徐等不同的音调组成的。只有不同音调才能构成和谐的乐曲，君子听了之后也才能平和心性、协调德行。这些都说明了只有不同事物之间的相互协调、相互作用才能构成"和"，而同一种事物则不能形成世界的和谐，一种食材做不出美味的佳肴，一种音调形不成美妙的乐曲。

在史伯、晏子等人思想的基础上，孔子提出了"和而不同"的思想。《论语·子路》曰："君子和而不同，小人同而不和。"何晏注曰："君子心和，然其所见各异，故曰不同；小人所嗜好者同，然各争其利，故曰不和也。"君子能够虚心采纳不同的意见，并不强人从己。小人唯利是图，一切从自身出发，故强人从己，引起争端。正因为讲"和而不同"，所以孔子倡导站在他人的立场考虑问题。基于这一原则，孔子提出了"忠恕之道"。《论语·里仁》曰：

子曰："参乎！吾道一以贯之。"曾子曰："唯。"子出。门人问曰："何谓也？"曾子曰："夫子之道，忠恕而已矣。"

在曾子看来，孔子的思想可以用"忠恕"来概括。什么是"忠恕"呢？《论语·卫灵公》载："子贡问曰：'有一言而可以终身行之者乎？'子曰：'其恕乎！己所不欲，勿施于人。'"所谓"恕"，就是自己不想他人对待自己的言行，也不要以其施加给他人。《论语·雍也》又载："子贡曰：'如有博施于民而能济众，何如？可谓仁乎？'子曰：'何事于仁，必也圣乎！尧舜其犹病诸！夫仁者，己欲立而立人，己欲达而达人。能近取譬，可谓仁之方也已。'"所谓"仁"就是自己想要立足也要帮助他人立足，自己想要发达也要帮助他人发达。这实际讲的就是"忠"。冯友兰说："'因己之欲，推以知人之欲'，即'己欲立而立人，己欲达而达人'，即所谓忠也。"① 前者是从消极方面讲的，后者是从积极方面讲的。二者合起来就是"仁"。

《中庸》曰：

忠恕违道不远，施诸己而不愿，亦勿施于人。君子之道四，丘未能一焉：所求乎子以事父，未能也；所求乎臣以事君，未能也；所求乎弟以事兄，未能也；所求乎朋友

---

① 冯友兰：《中国哲学史》，华东师范大学出版社 2000 年版，第 61 页。

先施之，未能也。

这里讲的"忠恕"实际是上面所讲的"恕"，其仅是从消极意义上讲的。能够做到"己所不欲，勿施于人"，就可以做到"忠恕"。"忠恕"只是从不同角度讲的，实际上都是推己及人的意思。父子、兄弟、朋友、君臣等关系都要遵从这一原则。其实不仅此四种关系，在儒家看来，人类的一切事情都要遵从这一原则。

这种"忠恕之道"的原则，《大学》又称之为"絜矩之道"。《大学》曰：

> 所恶于上，毋以使下；所恶于下，毋以事上；所恶于前，毋以先后；所恶于后，毋以从前；所恶于右，毋以交于左；所恶于左，毋以交于右：此之谓絜矩之道。

朱熹注曰："如不欲上之无礼于我，则必以此度下之心，而亦不敢以此无礼使之。不欲下之不忠于我，则必以此度上之心，而亦不敢以此不忠事之。至于前后左右，无不皆然，则身之所处，上下、四旁、长短、广狭，彼此如一，而无不方矣。彼同有是心而兴起焉者，又岂有一夫之不获哉。所操者约，而所及者广，此平天下之要道也。"[1] 如果不想让上级对我无礼，就首

---

① （宋）朱熹：《四书章句集注》，中华书局 1983 年版，第 10 页。

先以此衡量自己的内心，不要以无礼的方式使用下级。不想让下级不忠心于我，就首先要衡量自己的内心，不要对于自己的上级不忠心。其他前后、左右的关系也是如此。这里的"絜矩之道"实质就是"忠恕之道"，即站在别人的立场思考问题，不要强人从己，把自己的意愿强加于人。《大学》说的上下、前后、左右关系实际包含人类社会的一切关系。也就是说，儒家所讲的"忠恕之道"是人类社会普遍运用的实践原则。

《论语·学而》记载孔子弟子有子的话说：

> 礼之用，和为贵。先王之道斯为美，小大由之。有所不行，知和而和，不以礼节之，亦不可行也。

礼的运用要以和谐为最高标准。人类社会的一切事情都遵循这一原则。但仅仅有"和"还是不够的，"和"必须建立在礼的基础之上。礼表示不同事物之间的秩序。也就是说，"和"要建立在差异的基础之上。《礼记·乐记》说："乐者为同，礼者为异。同则相亲，异则相敬，乐胜则流，礼胜则离。""大乐与天地同和，大礼与天地同节。和故百物不失，节故祀天祭地。"《乐记》所说的"同"并不是同一、齐一的"同"，而是"和"的意思。如果礼过于盛行，则人类之间的关系会变得分离、疏远。如果乐过于盛行，则人类之间的关系会变得模糊、流移。只有处理好礼、乐的关系，天地之间才能和谐而有序。因此，《礼记·儒行》说："礼之以和为贵。"

由上可知，"和而不同"体现了"和"在现实世界的实践原则。按照这一原则，人类在处理各种事情的时候，要遵从各个方面的不同要求，而不是强调一切以自身为出发点、一切以自身利益为考虑点。正如习近平总书记指出："和平、和睦、和谐是中华文明五千多年来一直传承的理念，主张以道德秩序构造一个群己合一的世界，在人己关系中以他人为重。"① 只有这样，才能处理好各种事情。实际上，中国文化一直反对单一原则、同一原则，因为单一的事物不能产生出任何新的事物，只能抹杀事物间的差别，引起事物间的冲突。荀悦《申鉴·杂言上》说："君子食和羹以平其气，听和声以平其志，纳和言以平其政，履和行以平其德。夫酸咸甘苦不同，嘉味以济谓之和羹；宫商角徵不同，嘉音以章谓之和声；臧否损益不同，中正以训谓之和言；趋舍动静不同，雅度以平谓之和行。""和"的原则表现在烹调、音乐、政治、道德等方面，实际上可以运用到人类社会各个方面。只有这样，世界上的各类事情才能得到稳妥的解决。

四 "天下太平"的理想宗旨

中国文化中的"和"思想，既有本体论、生成论层面上的意义，也体现为现实社会中的实践原则。无论是本体论、生成

---

① 习近平：《在文化传承发展座谈会上的讲话》，人民出版社 2023 年版，第 4 页。

论，还是实践原则，最终都指向一个理想目标，即追求天下的太平。所谓太平，就是指社会安定、国泰民安的状态。

追求太平是中国文化的一大特点，在《尚书》中就能看到这一点。《尧典》曰：

> 曰若稽古帝尧，曰放勋，钦明文思安安，允恭克让，光被四表，格于上下。克明俊德，以亲九族。九族既睦，平章百姓。百姓昭明，协和万邦。黎民于变时雍。

尧的德性能够光被四方乃至天地上下。尧的这种德性不但能够使家族和睦，百姓昭明，而且能够使天下协和。在这种环境下，天下的老百姓都能变化气质，从而使得天下的风俗都变得很和谐。这里的"协和万邦"实际上讲的就是天下太平的意思。王充说："《尚书》：'协和万国。'是美尧德致太平之化，化诸夏并及夷狄也。"（《论衡·艺增》）儒家所讲的"太平"是一个由内及外、由近及远的过程。《大学》所讲的修身、齐家、治国、平天下也反映了这一过程。《大学》所说的"平天下"也包含了天下太平的含义。《中庸》讲的"天下国家有九经"也是从"修身"讲到"怀诸侯"，实际最后讲的也是天下太平的意思。

儒家从孔子以来就讲"仁"的重要性。"仁"就是"爱人"的意思。儒家所讲的爱人并非墨家的兼爱，而是一个由内及外、由近及远的过程。这样看来，追求太平也是儒家仁学的理想目标。《论语·宪问》载：

> 子路问君子。子曰："修己以敬。"曰："如斯而已乎?"曰："修己以安人。"曰："如斯而已乎?"曰："修己以安百姓。修己以安百姓，尧舜其犹病诸!"

到了"修己以安百姓"的阶段也就达到天下太平的阶段，这也就是《论语·雍也》说的"圣"（"博施于民而能济众"）的阶段。"圣"与"仁"并非毫无关系，其本身就是"仁"的极致而已。"仁"包含"忠恕之道"，又是"和而不同"的体现。因此，天下太平也是"和"的最终体现。《礼记·仲尼燕居》载："子张问政……子曰：师，尔以为必铺几筵，升降酌献酬酢，然后谓之礼乎? 尔以为必行缀兆。兴羽龠，作钟鼓，然后谓之乐乎? 言而履之，礼也。行而乐之，乐也。君子力此二者以南面而立，夫是以天下太平也。诸侯朝，万物服体，而百官莫敢不承事矣。"君子能够以礼乐治理国家，则天下就太平了。礼乐体现了天地的秩序与和谐，"乐者，天地之和也；礼者，天地之序也"，"大乐与天地同和，大礼与天地同节"。先王制礼作乐的目的也是实现王道、实现太平。《礼记·乐记》曰："是故先王之制礼乐，人为之节；衰麻哭泣，所以节丧纪也；钟鼓干戚，所以和安乐也；昏姻冠笄，所以别男女也；射乡食飨，所以正交接也。礼节民心，乐和民声，政以行之，刑以防之，礼乐刑政，四达而不悖，则王道备矣。"

何休曾把人类社会分为衰乱世、升平世、太平世三个阶段:

> 于所传闻之世见治起于衰乱之中,用心尚麤牺,故内其国而外诸夏。……于所闻之世,见治升平,内诸夏而外夷狄。……至所见之世,著治大平,夷狄进至于爵,天下远近小大若一。①

衰乱世只注重自己的国家而不关注其他的国家,升平世则关注华夏而不关注夷狄,到了太平世,则没有了华夏与夷狄的区分,天下国家都变得一样了。太平世实际上就是《礼记·礼运》讲的"大道之行,天下为公"的"大同"社会。康有为曰:"世有三:曰乱世,曰升平世,曰太平世。必拨乱世,反之正,升于平世,而后能仁。盖太平世行大同之政,乃为大仁。"② 太平世也就是人类社会完全实现了"仁"的阶段。

儒家认为,"和"不但能够达致太平,而且能够达致宇宙万物的安定。《中庸》曰:"中也者,天下之大本也;和也者,天下之达道也。致中和,天地位焉,万物育焉。""和"的极致不但使得人类社会太平安定,而且能够使得宇宙间万物各得其所、相得益彰。《中庸》又曰:"大哉,圣人之道!洋洋乎发育

---

① (清)阮元校刻:《十三经注疏》(清嘉庆刊本),中华书局 2009 年版,第4774 页。

② (清)康有为:《论语注》,中华书局 1984 年版,第 195 页。

万物，峻极于天。"只有有德有位的圣人才能制礼作乐，"虽有其位，苟无其德，不敢作礼乐焉；虽有其德，苟无其位，亦不敢作礼乐焉"。而制礼作乐是实现太平的重要标志，《白虎通·礼乐》曰："太平乃制礼作乐何？夫礼乐，所以防奢淫。"何休亦曰："昔武王既没，成王幼少，周公居摄，行天子事，制礼作乐，致太平，有王功。"①

天下太平的时代，不仅人类社会和谐安定，而且宇宙间一切事物都呈现祥和的气象。《韩诗外传》卷三曰：

> 太平之时，民行役者不逾时，男女不失时以偶。孝子不失时以养；外无旷夫，内无怨女；上无不慈之父，下无不孝之子；父子相成，夫妇相保；天下和平，国家安宁；人事备乎下，天道应乎上。故天不变经，地不易形，日月昭明，列宿有常；天施地化，阴阳和合；动以雷电，润以风雨，节以山川，均其寒暑，万民育生，各得其所，而制国用。

在儒家看来，太平盛世一定会出现相应的祥瑞。《白虎通·封禅》曰："天下太平符瑞所以来至者，以为王者承统理，调和阴阳，阴阳和，万物序，休气充塞，故符瑞并臻，皆应德而

---

① （清）阮元校刻：《十三经注疏》（清嘉庆刊本），中华书局 2009 年版，第 4914 页。

至。德至天则斗极明，日月光，甘露降；德至地则嘉禾生，蓂
荚起，秬鬯出，太平感。"贤明的君主不但能够带来人类社会
的太平景象，而且能够带来自然世界的繁荣和谐。而这种太平
景象是由"和"带来的。王符曰："是故明君临众，必以正轨，
既无厌有，务节礼而厚下，复德而崇化，使皆阜于养生而竞于
廉耻也。是以官长正而百姓化，邪心黜而奸匿绝，然后乃能协
和气而致太平也。"（《潜夫论·班禄》）仲长统亦曰："夫任一
人则政专，任数人则相倚。政专则和谐，相倚则违戾。和谐则
太平之所兴也，违戾则荒乱之所起也。"（《昌言·法诚篇》）

由上可知，中华文明所追求的"太平"理想是建立在
"和"的基础上的，而"和"是具有本体论意义的。这样看来，
中华文明的"和平"观念实际上体现了一种以和为体、以平为
用的原理结构，而且这种"和"的思想总体上来看是建立在道
德秩序之上的。到了宋明时期，儒家又把这种道德秩序推到宇
宙本体方面，中华文明所建立起来的天人合一、群己合一的世
界观都与此有着密切关系。

第三节 "和平性"的历史表现

"和平性"在中华文明中的意义和地位不但体现在原理结
构中，而且体现在历史发展过程中。在中华文明悠久的历史
中，"和平"观念深入人心，主要体现在思想、民族、军事和
文化等方面。

一　思想上的反战学说

中华民族历代爱好和平，追求和平、和睦、和谐是中华文明秉持的重要理念之一。这一理念首先体现在思想上的反战学说。

对于武力，中华文化一直持反对态度。在甲骨文、金文中，"武"字都是由"止""戈"组成的，即武力的目的是反对战争。《说文解字·戈部》曰："楚庄王曰：'夫武，定功戢兵。故止戈为武。'"这里引用楚庄王的话出自《左传·宣公十二年》，当时楚国大夫潘党和楚庄王讨论武功的目的。潘党认为，打仗战胜敌人是为了让敌人的后代都不要忘记楚国的威风。在楚庄王看来，武功并非为了显示自身的实力和打败敌人，而是为了禁止暴乱、停止战争、稳定百姓、团结民众、丰富财物。楚庄王曰：

> 夫文，止戈为武，武王克商，作《颂》曰："载戢干戈，载櫜弓矢，我求懿德，肆于时夏，允王保之。"又作《武》，其卒章曰："耆定尔功。"其三曰："铺时绎思，我徂维求定。"其六曰："绥万邦，屡丰年。"夫武，禁暴，戢兵，保大，定功，安民，和众，丰财者也，故使子孙无忘其章。今我使二国暴骨，暴矣，观兵以威诸侯，兵不戢矣，暴而不戢，安能保大，犹有晋在，焉得定功，所违民欲犹多，民何安焉，无德而强争诸侯，何以和众，利人之

几，而安人之乱，以为己荣，何以丰财，武有七德，我无一焉，何以示子孙，其为先君宫，告成事而已，武非吾功也。

在楚庄王看来，制止战争才是武功的本质。武功是为了禁止暴乱，达到天下的和平稳定。但其所进行的战争完全违背了武功的本质，并不是真正的成功。楚庄王所引的《颂》即《周颂·清庙·时迈》，其描述了周武王克商以后，巡行诸侯各国、宣威布德的景象。周武王克商以后，按功劳分封诸侯，收起兵器，讲求美德，永葆周朝的兴旺。其引用《武》等三首诗也表达了同样的意思，战争之后要追求国家的稳定、邦国的和谐、年岁的丰收。据《国语·周语上》的记载，周穆王将要征伐犬戎，祭公谋父进谏说："不可。先王耀德不观兵。夫兵戢而时动，动则威，观则玩，玩则无震。是故周文公之《颂》曰：'载戢干戈，载櫜弓矢。我求懿德，肆于时夏，允王保之。'先王之于民也，懋正其德而厚其性，阜其财求而利其器用，明利害之乡，以文修之，使务利而避害，怀德而畏威，故能保世以滋大。"这也同样强调君王对于外族要显示德行而不要炫耀武力。武力是到该动用的时候才动用的，这样才能起到震慑民众的作用。否则，滥用武力，就不能起到相同的作用。因此，君王对于老百姓要端正他们的德行，这样才能使他们的性情变得宽厚，扩大他们的财富，改进他们的工具，让他们知道利益和祸害，怀念恩德，畏惧威力，这样才能保证周王朝的世代延续，日益壮大。

这样看来，反对战争、制止武力的思想至少在西周初年就已经形成了。这一思想被诸子所继承。儒家提倡仁爱，倡导和谐，其对于战争必然持反对的态度。这从孔子对于《韶》《武》二乐的评价即可看出，《论语·八佾》曰：

> 子谓《韶》，"尽美矣，又尽善也。"谓《武》，"尽美矣，未尽善也。"

孔安国注曰："《韶》，舜乐名。谓以圣德受禅，故尽善。《武》，武王乐也。以征伐取天下，故未尽善。"朱熹注曰："《韶》，舜乐。《武》，武王乐。美者，声容之盛。善者，美之实也。舜绍尧致治，武王伐纣救民，其功一也，故其乐皆尽美。然舜之德，性之也，又以揖逊而有天下；武王之德，反之也，又以征诛而得天下，故其实有不同者。"舜、武王的功绩虽然一样，但所取得的方式却有不同，舜以禅让而得天下，武王以攻伐而取天下，故前者尽美尽善，后者尽美而不尽善。这也体现了孔子对于以武力取天下的看法。孔子对于斋戒、战争、疾病都是非常慎重的，"子之所慎：斋、战、疾"（《论语·述而》）。如果外人不服，则要以文德而不是武力招徕。在孔子看来，战争的目的是制止残暴，后世的战争却违背了这一目的，危害国家、残害百姓，"圣人之用兵也，以禁残止暴于天下也；及后世贪者之用兵也，以刘百姓，危国家也"（《大戴礼记·用兵》）。孟子也主张王道，反对霸道，"以力假仁者霸，霸必有大国，以德行仁者王，王不待大。汤以七十里，文王以百里。以力服人者，非心服也，力不赡也；以德服人者，中心悦而诚服也，如七十子之服孔子也"（《孟子·公孙丑上》）。霸道是以武力征讨的方式让人服从，这只是一种外在的方式，不是内心的服从。王道则是通过道德感化的方式让人心服口服。因此，孟子也反对战争，"争地以战，杀人盈野；争城以战，杀人盈城。此所谓率土地而食人肉，罪不容于死。故善战者服上刑，连诸侯者次之，辟草莱、任土地者次之"（《孟子·离娄上》）。对于春秋时期的战争，孟子认为是没有合乎道义的，"《春秋》无义战。彼善于此，则有之矣。征者上伐下也，敌国不相征也"（《孟子·尽心下》）。荀子虽然主张王霸并用，但在战争的态度上也提倡"仁义之兵"。《荀子·议兵》曰：

> 彼兵者所以禁暴除害也，非争夺也。故仁者之兵，所存者神，所过者化，若时雨之降，莫不说喜。是以尧伐驩兜，舜伐有苗，禹伐共工，汤伐有夏，文王伐崇，武王伐纣，此四帝两王，皆以仁义之兵，行于天下也。故近者亲其善，远方慕其德，兵不血刃，远迩来服，德盛于此，施及四极。

战争的目的是制止暴乱、消除危害，最终实现王道。《荀子·王制》曰："以不敌之威，辅服人之道，故不战而胜，不攻而得，甲兵不劳而天下服，是知王道者也。"可见，儒家总体上是提倡仁爱、反对战争的。

道家对于战争也是持反对态度的，《老子》就是典型的代表。《老子》三十一章说："夫佳兵者，不祥之器，物或恶之，故有道者不处。"战争是不祥之事，真正得道者是不会赞成的。《文子》继承和发展了《老子》的这一思想。《文子·下德》说："夫怒者逆德也，兵者凶器也，争者人之所乱也，阴谋逆德，好用凶器，治人之乱，逆之至也。"愤怒、战争、争斗都是不好的。因此，战争的目的是讨伐强暴、治理乱世。《文子·上义》说：

> 古之用兵者，非利土地而贪宝赂也，将以存亡平乱为民除害也，贪叨多欲之人，残贼天下，万民骚动，莫宁其所。有圣人勃然而起，讨强暴，平乱世，为天下除害，以浊为清，以危为宁，故不得不中绝。赤帝为火灾，故黄帝擒之，共工为水害，故颛顼诛之。教人以道，导之以德而不听，即临之以威武，临之不从，则制之以兵革。……所为立君者，以禁暴乱也，今乘万民之力，反为残贼，是以虎傅翼，何谓不除。……是故兵革之所为起也。

圣人是在以道德劝说无效的情况下，才使用武力，其目的是实现天下的安宁。《淮南子》也有类似的思想，"故兵者，所以讨暴，非所以为暴也"（《本经训》），"古之用兵者，非利土壤之广而贪金玉之略，将以存亡继绝，平天下之乱，而除万民之害也"（《兵略训》）。

先秦诸子对于战争最持反对态度的当属墨家。墨家明确把"非攻"作为他们的基本主张。墨子曰：

> 杀一人谓之不义，必有一死罪矣，若以此说往，杀十人十重不义，必有十死罪矣；杀百人百重不义，必有百死罪矣。当此，天下之君子皆知而非之，谓之不义。今至大为不义攻国，则弗知非，从而誉之，谓之义，情不知其不义也。（《墨子·非攻上》）

在墨子看来，大家都知道杀死一人是不义的，必然受到死罪的惩罚。杀死十人、百人更是不义的，但攻打其他国家没有人知道其是不义的。这是不能区分义和不义的缘故。

除了儒、道、墨外，兵家对于战争也是反对的。人们对于兵家的印象是，兵家应该是主张战争的，其实不然。孙子认为，战争是国家的大事，关系到一个国家的生死存亡，因此要非常慎重，"兵者，国之大事，死生之地，存亡之道，不可不察也"（《孙子·始计》）。在孙子看来，打败敌人不是最好的，能够不通过战争而让别人屈服才是最好的。孙子曰：

> 凡用兵之法，全国为上，破国次之；全旅为上，破旅次之；全卒为上，破卒次之；全伍为上，破伍次之。是故

百战百胜，非善之善者也；不战而屈人之兵，善之善者也。故上兵伐谋，其次伐交，其次伐兵，其下攻城。攻城之法，为不得已。(《孙子·谋攻》)

用兵最高明的方式是保全一个国家，然后才是攻打一个国家。攻打别人是迫不得已的事情。《尉缭子》也认为战争是不好的事情，"兵者，凶器也。争者，逆德也。事必有本，故王者伐暴乱，本仁义焉"(《兵令上》)。《司马法》也说："国虽大，好战必亡；天下虽安，忘战必危。"(《仁本》) 这些都体现了反对战争的思想。

综上所述，反战思想是中华文明的核心观点之一，当然中国的反战主要是反对"不义"战争，并不是完全不进行战争，在涉及国家大义等情况下还是要坚决进行战争的。正如《司马法·仁本》所说："以仁为本、以义治之之谓正。……杀人安人，杀之可也；攻其国爱其民，攻之可也；以战止战，虽战可也。故仁见亲，义见说，智见恃，勇见方，信见信。内得爱焉，所以守也；外得威焉，所以战也。"这才是中华反战思想的真谛。反战思想对于中华文明的和平性有着深远的影响。中华民族爱好和平的特点与其不无关系。只有深刻地认识到这一点，才能更好地了解中华文明的和平性。

二 民族上的和亲政策

中国古代的和亲政策也体现了中华文明的和平性。据班固

《汉书》所说，和亲之说始于西汉初年，"和亲之论，发于刘敬"（《汉书·匈奴传》）。司马光也说："盖上世帝王之御夷狄也，服则怀之以德，叛则震之以威，未闻与为婚姻也。"（《资治通鉴》卷12）其实在先秦时期就已经有和亲思想了。《礼记·乐记》曰："在闺门之内，父子兄弟同听之则莫不和亲。故乐者审一以定和。"《礼记·燕义》曰："故上用足而下不匮也；是以上下和亲而不相怨也。"《管子·法禁》曰："修上下之交，以和亲于民。"这是讲的上下之间、父子兄弟之间的和谐、亲爱，并非后世的姻亲关系。《周礼·秋官·象胥》曰："掌蛮夷、闽貉、戎狄之国使，掌传王之言而谕说焉，以和亲之。"这里指的是与游牧部族之间的交往活动，并没有婚姻上联姻。先秦时期虽然没有后世联姻上的和亲名称，但实际上夏、商、周等朝已经开始通过与其他游牧部族结亲来缔结相互之间的关系，以达到寻求同盟、对付其他游牧部族的目的。

如班固所言，真正提出和亲政策的是西汉初年的刘敬。刘邦建立西汉以后，匈奴在冒顿单于的领导下逐渐强盛起来，其消灭东胡，赶走大月氏，兼并了楼烦等地，收复了被秦所夺的匈奴故地，对西汉形成了严重的军事威胁。公元前201年，韩王信投降匈奴，并引导匈奴攻下太原，抵达晋阳。第二年，刘邦亲率大军攻打匈奴，但中了冒顿单于的埋伏，被围了七天七夜，最后在陈平的计策下才得以解围，这就是历史上著名的"白登之围"。"白登之围"虽然获得解围，但匈奴的威胁远远没有解除。为了解决这一威胁，刘敬向汉高祖进献了和亲政策。刘敬认为，当时天下初定，以武力征讨匈奴是不可行的。匈奴不讲伦理道德，以仁义来劝说匈奴也是不可行的。在他看来，只有通过和亲的方式才能解决这一威胁。刘敬说：

> 陛下诚能以适长公主妻之，厚奉遗之，彼知汉适女送厚，蛮夷必慕以为阏氏，生子必为太子。代单于。何者？贪汉重币。陛下以岁时汉所余彼所鲜数问遗，因使辩士风谕以礼节。冒顿在，固为子婿；死，则外孙为单于。岂尝闻外孙敢与大父抗礼者哉？兵可无战以渐臣也。（《史记·刘敬列传》）

汉高祖本来想把鲁元公主嫁给匈奴单于，但由于吕后的反对，最后选择了宗室女。通过和亲的方式，汉朝与匈奴成为兄弟之国，双方划定了边界，达到了相对的安定，并且进行贸易往来。匈奴也暂时停止了对汉朝的袭扰，"岁奉匈奴絮缯酒米食物各有数，约为昆弟以和亲，冒顿乃少止"（《史记·匈奴列传》）。

汉高祖之后，文、景诸帝仍然延续着之前的和亲政策。汉文帝时，汉与匈奴又进行了一次和亲。通过和亲，汉与匈奴再次约为兄弟之国，双方互不侵犯。汉朝还给了匈奴很多财物，匈奴也比较满意，并对侵犯汉朝表示了自责，愿意与汉朝和平共处。《史记·匈奴列传》曰：

> 汉边吏侵侮右贤王，右贤王不请，听后义卢侯难氏等

计，与汉吏相距，绝二主之约，离兄弟之亲。……今以小
吏之败约故，罚右贤王，使之西求月氏击之。……诸引弓
之民，并为一家。北州已定，愿寝兵休士卒养马，除前
事，复故约，以安边民，以应始古，使少者得成其长，老
者安其处，世世平乐。

匈奴还向汉朝送了骆驼一匹、骑马二匹、驾二驷。汉朝接到匈
奴的书信以后，议论是出击还是和亲，当时汉朝的大臣认为和
亲比较合适。于是汉朝与匈奴再次和亲。汉景帝时，也实行了
与匈奴和亲的政策，"孝景帝复与匈奴和亲，通关市，给遗匈
奴，遣公主，如故约"（《史记·匈奴列传》）。汉武帝继位后，
仍然奉行和亲政策，"明和亲约束，厚遇，通关市，饶给之。
匈奴自单于以下皆亲汉，往来长城下"（《史记·匈奴列传》）。
后来随着西汉国力的强大，汉朝内部出现了主战派和主和派的
争论，最后主战派占据了优势。汉与匈奴的和亲终止。经过数
次对匈奴的大规模战争，汉朝取得了绝对性的胜利。在这种情
况下，汉朝由被动变主动，匈奴主动数次提出与汉和亲。西汉
中后期，匈奴国力衰微。汉元帝时，呼韩邪单于又提出和亲，
汉元帝令王昭君出塞和亲。这时汉与匈奴的关系已经由对立变
成匈奴成为汉的藩属国的关系。汉朝的和亲政策极大地改善了
双方关系，促进了双方的和平稳定和交流。

汉朝以后，和亲政策一直是各朝代处理与游牧部族关系的
重要举措，如魏晋南北朝时期，北魏与匈奴的和亲、后秦与北

魏的和亲等。到了隋唐时期，突厥崛起。在对待突厥的关系上，隋唐也采取了和亲的政策。隋文帝时，先后把安义公主、义成公主嫁给突厥的可汗。唐高祖时派人与突厥颉利可汗"赍布帛数万段与结和亲"（《旧唐书·宗室传》）。颉利可汗也把当时拘留在突厥的李璀、长孙顺德等人放回，并"复遣使来修好"（《资治通鉴》卷 190）。唐朝和亲最为著名的当数与吐蕃的和亲。吐蕃在松赞干布继位以后逐渐变得强大起来。当时唐朝正处于唐太宗时期，松赞干布看到唐朝的强大，想与唐朝建立关系，派使者向唐朝求婚，但未得到唐朝的允许。后来经过双方的战争，唐太宗同意吐蕃的请求，答应松赞干布的求婚，最后把文成公主嫁给松赞干布。文成公主嫁到吐蕃以后，生活了 40 年。在这期间，文成公主积极推动双方经济、文化方面的交流，把唐朝的先进科学技术、建筑技术、医药技术等传到吐蕃。文成公主嫁到吐蕃还极大地缓和了唐与吐蕃的关系，双方长时间未发生大的冲突。唐与吐蕃"申以婚姻之好，结为甥舅之国，岁时往复，信使相望"。[①]除了与吐蕃和亲外，唐与契丹、回纥等游牧部族也采取和亲的方式改善双方的关系。之后和亲政策又经历了宋、元、明、清等时期，在处理华夏民族与游牧部族的关系方面起到了重要的推动作用。[②]

和亲政策的实质是华夏民族试图通过伦理道德的秩序与游

---

① （清）董诰等编：《全唐文》，中华书局 1983 年版，第 244 页。

② 参见崔明德《中国古代和亲通史》，人民出版社 2007 年版。

牧部族构造出一个群己合一的世界，从而达到二者之间和平相处的目的。总的来看，和亲政策的实行有助于改善各民族之间的关系，推动各民族之间的和平稳定，促进各民族之间的交流。同时，对于中华民族"多元一体"格局的形成也有着非常重要的作用。

三　军事上的防御观念

在中国历史上，中华文明的和平性还体现在军事上的防御观念。长城的修建就是这一防御观念的最好说明。长城作为中国古代社会最为宏伟的建筑，有着两千多年的悠久历史，号称"上下两千年，纵横十万里"。春秋战国时期，各个诸侯国为了保卫本国领土，防御他国入侵以及抵御游牧部族的袭扰，好多国家都修筑了长城，其中以秦、赵、燕修筑的长城最具代表性。秦始皇统一中国以后，为了抵御匈奴的袭扰，把原来的秦、赵、燕三国的长城连接起来。《史记·蒙恬列传》曰：

> 秦已并天下，乃使蒙恬将三十万众北逐戎狄，收河南。筑长城，因地形，用制险塞，起临洮，至辽东，延袤万余里。

秦始皇的这一举措奠定了后世长城的基本格局，其走向大体以东西为方向，其作用主要是防御北方的游牧部族。秦以后，各朝各代对于长城也有修建，如汉代将长城东边延至朝鲜，西边延至新疆，并在长城沿线增设了关城、坞堡、亭燧等军事设施。北魏时期又在长城沿线增设了"六镇"守备边境，并且分段管理、分区防御。到了金代、明代，长城的修建规模更加宏大。金代、明代的长城主要是为了应对北方蒙古的袭扰。明代在长城沿线增设了九镇，使得分段管理、分段守卫的制度更加完善。同时，还在长城沿线设立了镇城、路城、卫城、关城、烽燧等机构。在长城城墙上还设置了宇墙、障墙、瞭望孔、射击孔、火炮等设施，大大增强了长城的防御功能。

长城的修筑主要是为了防御游牧部族的袭扰。韩非子说："齐之清济浊河，足以为限；长城巨防，足以为塞。"（《韩非子·初见秦》）陆贾说："秦始皇帝……筑长城于戎境，以备胡、越，征大吞小，威震天下。"（《新语·无为》）蔡邕也说："天设山河，秦筑长城，汉起塞垣，所以别内外、异殊俗也。"（《蔡中郎集》卷七）早在《周易》中就有了"设险以守"的观念。《坎·彖传》说：

> 天险不可升也，地险山川丘陵也，王公设险以守其国，坎之时用大矣哉！

程颐注曰：

> 高不可升者，天之险也。山川丘陵，地之险也。王公，君人者。观坎之象，知险之不可陵也，故设为城郭沟池之险，以守其国，保其民人，是有用险之时，其用甚

大，故赞其大矣哉！山河城池，设险之大端也。若夫尊卑
之辨，贵贱之分，明等威，异物采，凡所以杜绝陵僭，限
隔上下者，皆体险之用也。①

明代丘濬曰：

自古帝王，必依险以立国。所谓险者有三焉，天险
也、地险也、人险也。天险者，本天之理。地险者，因地
之势。人险者，用人之力。……王公因天之道、顺地之势
为之城郭，为之沟池，为之关隘，为之亭障，皆所以守其
国也。②

这些观点都认为设置城郭沟池的目的是保卫国家，长城的作用
也是如此。

在中国历史上，游牧部族的袭扰一直是中原王朝面临的主
要问题。在对待游牧部族问题上，中国历代采取不同的策略，
或直接出击，或被动防御，或采取和亲政策。纵观历史，中国
历代王朝在军事上与游牧部族之间的战争大多都出于军事上的
被动防御。夏朝末年，戎狄攻打周朝祖先古公亶父，古公亶父
逃到岐山之下建立周国。西周末年，申侯联合犬戎攻杀周幽王

---

① （宋）程颐：《周易程氏传》，中华书局 2011 年版，第 163—164 页。
② （明）丘濬：《大学衍义补》，上海书店出版社 2012 年版，第 47 页。

于骊山之下，周平王徙都洛邑。春秋时期，中原诸侯国一直受到游牧部族的袭扰，齐桓公、晋文公迫不得已攻打游牧部族。战国时期也是如此，赵、燕、秦等势力修筑长城就是为了抵御林胡、匈奴等游牧部族的袭扰。秦始皇统一中国后，为了抵御匈奴，一方面派蒙恬率军攻打匈奴，另一方面连接各国的长城抵御匈奴。汉朝建立以后，仍然不断受到匈奴的袭扰，汉高祖还被匈奴围在白登山七日七夜。到了汉武帝的时候，在卫青、霍去病等人的率领下先后对匈奴进行了几次大规模的战争，才使得匈奴的问题得到基本的解决。汉武帝之所以对匈奴发动战争，其主要原因也在于匈奴屡次破坏和约，侵犯汉朝。汉武帝说：

> 匈奴逆天理，乱人伦，暴长虐老，以盗窃为务，行诈诸蛮夷，造谋藉兵，数为边害，故兴师遣将，以征厥罪。（《史记·卫将军骠骑列传》）

东汉初年，汉光武帝"方平诸夏，未遑外事"，派使者给匈奴财物，以修旧好。但是匈奴屡次进犯，光武帝派吴汉等人攻打。汉明帝时，匈奴"复数寇钞边郡，焚烧城邑，杀略甚众，河西城门昼闭。帝患之"。在这种情况下，汉明帝后来派遣军队"四道出塞，北征匈奴"（《后汉书·南匈奴列传》）。隋唐时期，突厥屡次侵犯。隋炀帝时，李渊、李世民先后抵御过突厥。唐太宗的时候，突厥侵犯的问题仍然未得到解决。后来唐太宗派李靖、柴绍等人攻打突厥，李靖俘获突厥颉利可汗，才给突厥以沉重的打击。

由上可知，在对待游牧部族袭扰这一问题上，中国历代王朝在军事上大多采取防御性的措施，长城的修筑、军事上的被动反击都能很好地说明这一点。这一方面与中华文明"协和万邦""亲仁善邻，国之宝也""四海之内皆兄弟也""国虽大，好战必亡"等和平思想有着密切关系，另一方面也与农耕为主的生产生活方式有关。

四 文化上的交流理念

中华文明历来注重与其他文化的交流，这与中华文明的"和平""仁爱""天下大同"等思想有着密切关系。这表现在两个方面，一方面是中华文明的对外传播，对于世界文明的发展产生了重要的影响；另一方面是中华文明对于外来文明的吸收，使得中华文明呈现出更加多元并包的景象。

中华文明很早就注意与其他国家的交流、交往。早在秦汉以前，中国就与今天的朝鲜、越南等地区进行文化交流和商品贸易。如中华文明早在殷周的时候就与朝鲜半岛有了物质、文化等方面的交流。秦汉至隋唐时期，中国文化对于朝鲜半岛更是影响广大。唐高宗时，新罗统一朝鲜半岛。新罗派遣留学生和官员来中国留学、考察，依照中国的政治制度进行改革。当时儒家的"五经"等流传到新罗，并被定为国学。儒教和佛教对于朝鲜的影响最大。高丽王朝时期，其文物制度基本上都参照了中国的官僚制度、文教制度和军事制度。如他们在中央设立国子监、地方设立学校、全国实行科举制度等。李氏朝鲜王朝时期，宋明理学对朝鲜文化也产生了深远的影响，如李滉、徐敬德、李珥等朝鲜儒学大家都受到了宋明理学的影响。佛教也是如此，如高丽王朝时期的太祖王建喜好佛法，曾一度立佛法为国教。中华文明对于日本文化也产生了重要的影响。在《汉书》《三国志》等史书中就对日本进行了记载。隋唐时期，日本派遣了大量的留学生来到中国学习。中国的文字、儒学、佛教等都对日本文化产生了影响。日本文字就是在汉字的影响下产生的。《论语》至少在西晋时期就传入日本，到了唐宋时期，儒家的"五经"、理学等经典也相继传入日本，极大地影响了日本文化，如江户时代儒学成为官学，"四书""五经"等成为通行的教科书。日本的佛教也是由中国传入的，隋唐至宋明时期，中日僧人互相往来，鉴真东渡就是典型的代表。鉴真到达日本后，受到日本天皇的接待，其对日本佛教、文学、医学、工艺等都产生了深远的影响。中华文明对于越南、柬埔寨、泰国等东南亚国家的文化也有着广泛的影响。

除了亚洲外，中华文明通过丝绸之路传到了欧洲，对于欧洲文明产生了重要影响。美国汉学家卜德曾说：

中国对西方世界作出了很多贡献，这些贡献极大地影响了西方文明的发展。从公元前 200 年到公元后 1800 年这两千年间，中国给予西方的东西超过了她从西方所得到的东西。①

据卜德所说，中华文明向西方传入的道路主要有三条：一是从中国西北穿过中亚大沙漠，经过波斯到达地中海东岸，即我们所说的陆上丝绸之路。这条道路由西汉张骞出使西域打通。二是从南海绕经印度的海路，也就是我们所说的海上丝绸之路。这条海路在公元2世纪开辟。三是经过南北美洲穿过太平洋的海路。这是西方通往中国的道路。通过这三条道路，中国向西方传入的主要有丝绸、茶叶、瓷器、造纸术、印刷术、火药、指南针等。这些物品的传入，对于西方文明产生了重要的影响，如印刷术、造纸术、火药、指南针等促进了欧洲的文艺复兴，加速了欧洲近代化的进程。正如卜德所说：

> 倘使没有纸和印刷术，我们将仍然生活在中世纪。如果没有火药，世界也许会少受点痛苦，但另一方面，中世纪欧洲那些穿戴盔甲的骑士们可能仍然在他们有护城河围绕的城堡里称王称霸，不可一世，而我们的社会可能仍然处在封建制度的奴役之下。最后，如果没有指南针，地理大发现的时代可能永远也不会到来，而正是这个地理大发

---

① ［美］卜德：《中国物品西传考》，孙西摘译，《中国文化研究集刊》第二辑，复旦大学出版社1985年版，第353页。

现的时代刺激了欧洲的物质文化生活，把知识带给了当时人们还不了解的世界。①

除了物质文化，中国的艺术文化、学术思想等也传入欧洲，如瓷器、丝绸等上面的绘画艺术影响了欧洲的绘画，中国的园林艺术影响了欧洲的建筑和装饰，儒家思想对于欧洲伏尔泰、卢梭、孟德斯鸠等思想家也产生了很大的影响。

在中华文明对外传播的同时，外来文明也传到中国，既有葡萄、苜蓿、芝麻、黄瓜、核桃、大蒜、番茄、玉米、土豆等，又有佛教、景教、摩尼教等，以及天文、历法、医学、绘画、音乐、建筑等。在外来文明的传入过程中，以东汉传入中国的佛教和明清时期传入的西学对中华文明影响最大。佛教自东汉时期传入中国，经过魏晋南北朝时期的传播和发展，到了隋唐时期达到鼎盛。佛教在中国的传入和发展，一方面是中华文明与外来文明冲突、斗争的过程，另一方面又是中华文明与外来文明相互吸收、相互融和的过程。经过冲突、斗争、吸收、融和，佛教最终完成了中国化，形成了中国化的佛教——禅宗。佛教也成为与儒、道并立的中国文化的重要组成部分，对中国的思想、文化、艺术、文学以及日常生活、风俗习惯等都产生了深远的影响。近代西方文化的输入，是与海上贸易和

---

① ［美］卜德：《中国物品西传考》，孙西摘译，《中国文化研究集刊》第二辑，复旦大学出版社 1985 年版，第 364—365 页。

耶稣会的传教密切相关的。明代中后期，欧洲的大量商人、传教士进入中国传教，以利玛窦最为著名。利玛窦在传教的同时，也把西方的天文、历法、算术、地理等文化传入中国。在利玛窦的影响下，西方的传教士翻译和撰写了大量的西学著作，促进了西方文化在中国的传播，也加强了中外文化的交流互鉴。①

综上所述，中华文明自古以来就有着交通成和、共生并进的理念。正是基于这一理念，中华文明特别注重与外来文明的交流和互鉴。在这些交流和互鉴的过程中，中华文明不但对于世界文明的发展进程起到了积极的推动作用，而且也吸收了外来文明的因素，促进了中华文明的发展。

第四节　"和平性"的现代形态

中华文明的和平性不但在中国历史上发挥了非常重要的作用，其对于新中国的政治、经济、文化、外交等方面也产生了重要的影响。中国共产党是中华优秀传统文化的忠实传承者和弘扬者。中国共产党也继承和发展了中华文明的和平性，使得中华文明古老的"和平"思想在现代焕发出新的生机、展现出新的形态，和平共处五项原则、构建人类命运共同体等都是这些新生机、新形态的典型体现。

---

① 参见李中华《中国文化通义》，世界图书出版公司 2020 年版，第 245—355 页。

一　和平共处五项原则

中华人民共和国成立之初，周恩来在毛泽东主席的相关思想指导下，创造性地提出了处理国家之间关系的和平共处五项原则。这一原则是 1954 年由中国和印度、缅甸共同倡导确定的。1953 年 12 月，中国和印度在北京举行了关于解决印度继承英国在西藏的特权问题的谈判。周恩来总理在接见双方代表时首次系统地提出了和平共处五项原则：

> 新中国成立后就确立了处理中印两国关系的原则，那就是互相尊重领土主权、互不侵犯、互不干涉内政、平等互惠和和平共处的原则。①

1954 年 4 月 29 日，中印双方签署了《关于中国西藏地方和印度之间的通商和交通协定》。这一协定就是在和平共处五项原则的基础上签署的，"双方同意基于（一）互相尊重领土主权、（二）互不侵犯、（三）互不干涉内政、（四）平等互惠、（五）和平共处的原则，缔结本协定"。随后，周恩来总理又先后访问印度和缅甸，重新申明了和平共处五项原则作为处理国家之间关系的基本准则，得到了印度、缅甸领导人的赞同。在中印、中缅的联合声明中，"平等互惠"被改成"平等互利"。

---

① 《周恩来外交文选》，中央文献出版社 1990 年版，第 63 页。

1954 年 10 月 12 日，在《中华人民共和国和苏维埃社会主义共和国联盟政府联合宣言》中，"互相尊重领土主权"又被修改为"互相尊重主权和领土完整"，这就是和平共处五项原则的最终表述。

1954 年 4 月至 7 月召开的日内瓦会议和 1955 年召开的万隆会议，是中国政府运用和平共处五项原则处理国际关系的成功标志。在日内瓦会议上，周恩来总理强调国家不分大小，都要和平共处。万隆会议是由亚非国家自己主办的大型国际会议。在此次会议上，周恩来总理提出"求同存异"的原则来化解各个国家之间的分歧、矛盾，得到了各个国家的赞同。周恩来总理指出："在亚非国家中是存在有不同的思想意识和社会制度的，但这并不妨碍我们求同和团结。""五项原则完全可以成为在我们中间建立友好合作和亲善睦邻关系的基础。"① 在周恩来总理的倡议下，万隆会议通过了以和平共处五项原则为基础的"和平相处十项原则"，使得会议取得圆满成功。之后在处理国与国之间的关系时，中国都遵循了和平共处五项原则。如 1972 年 2 月 28 日中美两国在上海发表了联合公报，其中提到："中美两国的社会制度和对外政策有着本质的区别，但是，双方同意，各国不论社会制度如何，都应该根据尊重各国主权和领土完整、不侵犯别国、不干涉别国内政、平等互利、和平共处的原则来处理国与国之间的关系。国际争端应在

---

① 《周恩来外交文选》，中央文献出版社 1990 年版，第 122 页。

此基础上予以解决，而不诉诸武力和武力威胁。"① 实践证明，和平共处五项原则已经成为中国处理与其他国家之间关系和独立外交政策的基础，也得到了世界大多数国家的认同。

20世纪80年代，邓小平同志根据当时的国际形势，提出了"和平与发展"是当今世界的两大主题。1984年10月，邓小平同志在会见缅甸总统吴山友时指出：

> 国际上有两大问题非常突出，一个是和平问题，一个是南北问题。还有其他许多问题，但都不像这两个问题关系全局，带有全球性、战略性的意义。②

南北问题就是发展问题。邓小平同志指出："现在世界上真正大的问题，带全球性的战略问题，一个是和平问题，一个是经济问题或者说发展问题。和平问题是东西问题，发展问题是南北问题。概括起来，就是东西南北四个字。南北问题是核心问题。"③ 邓小平同志还从政治和经济角度论证了中国对于维护世界和平的重要性。在他看来，中国越强大，世界和平越可靠。"第三世界的力量，特别是第三世界国家中人口最多的中国的力量，是世界和平力量发展的重要因素。"④ 在这一形势下，

---

① 黄安余：《新中国外交史》，人民出版社2005年版，第95页。
② 《邓小平文选》第三卷，人民出版社1993年版，第96页。
③ 《邓小平文选》第三卷，人民出版社1993年版，第105页。
④ 《邓小平文选》第三卷，人民出版社1993年版，第105页。

邓小平同志继承和发展了和平共处五项原则：

> 　　处理国与国之间的关系，和平共处五项原则是最好的方式。其他方式，如"大家庭"方式，"集团政治"方式，"势力范围"方式，都会带来矛盾，激化国际局势。总结国际关系的实践，最具有强大生命力的就是和平共处五项原则。①

在邓小平同志看来，各个国家都有自己的国情，不能按照自己的想法去干涉别国的事情，"各国的事情，一定要尊重各国的党、各国的人民，由他们自己去寻找道路，去探索，去解决问题，不能由别的党充当老子党，去发号施令。我们反对人家对我们发号施令，我们也决不能对人家发号施令。这应该成为一条重要的原则"②。这一思想背后的精神实际是和平共处五项原则。邓小平同志还把和平共处五项原则运用到处理国家内政问题上，如对于香港、台湾问题的解决，他指出："和平共处的原则用之于解决一个国家内部的某些问题，恐怕也是一个好办法。根据中国自己的实践，我们提出'一个国家，两种制度'的办法来解决中国的统一问题，这也是一种和平共处。我们解决香港问题，允许香港保留资本主义制度，五十年不变。解决

---

① 《邓小平文选》第三卷，人民出版社1993年版，第96页。
② 《邓小平文选》第二卷，人民出版社1994年版，第319页。

台湾问题也是这个原则。台湾跟香港不同，还可以保留军队。"① 香港、澳门的回归证明了这一原则是十分可行和正确的。

习近平总书记在国际新形势下对和平共处五项原则作了新的发展。在习近平总书记看来，和平共处五项原则能够在亚洲诞生，与亚洲人民崇尚和平的思想传统有着密切关系。习近平总书记指出：

中华民族历来崇尚"和为贵"、"和而不同"、"协和万邦"、"兼爱非攻"等理念。印度、缅甸等亚洲国家人民也历来崇尚仁爱、慈善、和平等价值观。②

经过 70 多年的实践考验，和平共处五项原则已经成为国际关系的基本准则和国际法的基本原则，集中体现了主权、正义、民主、法治的价值观。"和平共处五项原则中包含四个'互'字、一个'共'字，既代表了亚洲国家对国际关系的新期待，也体现了各国权利、义务、责任相统一的国际法治精神。"③ 在新形势下，更应该坚持和平共处五项原则。习近平总书记还对

---

① 《邓小平文选》第三卷，人民出版社 1993 年版，第 96—97 页。

② 习近平：《论坚持推动构建人类命运共同体》，中央文献出版社 2018 年版，第 127 页。

③ 习近平：《论坚持推动构建人类命运共同体》，中央文献出版社 2018 年版，第 128 页。

和平共处五项原则提了六点看法，即坚持主权平等、坚持共同安全、坚持共同发展、坚持合作共赢、坚持包容互鉴、坚持公平正义。这六点看法可谓习近平总书记对于和平共处五项原则的新发展。中国不但是和平共处五项原则的倡导者和坚定实践者，而且是当代国际体系的参与者、建设者、贡献者。和平共处五项原则已经写入中国宪法，是中国外交政策的基石。这就决定了中国必将坚定不移地走和平发展道路，这既是时代发展潮流的要求，也是中国自身根本利益的要求，"中国人民崇尚'己所不欲，勿施于人'。中国不认同'国强必霸论'，中国人的血脉中没有称王称霸、穷兵黩武的基因"①。

和平共处五项原则是中国共产党关于处理国家之间关系的创举，有着深厚的中华优秀传统文化的根基，其最终目的是实现国家之间的平等交往、合作共赢，促进世界的和平发展。

二　构建人类命运共同体

如果说和平共处五项原则是处理国家之间关系的原则，那么构建人类命运共同体则是促进世界和平发展的具体方案。

2013 年 3 月 23 日，习近平主席在俄罗斯莫斯科国际关系学院发表演讲时，首次提出了人类命运共同体的理念。习近平主席指出：

---

① 习近平：《论坚持推动构建人类命运共同体》，中央文献出版社 2018 年版，第 134 页。

这个世界，各国相互联系、相互依存的程度空前加深，人类生活在同一个地球村里，生活在历史和现实交汇的同一个时空里，越来越成为你中有我、我中有你的命运共同体。①

这里虽然只是提出了"命运共同体"，但与前面的"人类生活在同一个地球村"联系起来，实际上已经蕴含了人类命运共同体的理念。2015年9月28日，习近平主席出席在美国纽约联合国总部举行的第七十届联合国大会一般性辩论时，发表了题为"携手构建合作共赢新伙伴，同心打造人类命运共同体"的重要讲话，明确提出了"人类命运共同体"理念。习近平主席指出：

和平、发展、公平、正义、民主、自由，是全人类的共同价值，也是联合国的崇高目标。目标远未完成，我们仍须努力。当今世界，各国相互依存、休戚与共。我们要继承和弘扬联合国宪章的宗旨和原则，构建以合作共赢为核心的新型国际关系，打造人类命运共同体。②

习近平主席还从五个方面讲明了如何构建人类命运共同体，即

---

① 习近平：《论坚持推动构建人类命运共同体》，中央文献出版社2018年版，第5页。

② 习近平：《论坚持推动构建人类命运共同体》，中央文献出版社2018年版，第253—254页。

建立平等相待、互商互谅的伙伴关系；营造公道正义、共建共享的安全格局；谋求开放创新、包容互惠的发展前景；促进和而不同、兼收并蓄的文明交流；构筑尊崇自然、绿色发展的生态体系。习近平主席还强调了中国始终要做世界和平的建设者、全球发展的贡献者、国际秩序的维护者，并且倡导联合国要"更加紧密地团结起来，携手构建合作共赢新伙伴，同心打造人类命运共同体。让铸剑为犁、永不再战的理念深植人心，让发展繁荣、公平正义的理念践行人间！"①

2017年1月18日，习近平主席在联合国日内瓦总部作了题为"共同构建人类命运共同体"的演讲，重申了"中国愿同广大成员国、国际组织和机构一道，共同推进构建人类命运共同体的伟大进程"②。习近平主席指出，构建人类命运共同体的关键在于具体的行动。在他看来，国际社会要从伙伴关系、安全格局、经济发展、文明交流、生态建设等方面为构建人类命运共同体作出努力，即坚持对话协商，建设一个持久和平的世界；坚持共建共享，建设一个普遍安全的世界；坚持合作共赢，建设一个共同繁荣的世界；坚持交流互鉴，建设一个开放包容的世界；坚持绿色低碳，建设一个清洁美丽的世界。并且强调了"中国将始终不渝走和平发展道路。无论中国发展到哪

---

① 习近平：《论坚持推动构建人类命运共同体》，中央文献出版社2018年版，第258页。

② 习近平：《论坚持推动构建人类命运共同体》，中央文献出版社2018年版，第426页。

一步，中国永不称霸、永不扩张、永不谋求势力范围"①。

在党的十九大报告中，构建人类命运共同体作为重要部分被写入其中，体现了党和国家对于这一理念的高度重视。习近平总书记指出：

> 中国将高举和平、发展、合作、共赢的旗帜，恪守维护世界和平、促进共同发展的外交政策宗旨，坚定不移在和平共处五项原则基础上发展同各国的友好合作，推动建设相互尊重、公平正义、合作共赢的新型国际关系。②

习近平总书记还指出，各国人民要同心协力构建人类命运共同体，建设持久和平、普遍安全、共同繁荣、开放包容、清洁美丽的世界。这其实是从上面所说的从伙伴关系、安全格局、经济发展、文明交流、生态建设等方面论述构建人类命运共同体的具体内容。

在党的二十大报告中，习近平总书记重申了构建人类命运共同体的理念："中国始终坚持维护世界和平、促进共同发展的外交政策宗旨，致力于推动构建人类命运共同体。……构建人类命运共同体是世界各国人民前途所在。万物并育而不相

---

① 习近平：《论坚持推动构建人类命运共同体》，中央文献出版社 2018 年版，第 423 页。

② 习近平：《论坚持推动构建人类命运共同体》，中央文献出版社 2018 年版，第 490 页。

害，道并行而不相悖。只有各国行天下之大道，和睦相处、合作共赢，繁荣才能持久，安全才有保障。中国提出了全球发展倡议、全球安全倡议，愿同国际社会一道努力落实。中国坚持对话协商，推动建设一个持久和平的世界；坚持共建共享，推动建设一个普遍安全的世界；坚持合作共赢，推动建设一个共同繁荣的世界；坚持交流互鉴，推动建设一个开放包容的世界；坚持绿色低碳，推动建设一个清洁美丽的世界。"[1]

如果说构建人类命运共同体是促进世界和平发展的理想目标的话，那么"一带一路"倡议则是构建人类命运共同体的具体举措。"一带一路"倡议是习近平总书记在 2013 年提出的，其"核心内容是促进基础设施建设和互联互通，对接各国政策和发展战略，深化务实合作，促进协调联动发展，实现共同繁荣"[2]。这项倡议源于习近平总书记对世界形势的观察和思考，一方面世界处于大发展大变革大调整之中，各国利益深度融合，和平、发展、合作、共赢成为时代的潮流；另一方面，全球发展又凸显出深层次的矛盾。在世界各国彼此依存、全球性挑战此起彼伏的今天，单凭单个国家无法解决世界面临的问题。只有世界各国整合资源，形成合力，才能促进世界和平安

---

[1] 习近平：《高举中国特色社会主义伟大旗帜 为全面建设社会主义现代化国家而团结奋斗——在中国共产党第二十次全国代表大会上的报告》，人民出版社 2022 年版，第 60—63 页。

[2] 习近平：《论坚持推动构建人类命运共同体》，中央文献出版社 2018 年版，第 442 页。

宁和共同发展。"一带一路"倡议就是寻求世界各国合作发展、构建人类命运共同体的中国方案。在这一方案下，"各方秉持共商、共建、共享原则，携手应对世界经济面临的挑战，开创发展新机遇，谋求发展新动力，拓展发展新空间，实现优势互补、互利互赢，不断朝着人类命运共同体方向迈进"①，"我提出'一带一路'倡议，就是要实践人类命运共同体理念"②。"一带一路"倡议提出以来，得到各国的积极响应和广泛支持，取得了巨大的成就，已经成为世界各国实现共同发展的巨大合作平台。

构建人类命运共同体的理念一方面与世界形势和时代潮流有关，另一方面深深植根于中华优秀传统文化，特别是中华文明突出的和平性当中。习近平总书记在论述人类命运共同体时一再强调中华民族热爱和平的特点，如 2014 年 3 月 28 日在德国科尔伯基金会的演讲中指出：

> 中华民族是爱好和平的民族。一个民族最深沉的精神追求，一定要在其薪火相传的民族精神中来进行基因测序。有着五千多年历史的中华文明，始终崇尚和平，和平、和睦、和谐的追求深深植根于中华民族的精神世界之

---

① 习近平：《论坚持推动构建人类命运共同体》，中央文献出版社 2018 年版，第 443—444 页。

② 习近平：《论坚持推动构建人类命运共同体》，中央文献出版社 2018 年版，第 510 页。

中，深深溶化在中国人民的血脉之中。中国自古就提出了"国虽大，好战必亡"的箴言。"以和为贵"、"和而不同"、"化干戈为玉帛"、"国泰民安"、"睦邻友邦"、"天下太平"、"天下大同"等理念世代相传。中国历史上曾经长期是世界上最强大的国家之一，但没有留下殖民和侵略他国的记录。我们坚持走和平发展道路，是对几千年来中华民族热爱和平的文化传统的继承和发扬。[①]

2014 年 8 月 22 日在蒙古国国家大呼拉尔的演讲中强调：

> 中华民族历来是爱好和平的民族，中华文化崇尚和谐。在五千多年的文明发展中，中华民族一直追求和传承着和平、和睦、和谐的坚定理念。以和为贵，与人为善，己所不欲、勿施于人等观念和传统在中国代代相传，深深植根于中国人的精神中，深深体现在中国人的行为上。……中国人民愿意同世界各国人民和睦相处、和谐发展，共谋和平、共护和平、共享和平。[②]

中国共产党提出的和平共处五项原则、构建人类命运共同体等

---

① 习近平：《论坚持推动构建人类命运共同体》，中央文献出版社 2018 年版，第 89 页。

② 习近平：《论坚持推动构建人类命运共同体》，中央文献出版社 2018 年版，第 152—153 页。

理念是对中华文明突出的和平性的继承和发展。这充分说明中国共产党是中华优秀传统文化的忠实传承者和弘扬者。只有在中国共产党的领导下，中华优秀传统文化的创造性转化、创新性发展才能成为可能，中华优秀传统文化才能焕发出新的生机和活力。只有与中国具体实际、与中华优秀传统文化相结合，马克思主义才能在中国保持蓬勃生机和旺盛活力。"两个结合"特别是"第二个结合"一方面以马克思主义激活了中华文明的基因，推动了中华文明的现代转型；另一方面中华优秀传统文化又充实了马克思主义的文化生命，推动了马克思主义中国化、时代化的新飞跃，让马克思主义成为中国的，让中华优秀传统文化成为现代的，让经由"结合"而形成的新文化成为中国式现代化的文化形态。

结　语

2023 年 6 月 2 日，习近平总书记莅临中国历史研究院，出席文化传承发展座谈会并发表重要讲话。这篇重要讲话站在中华民族伟大复兴和中华文明永续传承的战略高度，高度概括出中华文明的突出特性，深刻阐明"两个结合"尤其是"第二个结合"的重大意义，系统总结党领导文化建设的重大经验，明确提出更好担负起新的文化使命的重要要求，发出了建设中华民族现代文明的伟大号召。

在这篇重要讲话中，习近平总书记从中华优秀传统文化的内在机理和重要元素中，系统提炼出中华文明突出的连续性、突出的创新性、突出的统一性、突出的包容性、突出的和平性。"五个突出特性"是对中华优秀传统文化重要元素的科学总结，是对中华文明发展规律的深刻把握，也是对"中华之道"的深度揭示。中华文明的"五个突出特性"深刻总结了中华文明的文化基因所在、精神命脉所系、价值追求所向，为我们理解阐释中华文明与中国文化指明了方向。

习近平总书记指出："中国式现代化是赓续古老文明的现

代化，而不是消灭古老文明的现代化；是从中华大地长出来的现代化，不是照搬照抄其他国家的现代化；是文明更新的结果，不是文明断裂的产物。"① 因此，深刻把握中华文明的"五个突出特性"，对于推动中国式现代化，实现中华民族伟大复兴有着极为重要的理论意义。赓续中华文明突出的连续性，中华民族才能坚定地走自己的道路，在世界现代化的洪流中屹立不倒。赓续中华文明突出的创新性，中华民族才能保持守正创新的进取精神，在新征程上不断续写中华文明新辉煌。赓续中华文明突出的统一性，才能铸牢中华民族共同体意识，为维护中国统一的多民族国家、维护国家主权和领土完整，奠定深厚的历史文化根基。赓续中华文明突出的包容性，中华民族才能以兼收并蓄的开放胸怀，在与世界文明的交流互鉴中不断壮大自身。赓续中华文明突出的和平性，中华民族才能更好地以自身发展维护世界和平与发展，推动构建人类命运共同体。只有深入了解5000多年中华文明史，深刻把握中华文明"五个突出特性"，才能真正理解中国道路的历史必然性、文化内涵与独特优势，更好地建设中华民族现代文明。

要继承发展中华文明"五个突出特性"，为中国式现代化注入磅礴力量，关键在于坚持把马克思主义基本原理同中国具体实际相结合、同中华优秀传统文化相结合。在5000多年中

---

① 习近平：《在文化传承发展座谈会上的讲话》，人民出版社2023年版，第7页。

华文明深厚基础上开辟和发展中国特色社会主义，"两个结合"是必由之路。历史正反两方面的经验表明，"两个结合"是我们取得成功的最大法宝，"两个结合"筑牢了我们的道路根基。

习近平总书记指出："我们一直强调把马克思主义基本原理同中国具体实际相结合，现在我们又明确提出'第二个结合'。"①"第二个结合"让马克思主义成为中国的，让中华优秀传统文化成为现代的，让经由"结合"而形成的新文化成为中国式现代化的文化形态；"第二个结合"让中国特色社会主义道路有了更加宏阔深远的历史纵深，拓展了中国特色社会主义道路的文化根基；"第二个结合"是又一次的思想解放，让我们能够在更广阔的文化空间中，充分运用中华优秀传统文化的宝贵资源，探索面向未来的理论和制度创新。我们必须深刻理解习近平总书记提出"第二个结合"的首创性意义，在不断推动中华优秀传统文化创造性转化、创新性发展的基础上，充分继承发展中华文明"五个突出特性"，使之成为我们坚定不移地走中国式现代化道路的不竭动力。

传承发扬中华文明"五个突出特性"，通过"两个结合"赓续其内在的文明机理，需要我们从哲学的高度加以研究阐释，概括、提炼、升华其中"致广大而尽精微，极高明而道中庸"的"中华之道"。为此，我们需要运用辨章学术、考镜源

---

① 习近平：《在文化传承发展座谈会上的讲话》，人民出版社 2023 年版，第 5 页。

流的扎实功底，在梳理中华文明"五个突出特性"起源、发展、演变的历史脉络的基础上，融会贯通，深入揭示中华文明"五个突出特性"的内在逻辑和文明原理，从文明交流互鉴的宏大视野，提炼出中华文明"五个突出特性"的精神品格，揭示出中华文明之于世界文明的独特性。我们需要站在古今之变的视角，运用习近平总书记揭示的大历史观，将5000多年的文明史、中国人民近代以来180多年的斗争史、中国共产党100多年的奋斗史、中华人民共和国70多年的发展史视为一气贯通的连续发展过程，论证中华文明"五个突出特性"的现代意义，揭示出中国共产党通过百年奋斗赓续中华文明"五个突出特性"的伟大历程。

站在文明历史的视野把握当下的中国式现代化实践，需要有哲学的智慧力量。哲学是文明的精华和硕果，中国古代哲学深深扎根于中华文明的深厚土壤。中国哲学的许多思想理念，是对中华文明突出特性的哲学表达，是我们研究阐释好中华文明"五个突出特性"必须充分发掘吸收的宝贵资源。"道""常""经"等观念，鲜明体现了中华文明突出的连续性；"变""化""易"等观念，鲜明体现了中华文明突出的创新性；大一统、家国、天下等观念，鲜明体现了中华文明突出的统一性；一与多、通三统、三教会通等思想学说，鲜明体现了中华文明突出的包容性；协和万邦、保合太和、和实生物等理念，鲜明体现了中华文明突出的和平性。上述体现"五个突出特性"的中国哲学观念，本书均已论及，作了相对深入的研究探索。中国哲学典籍浩如烟海，中国哲学的诸多原理深刻体现了"五个突出特性"的逻辑结构，内蕴广大精微的文明精神和宝贵资源。立足于中国哲学的深厚基础，研究中华文明突出特性的历史脉络和内在机理，从而为当下中国实践提供学理支撑，是一个须绵绵用力、久久为功的"斯文"传承事业。本书既是一个阶段性总结，也是一个新的开始，期待学界更多力量参与进中华文明突出特性的阐释研究工作，共襄这一"盛世修文"的伟大事业。

主要参考文献

一 理论经典与党的文献

《马克思恩格斯文集》，人民出版社 2009 年版。

《列宁选集》，人民出版社 2012 年版。

《毛泽东选集》，人民出版社 1991 年版。

《周恩来外交文选》，中央文献出版社 1990 年版。

《邓小平文选》第一卷，人民出版社 1994 年版。

《邓小平文选》第二卷，人民出版社 1994 年版。

《邓小平文选》第三卷，人民出版社 1993 年版。

《江泽民文选》，人民出版社 2006 年版。

《胡锦涛文选》，人民出版社 2016 年版。

《习近平谈治国理政》第一卷，外文出版社 2018 年版。

《习近平谈治国理政》第二卷，外文出版社 2017 年版。

《习近平谈治国理政》第三卷，外文出版社 2020 年版。

《习近平谈治国理政》第四卷，外文出版社 2022 年版。

《习近平谈"一带一路"》，中央文献出版社 2018 年版。

《习近平总书记在出席庆祝中华人民共和国成立 70 周年系列活

动时的讲话》，人民出版社 2019 年版。

《习近平著作选读》第一卷，人民出版社 2023 年版。

《习近平著作选读》第二卷，人民出版社 2023 年版。

习近平：《在哲学社会科学工作座谈会上的讲话》，人民出版社 2016 年版。

习近平：《在庆祝中国共产党成立 95 周年大会上的讲话》，人民出版社 2016 年版。

习近平：《决胜全面建成小康社会 夺取新时代中国特色社会主义伟大胜利——在中国共产党第十九次全国代表大会上的报告》，人民出版社 2017 年版。

习近平：《论坚持推动构建人类命运共同体》，中央文献出版社 2018 年版。

习近平：《在第十三届全国人民代表大会第一次会议上的讲话》，人民出版社 2018 年版。

习近平：《高举中国特色社会主义伟大旗帜 为全面建设社会主义现代化国家而团结奋斗——在中国共产党第二十次全国代表大会上的报告》，人民出版社 2022 年版。

习近平：《在文化传承发展座谈会上的讲话》，人民出版社 2023 年版。

习近平：《顺应时代前进潮流 促进世界和平发展——在莫斯科国际关系学院的演讲》，《人民日报》2013 年 3 月 24 日第 2 版。

习近平：《在德国科尔伯基金会的演讲》，《人民日报》2014 年

3 月 30 日第 2 版。

习近平：《携手建设更加美好的世界——在中国共产党与世界
　　政党高层对话会上的主旨讲话》，《人民日报》2017 年 12 月
　　2 日第 2 版。

习近平：《在庆祝中国共产党成立 100 周年大会上的讲话》，
　　《人民日报》2021 年 7 月 2 日第 2 版。

习近平：《把中国文明历史研究引向深入 增强历史自觉坚定文
　　化自信》，《求是》2022 年第 14 期。

二　古籍

（魏）王弼、（晋）韩康伯注，（唐）孔颖达疏：《宋本周易注
　　疏》，中华书局 2018 年版。

《张载集》，中华书局 1978 年版。

（宋）程颢、程颐：《二程集》，中华书局 2004 年版。

（宋）朱熹：《四书章句集注》，中华书局 1983 年版。

《朱子全书》，上海古籍出版社、安徽教育出版社 2002 年版。

（宋）李焘：《续资治通鉴长编》，中华书局 2004 年版。

（明）王守仁撰，吴光等编校：《王阳明全集》，上海古籍出版
　　社 1992 年版。

《黄宗羲全集》，浙江古籍出版社 1986 年版。

（明）王夫之：《读通鉴论》，《船山全书》第 10 册，岳麓书社
　　1996 年版。

（清）顾炎武著，黄汝成集释：《日知录集释》（全校本），上

海古籍出版社 2006 年版。

（清）毕沅编著：《续资治通鉴》，中华书局 1957 年版。

（清）阮元校刻：《十三经注疏》，中华书局 1980 年版。

（清）郭庆藩：《庄子集释》，中华书局 1961 年版。

（清）阿桂等：《满洲源流考》，辽宁民族出版社 1988 年版。

（清）王先谦：《荀子集解》，中华书局 1988 年版。

三 研究论著

《中华民族共同体概论》，高等教育出版社、民族出版社 2023 年版。

费孝通主编：《中华民族多元一体格局》（修订本），中央民族大学出版社 1999 年版。

冯友兰：《中国哲学史》，华东师范大学出版社 2011 年版。

高江涛：《中华文明具有突出的包容性》，《红旗文稿》2023 年第 12 期。

黄安余：《新中国外交史》，人民出版社 2005 年版。

洪修平：《中国儒佛道三教关系研究》，中国社会科学出版社 2011 年版。

金景芳：《中国古代思想的渊源》，《社会科学战线》1981 年第 4 期。

江湄：《正统论：中国文明的一个关键概念》，《开放时代》2021 年第 1 期。

江林昌：《中华文明史上的"多元一体"格局及其深远影响》，

《学术研究》2023 年第 6 期。

姜义华：《天下为公、天下为家、天下为私：三大能极结构性
　　纠缠历史逻辑下的中国特色社会主义》，《文史哲》2022 年
　　第 6 期。

刘丰：《制造"三代"——儒家"三代"历史观的形成及近代
　　命运》，《现代哲学》2020 年第 3 期。

刘家和：《论司马迁史学思想中的变与常》，《北京师范大学学
　　报》（人文社会科学版）2000 年第 2 期。

《历史研究》编辑部：《百年考古与中华文明之源——访中国历
　　史研究院考古研究所王巍研究员》，《历史研究》2021 年第
　　6 期。

李新伟：《从广义视角审视"最初的中国"》，《中国社会科学
　　报》2020 年 5 月 11 日第 A04 版。

李新伟：《在追溯中华文脉中读懂"文明中国"》，《人民论坛》
　　2023 年第 23 期。

李中华：《中国文化通义》，世界图书出版公司 2020 年版。

牟钟鉴：《中国宗教生态的多元通和模式》，《人民日报（海外
　　版）》2013 年 6 月 14 日第 15 版。

皮迷迷：《"公"与"私"的道德化——对先秦时期"公"
　　"私"内涵转变的考察》，《现代哲学》2017 年第 3 期。

苏秉琦：《中国文明起源新探》，生活·读书·新知三联书店
　　2019 年版。

王国维：《观堂集林》（外二种），彭林整理，河北教育出版社

2001 年版。

武树臣:《寻找最初的"仁"——对先秦"仁"观念形成过程的文化考察》,《中外法学》2014 年第 1 期。

王巍、赵辉:《"中华文明探源工程"及其主要收获》,《中国史研究》2022 年第 4 期。

夏鼐:《中国文明的起源》,中华书局 2009 年版。

周丹:《关于中华民族现代文明的答问》,国家行政学院出版社 2023 年版。

张国刚:《中西文化关系通史》,北京大学出版社 2019 年版。

中国历史研究院主编:《(新编)中国通史纲要》,中国社会科学出版社 2024 年版。

中国历史研究院主编:《中华文明史简明读本》,中国社会科学出版社 2024 年版。

中国社会科学院课题组:《新时代中国文化发展报告:走向全面繁荣的中华民族现代文明》,社会科学文献出版社 2024 年版。

中共中国社会科学院党组:《深刻把握中华文明突出特性的历史意义与时代价值》,《求是》2023 年第 18 期。

张神根、张倔:《百年党史——决定中国命运的关键抉择》,人民出版社 2021 年版。

赵汀阳:《惠此中国:作为一个神性概念的中国》,中信出版社 2016 年版。

卓新平:《中国人的宗教信仰》,中国社会科学出版社 2015

年版。

张志强：《超越民族主义："多元一体"的清代中国——对"新清史"的回应》，《文化纵横》2016 年第 2 期。

张志强：《"三代"与中国文明政教传统的形成》，《文化纵横》2019 年第 6 期。

张志强：《弘扬中华文明蕴含的全人类共同价值》，《哲学动态》2022 年第 8 期。

后　记

　　2023 年 11 月，中国社会科学院哲学研究所中国哲学学科获批中国社会科学院研究阐释中华民族现代文明重大创新项目之一的"中华文明'五个突出特性'的哲学研究"。为此，哲学研究所组织了精干力量投入项目研究，把项目研究作为一项极为重要的政治任务，集中时间和精力着手此项研究工作。这项任务充分体现了中国社会科学院党组对哲学研究所的高度信任，项目组成员不负重托，高质量地完成了研究撰写任务。几个月的时间里，几易其稿，多次集中研讨写作，7 次集中统稿，终于交出了这份答卷。

　　在此，我们首先感谢院党组对哲学研究所研究团队的高度信任，感谢院科研局对项目研究给予的大力支持，感谢中国社会科学出版社提供的帮助。其次，感谢项目组成员的辛苦付出，这段时间里大家以高度的热情，心无旁骛地投入研究写作，不厌其烦地修改文稿，表现出了极强的团队精神和良好的学术素质，这次研究任务的完成，是哲学研究所对有组织科研的一次精心探索，相信我们已经摸索出一条有组织科研的工作机制。通过这次研究，我们也深刻体会到，有组织科研是在总体研究目标之下充分发挥个人研究特长的协同研究，有组织科研不仅能够用新时代创新理论激活具体学科的学术潜能，同时也能够让具体学科的学术积累更有效地服务于创新理论的研究阐释。有组织科研为习惯于个人研究的人文学者提供了一种新的科研生产模式，让个人研究在集体研究中获得了更为充实的意义感，团队成员也在协同研究中建立起了共同情感。

本书各章撰写情况如下：

绪论（张志强）

第一章　亘古亘今：中华文明连续性的哲学基础（胡海忠、傅正）

第二章　熔故铸新：中华文明创新性的历史内涵（傅正）

第三章　天下为公：中华文明统一性的政治原理（龙涌霖）

第四章　容融共成：中华文明包容性的哲学内涵（孙海科）

第五章　和体平用：中华文明和平性的学理研究（任蜜林）

结语（龙涌霖）

主要参考文献

后记（刘丰）

在本书的研究、写作、审稿、统稿、编辑过程中，中国社会科学院科研局、中国社会科学出版社等单位的胡滨、赵剑英、王继锋、方正、朱华彬、吴丽平、韩国茹、孙萍、涂世斌、范晨星等相关同志给予鼎力相助，在此一并表示感谢。

感谢匿名评审专家对本书提出的专业意见。

　　《中华之道——中华文明突出特性的哲学阐释》一书，是对过去一年学习阐释习近平文化思想的阶段性总结。今后，我们要更加深入学习领会、全面贯彻落实习近平总书记在文化传承发展座谈会上的重要讲话精神，全面深入地做好习近平文化思想的研究阐释工作，为加快建构中国自主的知识体系，为建设中华民族现代文明贡献自己的智慧和力量。

中国社会科学院哲学研究所

2024 年 4 月